大正十五年のヒコーキ野郎

デンマーク人による飛行新記録とアジア見聞録

長島要一　著

原書房

大正十五年のヒコーキ野郎

デンマーク人による飛行新記録とアジア見聞録

ボトヴェ大尉の肖像写真

目次

はじめに——006
序章　出発の準備——015
第一章　中東から東洋へ——031
第二章　中国での混沌——079

第三章　北京から日本領韓国へ——137
第四章　日本到着　東京滞在　歓迎の日々——169
第五章　シベリア飛行で帰国——245
付記1——当時日本に滞在していたデンマーク人——304
付記2——一九二五年アンデルセン没後五十周年記念祭——312
主要参考文献——319
あとがき——322
ボトヴェ飛行士の航路——335

［凡例］

❖引用の公文書類は、特に指摘のない限りいずれも外務省外交史料館の所蔵になるものである。引用の部分は旧字を新字に改め、固有名詞等を除きカタカナはひらがなに直し、仮名遣いも改めて、適宜ルビを施してある。

❖訳注は［ ］で囲んで示した。

❖写真・図版類は特に指摘のない限り、ボトヴィェ大尉の著書からの転載である。

はじめに

アメリカの飛行士チャールズ・リンドバーグは、一九二七年(昭和二年)にプロペラ機でニューヨークからパリへ飛び、大西洋単独無着陸飛行を達成した。その前年の話である。記録は塗り替えられるためにある、とでも言わんばかりに進歩を続けていた航空界にあって、東京の北、所沢飛行場から離陸して今では忘れられて久しい記録を打ち立てたデンマーク飛行士がいた。それまでにもヨーロッパとアジアの間を飛行したパイロットは何人かいたが、みな往路だけ飛行して帰りは船だった。往復飛行を試みて初めて成功し、東京―ヨーロッパ間の飛行で新記録を樹立したのが、ボトヴェ大尉だった。

一九二六年(大正一五年)一月二十九日付の外務大臣幣原《しではら》喜重郎男爵宛書簡で、東京駐在のデンマーク代理公使ヴェールムは、デンマーク軍機二機がコペンハーゲン―東京間飛行を計画しており、同年三月十五日から六月十五日の間に日本に飛来する予定だと伝え、着陸の許可を求めた。日本外務省は帝国陸軍に問い合わせ、直ちにデンマーク機の訪問を歓迎する旨返答した。

飛行機生産の技術が日進月歩を遂げ始めていた当時、各国の飛行士たちは、より速くより遠くまで飛行する記録を出そうと競い合っていた。第一次世界大戦で使用され注目されていた飛行機という最新武器が、やがて起こるであろう次の戦争で重要な役割を果たすことは目に見えていたため、その開発には民間よりはむしろ陸海軍が多大の関心を示し、航空技術発展に貢献していた。事情はデンマークでも日本でも同様で、最新技術の粋を集めた飛行機には、衆目を集める魅力が満載されていたのである。

そうした背景のもと、コペンハーゲンから東京まで、地球の反対側へ飛行するという一大計画には、戦闘機がもたらす破壊行為がいまだに知られていなかったことも幸いして、技術開発分野への関心以外にもお祭り的な要素が多分にあった。さらに、小国デンマークでもできるのだ、という気概を世界に誇示したい要望が計画を推進する一大要素になっていた。

二つの大戦の間に実施されたデンマーク軍機の長距離飛行は、それから九十年経った今ではすっかり忘れられているが、日本とデンマーク両国間の交流史にとっては看過できない明るいニュースであった。

後述するように、一九二四年にボーイスカウト世界ジャンボリーがデンマークで開かれ、日本からも代表団が訪問して交流を深めた。また、翌一九二五年にはアンデルセン没後五十周年記念祭が日本でも開催されて、日本とデンマークとの間の絆は一段と緊密になった。デンマーク機飛来はその次の年の出来事であり、ここにいたって両国間の親交は高みを迎えたのである。

二〇一七年は日本とデンマークが修好通商条約を締結してから一五〇周年記念の年にあたる。この好機に、九十年前の熱狂的な交流の様子を振り返り、両国の国旗が日本でもデンマークでもうち振られた平和な日々を回顧し、あわせて、それがやがて来たるべく戦闘行為への序曲でもあったことを想起してみようと思う。

その前にまず、日本とデンマークの交流の歴史をごくかいつまんで概観しておこう。

歴史を遠く遡って徳川初期、イギリス、オランダ、フランスに続いてデンマークでも東インド会社が設立された。徳川家康が没した一六一六年のことである。初期の困難を乗り越えて東インドのトランケバーまでは進出したものの、デンマーク東インド会社は折からの徳川幕府の鎖国政策と、敵対的なオランダ人に阻まれて日本へ達することはできなかった。

デンマーク東インド会社は一七三二年にアジア会社として再編され、デンマークは中国貿易にも関わって巨大な利益をあげていた。その間、ロシア海軍に所属していたデンマーク人ベーリングの指揮する探検隊がベーリング海峡を発見し、その分遣隊の隊長、同じくデンマーク人のスパンベアがカムチャッカから南下して仙台湾に一七三九年に達していたが、スパンベアがデンマーク人だったことが日本で知られたのは、明治になってからだった。

やがてナポレオンが登場し、一九世紀になると世界秩序に変化がもたらされ、海洋国オランダの勢力が衰えていった。それに伴い、出島での貿易を許可される見返りに日本を海の番犬として外敵から守っていたオランダが弱体化し、徳川幕府の鎖国体制が脅かされることになった。一九世紀前半に植民地獲得競争が地球規模で激化する中、欧米諸国の植民地政策はアジアにも波及し、中国が一八四〇年代に開港を余儀なくされた後、次の標的として日本が矢面に立った。

たまたまガラテア号で世界周航の途にあったデンマークのビレ提督は、一八四六年上海において、英仏が中国から、アメリカは太平洋を越えて日本に向けて艦隊を送り開港を迫る計画があることを知らされ、この歴史的な動きに便乗するために、当初の計画を変更して浦賀沖に立ち寄った。アメリカのビッドル司令官が艦隊を率いて同地を訪れた一月後のことだった。アメリカ船もガラテア号もすべて黒船であり、一八五三年のペリー艦隊到来の七年前の出来事である。暴風のためにビレ提督の浦賀沖滞在は短時間で終わってハワイに向かったが、この時に初めてデンマーク国旗が日本人の目に触れたのだった。

一八五四年に開国した日本は欧米列強と次々に和親条約を結び、それはやがて修好通商条約に取って代わられたが、デンマークもオランダ公使館を通じて徳川幕府と条約締結交渉を行ない、紆余曲折があった後、一八六七年一月に修好通商条約を締結した。瓦解寸前の幕府が調印した十一番目で最後の条約だった。

こうして国交が結ばれた両国であるが、本格的な交流が始まったのは、維新期に新生明治政府が欧米に派遣した岩倉使節団が一八七三年四月にコペンハーゲンを訪問、デンマーク国王に国賓として迎えられた時だった。

その間、デンマークの大北電信会社が上海−長崎−ウラジオストク間に海底電信線を敷設し、一八七二年一月から日本を世界の通信網につないで近代化の推進に貢献していた。

デンマークの日本に対する興味と関心は、欧米諸国同様、当初はジャポニズムに象徴されるようにエキゾチックな文化に向けられていたが、やがてデンマーク人による日本訪問が頻度を増し、日本滞在記や印象記などが刊行されるにつれて日本知識が普及していった。

一方、イギリスのアームストロング社の代理人として日本帝国陸海軍に武器を調達していたデンマーク人ミュンターは、表舞台には姿を現わさないまま日清、日露戦争時に最新鋭の軍艦を日本に調達し、まさしく富国強兵の国策推進に加担していたのだった。

日露戦争に勝利した日本の「魂」はデンマーク人にとっても驚異の的となってさまざまな論評がなされ、日本人の精神の分野にも興味が向けられて新渡戸稲造の『武士道』などが読まれるようになった。

またキリスト教の分野でも、内村鑑三の無教会主義に代表されたように、日本のキリスト者の変則的な活動に疑問を抱いたデンマーク聖書学校の校長スコウゴー＝ピーターセンが一九一一年(明治四十四年)に日本各地を訪れ、キリスト者はもとより当時の代表的な日本人たちに面会し、その記録を帰国後に発刊していた。*

＊――近刊の拙著『デンマーク人牧師がみた日本――明治の宗教指導者たち』思文閣出版、二〇一六年を参照。内村鑑三、本多庸一、賀川豊彦、大隈重信、山室軍平、小崎弘道ほかについての記述がある。

時代が大正に変わり、第一次世界大戦に参戦して勝利国側に立った日本は、巨大艦隊建造計画を推進する一方、陸軍を中心に徐々に飛行機の開発にも取り組んでいた。また、海軍を辞して中島知久平が民間の飛行機製作所を一九一八年に開いた。翌一九年にヴェルサイユ条約が締結され、二〇年には国際連盟が設立されて平和への道が希求されていたかに見えたが、実際には各国で建艦競争が展開され軍備拡張が進められていた。こうした中、陸海軍に飛行機を納入していた中島飛行機製作所は飛躍的に拡大し、同年三井物産と資本提携するにいたった。さらに、一九二一－二二年のワシントン会議における軍縮条約の余波を受けて戦艦建造を制限された海軍でも、本腰を入れて艦上飛行機に注目するようになった。

中島製作所以外にも、三菱重工業と川崎造船所などが航空機生産に関わっていたが、中島製作所は一九二五年秋にいち早く発動機工場を建設して、それまで輸入に頼っていたエンジンの国産化に携わり、当時最強と言われていたフランスのロレーヌ−ディートリッヒ社の四百馬力発動機の製作権を取得した。このエンジンはやがて飛来するデンマーク機にも備え付けられていた。

一方、一九一七年ロシア十月革命の影響を受けて日本でも労働争議などが相次いで政情が不安定になっていたが、それに輪をかけるように一九二三年に関東大震災が東京を襲った。

その翌年、一九二四年八月にコペンハーゲンでボーイスカウト第二回世界ジャンボリーが開催され、日本から初めてジャンボリーに参加したのだった。三島通陽《みちはる》子爵が団長を務め、当時スイスのジュネーヴで国際連盟事務局に勤めていた新渡戸稲造も後援した。この大会には、後年日本とデンマーク間交流の様々な分野、特にデンマーク農業や国民高等学校の普及で活躍することになる日本人が加わっていた。その意味でも、画期的な出会いであったと言える。

一方デンマークからは、模範農業を北海道で紹介して移植するために、カール・エミール・ハウク・フェンガー(Karl Emil Hauch Fenger 一八九四−一九八三)が一九二三年に来日し、二八年まで滞在していた。

そして治安維持法と普通選挙法が抱き合わせで公布された一九二五年となり、今度は東京において、在日デンマーク人と日本人有志が協力しあって童話の王様アンデルセン没後五十年記念祭が東京の日比谷図書館と帝国劇場で開かれ、日本とデンマーク間の交流の波は大きくうねり続けていったのである。

またデンマークでも、この年に岡倉天心の『茶の本』と賀川豊彦の『死線を越えて』のデンマーク語版が発行され、話題になっていた。さらに、二五年にフランス語で書かれ日本女性の恋愛と結婚を描いた山田きくの小品『マサコ』が、翌年早々とデンマーク語に翻訳されて出版されていた。

一九二六年のボトヴェ大尉（一八九五・六・二〇－一九六四・十一・十二）搭乗になるデンマーク機の飛来は、こうした一連の交流イベントの流れを盛り上げ、両国の親善を一層深めるのに大いに寄与したのだった。

以下、本書ではボトヴェが一九二六年に刊行し三〇年に増補改訂した図書A. P. Botved: *København – Tokio – København Gennem Luften* (Gyldendal, København)中の記述をもとに、デンマー

ボトヴェ大尉の著書の表紙
（1930年刊の増補改訂版）

クと日本両国での記録や文献類も参照しながら、往路ではさまざまな驚くべき体験をしながらも日本滞在中に大歓迎を受け、日本が東洋の文化国であるのを身をもって体験したあと、帰路で記録を樹立した飛行の全容を追っていくことにする。ちなみに同書は初版が二刷まで出て八千部、増補改訂版が二千五百部で、都合一万五百部が発行され親しまれていた。

いざ、デンマークの飛行機野郎の冒険談をお楽しみあれ！

序章
出発の準備

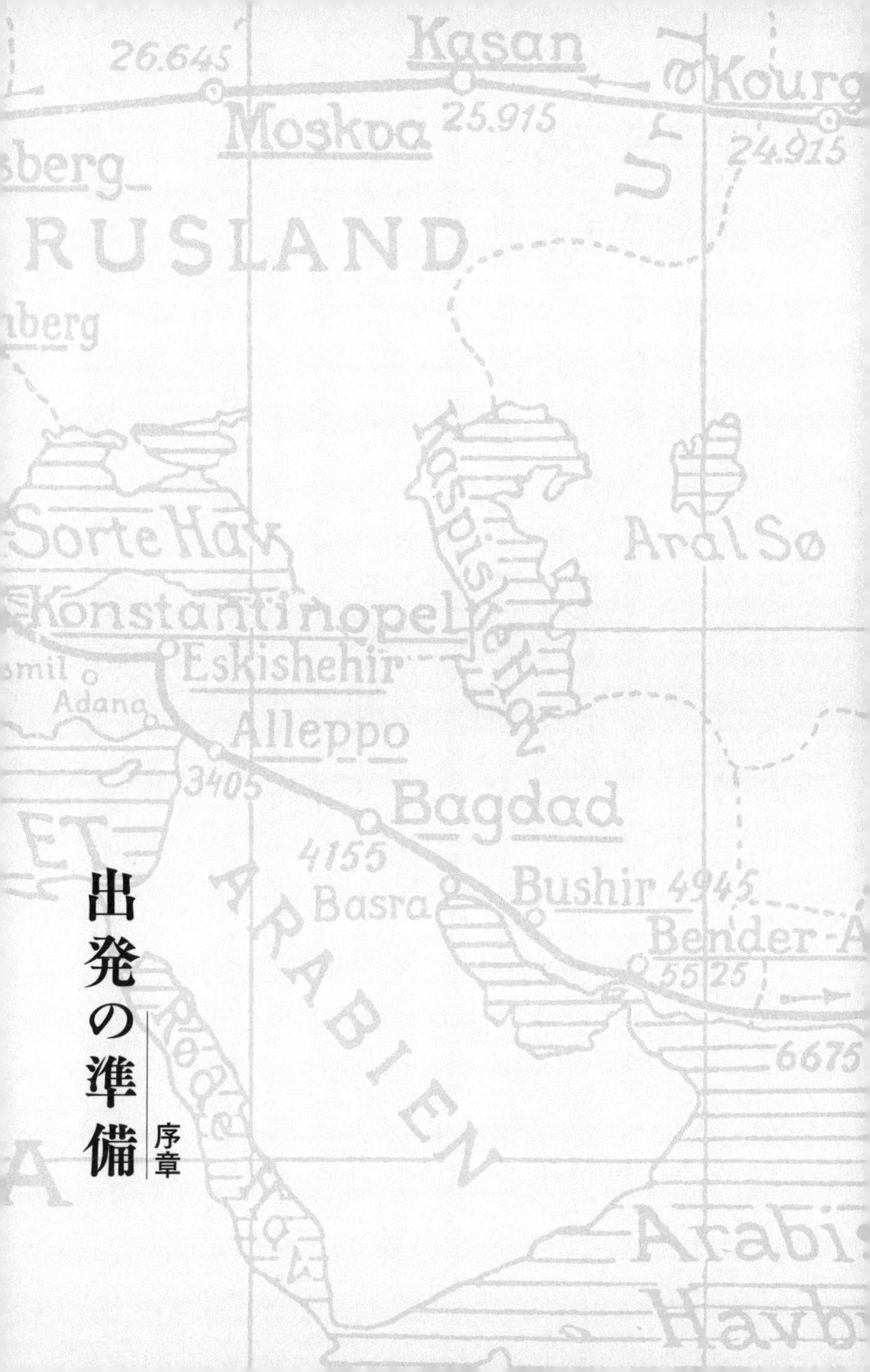

Kasan
26.645
Kourg
Moskva
25.915
24.915
sberg
RUSLAND
nberg
Kaspiske Hav
Aral Sø
Sorte Hav
Konstantinopel
Eskishehir
smil
Adana
Alleppo
3405
Bagdad
4155
Basra
Bushir 4945
Bender-A
5525
ARABIEN
6675
Arabis
Havb

日本外務省ならびに陸軍への通知

一九二六年一月二十九日付の書簡 (Legation Royale de Danemark, Tokio: J. No. 93.J.1) で外務大臣幣原喜重郎 (一八七二―一九五一) にデンマーク軍機二機がコペンハーゲン―東京間飛行を計画していることを伝え、日本に飛来する許可を求めたデンマーク代理公使ヴェールム (Ejnar Wærum 一八九〇―一九七二) は、厳格な性格だったが有能な外交官で、一九二四年一月から東京に駐在していた。デンマーク公使はカウフマン (Henrik von Kauffmann 一八八八―一九六三) だったが、北京に駐在しており、その代理を東京で務めていたわけである。ちなみにヴェールムは後年、一九五一年から六〇年まで、ベテラン外交官として駐パリのデンマーク大使として活躍していた。

外務大臣宛の書簡の中でヴェールムは、デンマーク軍機二機が同年三月十五日から六月十五日の間に飛来、つまり三月十五日以降に出発し遅くとも六月十五日までに到着する予定であるとして、着陸ならびに滞在の許可を求めたのである。飛行ルートは、ドイツ、ルーマニア、ブルガリア、トルコ、シリア、メソポタミア、ペルシア、インド、ビルマ、シャム、アンナン(ベトナム)、中国、満州、朝鮮、大邱(テグ)、対馬、霞ヶ浦が計画されており、飛行機はフランスのロレーヌ―ディートリッヒ社製で、エンジンは四百馬力、R―1号、R―2号機はいずれも操縦士の中尉と機関士が搭乗する旨が併記されていた。
この書簡は、航空関係一件を所轄していた帝国陸軍にも送られ、次のような返答があった［本書簡を含め、以下の公文書類は、特に指摘のない限りいずれも外務省外交史料館の所蔵になるものである。引用の部分は旧字を新字に改め、固有名詞等を除きカタカナはひらがなに直し、仮名遣いも改めて、適宜ルビを施してある。引用中の訳注は［ ］で囲んでおいた］。

陸普四〇〇号　大正十五年二月九日
丁抹《デンマーク》陸軍飛行機本邦飛来の件回答
陸軍次官津野一輔
外務次官出淵勝次殿

「異存無之候也」
1、航空路　平壌―大邱―蔚山付近―角島―広島(要塞地帯を避けしむ)―大阪―国府津(又は其西北方を経て)―所沢に到る(復路は之れが反対)
2、着陸地　平壌、大邱、岡山、大阪、所沢
3、不時着陸地　汝矣島《ヨイド》*、広島、各務原、三方原演習場

4、航空条件
5、入境地点は新義州とす
6、帝国領土航空に際しては帝国の法規に従わしむ
7、帝国領土航空中禁制品写真機、無線電信機、郵便物の携帯を禁ず
8、情況に依り岡山大阪には着陸せざることを得　以上

*——京城市を流れる漢江の中州にあり、日本統治時代に軍用飛行場があった。

飛行路を指定し、着陸地を変更するだけではなく不時着の可能性まで想定しているかと思えば、禁止事項まで挙げるほどの念の入りようであったが、原則的に「異存無之候也」(異存はなし)で、帝国陸軍はデンマーク機の飛来を容認したのだった。

その連絡を受けた外務省は、幣原大臣の名でデンマーク代理公使宛書簡の草稿「貴国陸軍飛行機本邦飛来に関する件」を二月十七日付で起草し、案件を許可する旨、上記の条件を付けて送付することになった。その欄外には、着陸予定地の霞ヶ浦を所沢に変更すべきことが特に指摘されている。

書簡は同日フランス語に翻訳されてヴェールムに送られ、日本語の書簡の写しが出淵外務次

官から大角海軍次官ならびに桑山逓信次官に送付された。こうして日本側は、外務省と陸軍のみならず、海軍、逓信省もデンマーク機到来の知らせを受けたのである。

それからひと月はご経ち、ヴェールム代理公使からふたたび外務大臣宛に書簡が届いた。一九二六年三月十三日付デンマーク代理公使ヴェールムの幣原男爵宛書簡は、デンマーク軍機二機の出発日が三月十五日に決定されたこと、日本到着予定日は五月一日になることを知らせてきた。さらに、操縦士はボトヴェ(A. P. Botved)、ヘアシェンド(Harry Herschend)各中尉、いずれも英独仏語を話し、同乗する機関士はオルセン(Olsen)ならびにピーターセン(Petersen)であることを告げていた。なお、航空ルートを、大邱には寄らずに平壌から大阪と変更することを伝えた。平壌にはデンマーク領事がいないが、大阪には在神戸デンマーク領事が赴く旨も記している。

これを了承する旨の幣原大臣からヴェールム代理公使宛返信草稿が三月十五日付で書かれ、三月二十日付でそのフランス語翻訳文と、大角(海軍)、津野(陸軍)、出淵(外務)各次官への写しが送られた。

これで公的な準備は整った。

コペンハーゲン出発

ボトヴェ中尉ら搭乗のデンマーク機二機は、予定を一日遅らせて一九二六年三月十六日、往復全行程四万キロメートルの旅に向けて午前十一時シャープにコペンハーゲンを離陸した。当時は陸軍飛行場があり、今でも「クローバー畑」と呼ばれている平地が滑走路で、現在のコペンハーゲン国際空港カストロップの北に位置している。

出発に先立ってボトヴェはインタヴューに応じて次のように述べた。以下に利用するデンマーク新聞の記事は、特に指摘のない限りポリチケン紙掲載のものを要約もしくは引用して訳出してある。

ポリチケン　三月十六日

東京まで延べ百時間で

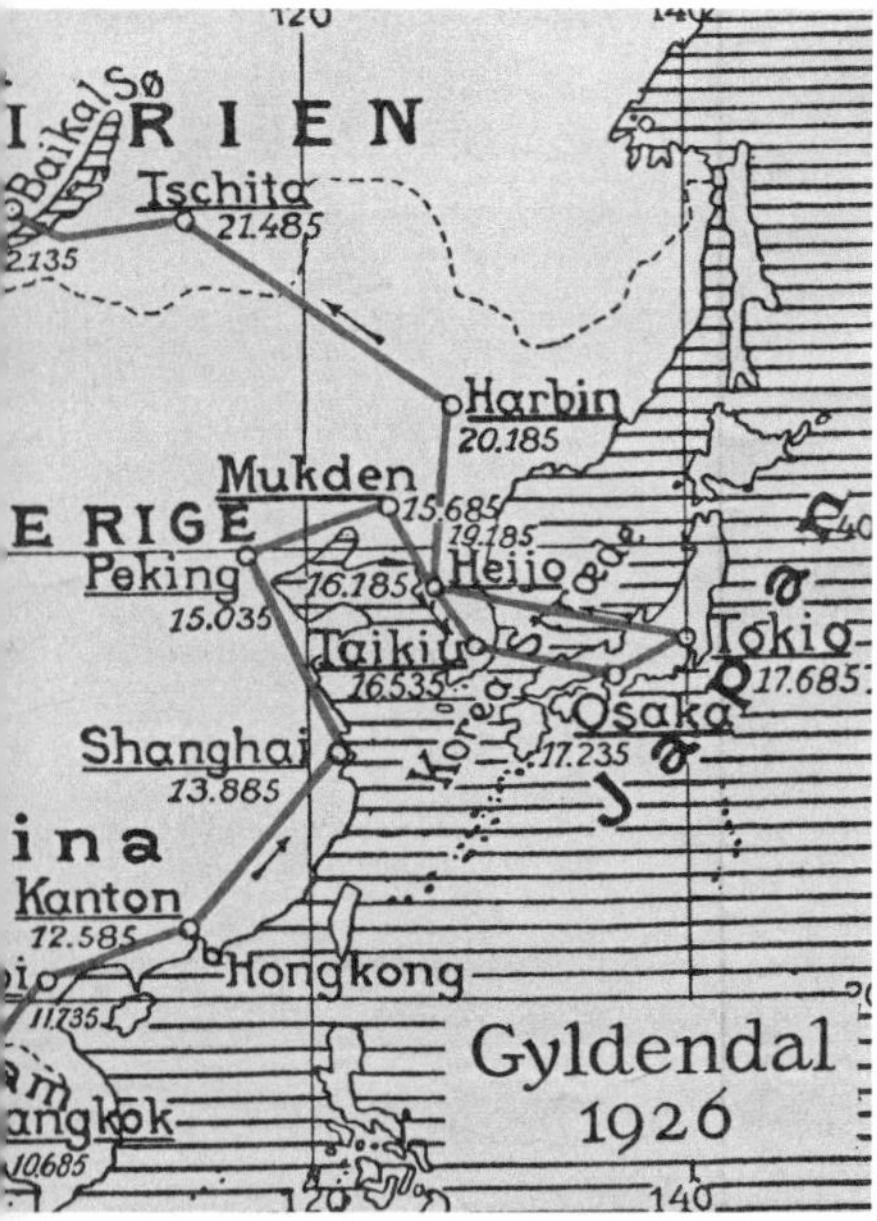

飛行の予定だ。午後にはベルリンに到着する。出発の準備には時間がかかった。機体の下部を補強した。ガソリンや部品を主要補給地三カ所に備える。東京、バンコク、それからインダス河河口に近いカラチだ。部品は機内にも用意する。その他十カ所に、ガソリンとオイルの補給地を「ガソリン会社」BPが用意してくれる。外務省の援助を受け、各国の公使館、総領事館と迅速に連絡が取れ

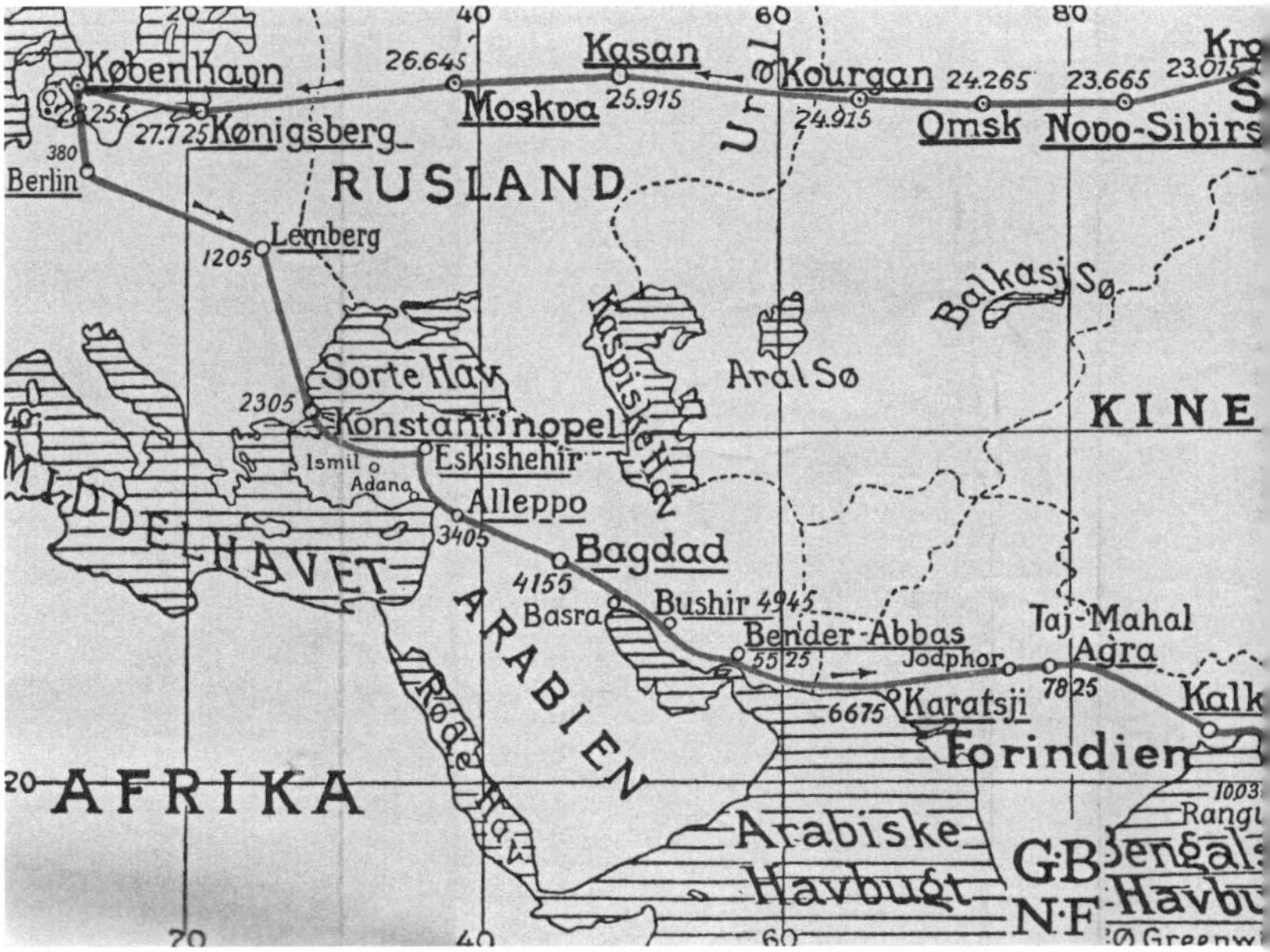

ボトヴェ大尉の著書のカバー(1926年刊の初版)
帰路を示す線が東京から平壌を直接つないでいるが、大阪経由であった

た。モーターと部品類は工場から直接補給地に輸送された。中国公使館は中国語で書かれた書類を用意してくれ、万が一中国で不時着するような場合はそれを見せることになった。飛行機製造会社ロレーヌ－ディートリッヒの技師コロール(Coroll)がしばらくコペンハーゲンに滞在、出発前の機体を点検してくれた。出発前にわれわれ二人の飛行士は国王クリスチャン十世に謁見してきた。資金を調達するのに力のあったアナセン国政参議(Etatsråd H. N. Andersen 一八五二－一九三七)にも挨拶をしてきた。[彼が社長の]東アジア会社が取引のある国々への一連の紹介状を渡され、会社の事務所では歓待されると告げられた。今回のプロジェクトの費用がどのくらいかかるか算出するのは難しいが、飛行費だけでおよそ三万クローネ。そのほとんどがガソリンとオイル代だ。何かを破損したりしたら、もっと余計に費用がかさむ。飛行ルートは、ベルリン、レンベルク[リヴィウ、ウクライナ]、コンスタンチノープル[イスタンブール]、アレッポで一日機体の点検、バグダッド、ブーシル[Buchir ペルシア]、バンダレ・アッバース[Bander Abbas ペルシア]、カラチで一日機体の点検、アグラ[中部インド]、カルカッタ、ラングーン、バンコク、そこで四、五日滞在、ハノイ、広東、上海、北京で一日機体の点検、平壌、大阪、東京の順。復路はその全く逆を飛行。いずれの飛行も一日で行なえる。毎日六－八時間飛行し、約千キロメートルを飛ぶ予定。毎日連絡を取る。外務省の報道局に電報を送り、そこからさらに航空隊のコック大佐に連絡が行き、そうして情報が公表されることになっている。予定では往路が三十日、復路も三十日で、片道が二万キロメートル。二ヶ月ほどして再会できるわけだ。さあ、出発！

ボトヴェの著書に記された計画の準備と出発

こうして凛として出発し、華々しい成果を上げて帰国したボトヴェは、往復の飛行で体験したことどもを記録して印象記として一九二六年に刊行、増補改訂版を四年後に発行した。帰国直後に大尉に昇進して英雄扱いをされ、デンマーク各地で講演をして回っていたボトヴェだが、体験を回想し解釈し直す過程で、意識的にしろ無意識であったにしろ徐々に記憶の序列化と操作を行なっていた。

航空隊コック大佐の、「ボトヴェは任務遂行に忠実であっただけではなく大いなる好奇心に駆られて飛行を行ない、新記録を樹立して見事に凱旋した」、という献辞を冒頭に掲載した図書『コペンハーゲン－東京－コペンハーゲン』は、続いてボトヴェ自身の巻頭言を載せ、航行記録出版にあたって思ったことを次のように語っている。すなわち、「各国の事情を見聞してきた体験を語り聞かせていて気がついたことだが、諸国とデンマークを比較する基準を得てはじめて、祖国デンマークがいかにすばらしいかがわかった」、というものだった。ボトヴェは世界各地で自然や都市を観察し多数の人々と出会っていろいろと判断を下していたが、その行為の当事者であった自分がまぎれもないデンマーク人であったこと、デンマーク人の視線でものごとを見てきていたことを、「比較の基準」ができたことであらためて自覚するにいたったのだった。

その結果、空間的にも時間的にも距離ができてからの回想であるボトヴェの記述には、航行ならびに外国滞在中のその時その場で直接に反応していた自分を客観化する余裕がうかがわれ、語るべきことを選択し、表現を工夫していた。体験した自分を、あとで思い返し思索する自分が制御しているのである。ボトヴェの印象記を読む際にはこの点に留意すべきなので、特に指摘しておく。

巻頭言においてボトヴェは、少年時代からずっと飛行士になりたいという夢を抱いていた自分は、やはり好奇心に駆られていたのだろう、と語り始め、飛行士になってからというもの、遠い未知の国々のことを思うと血が騒ぐ思いをしていたが、デンマーク人特有の性格である一種の怠惰と、行き過ぎた自己批判と優柔不断のせいで何もしないできていた。おまけに何をするにも肝心の資金がない。そんな時に読んだのが、フランスの飛行士ペルティエ＝ドアジー大尉（George Pelletier-d'Oisi 一八九二―一九五三、日本ではドワジーと呼ばれていた）が一九二四年にパリから東京へ飛行した記録を書いた小冊子だった。（Capitaine Pelletier Doisy : *Mon Raid Paris-Tokyo* 48 bois originaux de Jacques Boullaire 1924 édité pour Ateliers d'Aviation Louis Breguet à 2000 exemplaires）ペルティエ＝ドアジー大尉は、後述するように、ボトヴェが東京からの帰路で記録を争うライバルになった飛行士である。それを読んで、ボトヴェは自分も同じようなことに挑戦したい、と思ったのだった。

ボトヴェはその翌日に早速航空本部の上司コック大佐を訪れて夢を実現したいと熱く語った。幸い、コック大佐はボトヴェの熱意を受けとめてくれ、参謀本部長ビアケ将軍の賛同も受けて計画は動き出した。さらに、国防大臣の許可を得ることができ、国政参議H・N・アナセンも貴重な助力を惜しまない旨、約束してくれた。アナセンは東アジア会社の社長で、アジア各地に情報網を持ちバンコクに拠点を持っていたため、資金面での大黒柱になっただけではなく、計画成功の鍵を握っていた人物であったと言える。また、気象研究所、海図公文書館も協力してくれることになった。

計画の遂行にあたっては、東アジア会社ともうひとつ、日本ならびに中国各地に電信局を持っていた大北電信会社もボトヴェに手を貸した。これら二社の職員のみならず、旅程の途中で出会ったデンマーク人たちが、故国から飛来してきたボトヴェをあたたかく迎えたのは言うまでもない。

ボトヴェはさらに、デンマークの新聞が飛行計画の準備の段階から、飛行中はもとより帰国してからも記事を載せて大々的に取り上げてくれ、国民の支持を受けるのに寄与したことを感謝していた。そして、当時たまたま起こったデンマーク・クローネの高騰が、航空本部の予算を豊かなものにしてくれた幸運を、ボトヴェは忘れずに付記している。一大計画というものは、古今東西、幸運なしには実現できないのである。

飛行路についてボトヴェは、それまでの飛行の真似はしない、アジアまで飛行して帰りは汽車か船を利用して帰るなどということもしないと決めていた。東京ではなく、ケープタウンまで飛ぶことも考えたが、当時、アフリカ内部にはまだ飛行場の数が少なく、これはあきらめた。できれば世界一周をとも思ったが、これには資金がかかりすぎるし、大洋を越えるときには、安全のために所々に船を配置しておかなければならず、これも出来ない相談だった。

東京への飛行計画を練っていた半年ほどの準備期間中、ボトヴェはあれこれと考えを巡らせることが重なり、眠れない夜を過ごしていた。当初は、アナセン社長の援助を受けるために、バンコクを目的地にすることも考えていたが、デンマークの航空界のことが世界に知られ、世界中の新聞で報道されてデンマークが話題になるようにするには、東洋の大国へ飛ぶのでなければだめだ、とアナセン自身に忠告されて東京行きを決めた、とボトヴェは告白している。日本はまぎれもない東洋の大国であったのである。

[上]東京に向けて出発する前の、左からボトヴェ、オルセン、ヘアシェンド、ピーターセン
[下]出発前にボトヴェを激励する参謀本部長ビアケ将軍(左端)と総司令部ヴォルフ中将(中央)

二、三ヶ月のうちに外務省が飛行途中の国々から航空ならびに着陸の許可を取り付けてくれた。飛行機とエンジンの手配も、航空部の機関関係の技師たちが要領よくしてくれたが、ボトヴェが一番うれしかったのは、ロレーヌ－ディートリッヒ社がコロール技師をコペンハーゲンまで派遣して技術的な指導をしてくれたことだった。

そしていよいよ出発の日が訪れた。それまで日夜忙しい思いをしていたボトヴェは、準備万端整った出発の前夜、もう何もすることがなく、時間を持て余した変な思いをした、と著書に書いている。

三月十六日の朝九時に、簡単な儀式が行なわれて国旗が掲揚された。ボトヴェは厳粛な気持ちになったが、それよりもいちばん辛かったのが家族との別れだった。この先何があるかわからない。これが最後になるかもしれない時にいたってボトヴェは、家族のことは決して忘れまいと妻と子供たちの顔をまじまじと見つめる一方で、任務貫徹のためには家族のことなど考えてはいけない、という思いに引き裂かれていた。それにしても感心したのは、そんな状況にあっても妻が毅然としていたことだった。自分の妻だけではなく、デンマークの女性が皆そうであろうと確信したボトヴェは、デンマーク女性に心底から感服した。

もうひとつ、思うたびに背筋が冷たくなる気がするのが、途中不時着することになるのでは

[上]出発直前のR1号機とR2号機
[下]コペンハーゲンを離陸したR1号機

ないかという不安だった。不時着してエンジンが故障したらもう万事休すだ。その時点で飛行計画は終わってしまう。デンマーク国内であろうと遠い国であろうと、どこであれ同じことだった。

十一時の出発の前に、たくさんの人々が別れの挨拶に来てくれた。国防大臣が簡潔ながら心に響く挨拶の言葉を述べてくれ、ボトヴェは感激する。そして定刻に、コック大佐の合図でデンマーク機二機は、それぞれ操縦士と機関士二名を乗せ、合わせて八百馬力の発動機をうならせながら重い機体を芝生の緑の上をゆっくり移動していき、やがて空に舞い上がった。

第一章
中東から東洋へ

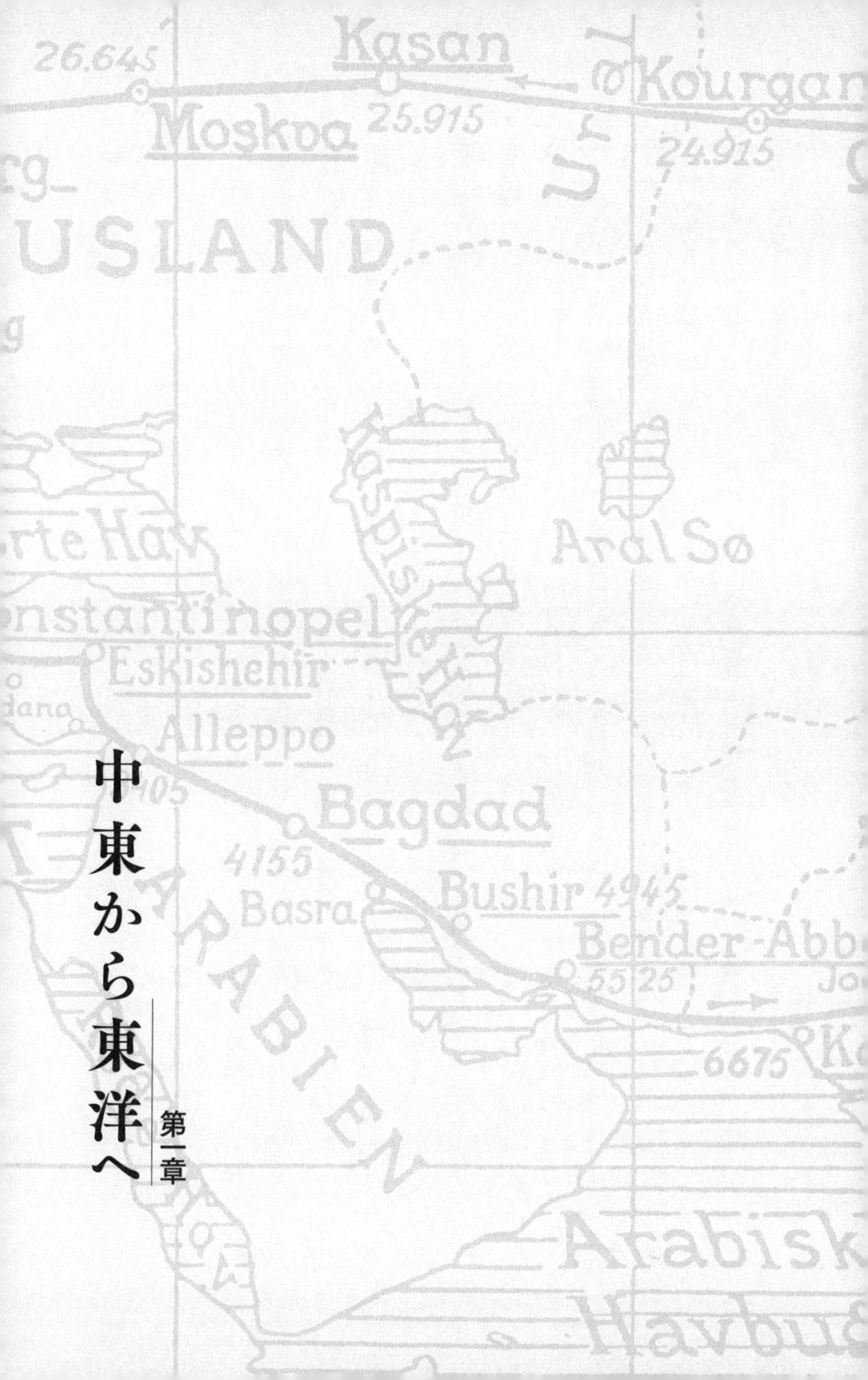

Kasan
26.645
Moskva
25.915
24.915
Aral Sø
Eskishehir
Alleppo
Bagdad
4155
Basra
Bushir 4945
ARABIEN
6675

第一日はベルリンが目的地だった。慣れたルートでもあり、何の支障もなく二時間二十分後の午後一時二十分に到着、ルフトハンザと国防省の代表に迎えられた。宿舎は一八七五年に開業し一九四三年に焼失したウィルヘルムプラッツの豪華ホテル、カイザーホーフだった。

ボトヴィは著書の中で、飛行中はアルコールを飲まないという禁を犯して、ベルリンではビールを飲んでしまったことを告白しているが、それ以外にはさしたる記述を残していない。

翌十七日のデア・ターク(Der Tag)紙は、コペンハーゲン十六日発の記事「デンマークの東アジア行き飛行士」の中で、出発の模様と、毎日千キロメートルほどを飛びながら、デンマーク機二機が四百馬力のロレーヌ－ディートリッヒ社製のエンジンを搭載して中国と日本に向かうと伝え、続いてもう一つの記事「ベルリン着陸」では、両機がテンペルホーフ飛行場に着陸し、デンマーク公使館の代表ならびにベルリン滞在のデンマーク人たちにも出迎えられたこと、さらに十七日早朝には次の目的地レンベルク(ウクライナのリヴィウ)を目指すと報道していた。

その出発時、午前八時に撮ったボトヴィ搭乗機R1号機の写真が、十七日付フォルクス・ツァイトゥング(Volks-Zeitung)紙に掲載された。

ボトヴェは、出発の朝には多少霧がかかっていたが、上空は晴れており、すばらしい陽光の中をポーランドに向かった、と書いている。平らなポーランドの地形の中で目標になってくれたウィサ山に近づくと、雪がちらほらしていた。そしてさらにヴィスワ川まで達したのだが、いくつか枝分れしていた支流のうち、誤って予定とは別の支流に沿って飛行を続けたため、カルパティア山脈の麓に出てしまった。

当時は常に低空飛行を行ない、目標としてウィサ山のように平地に突き出ている山とか、川の流れ、海岸線、鉄道線などを選び、陸の地図を見ながら目標を確かめつつ飛行していたのだった。ボトヴェが飛行路を間違えるのはこれが最後ではなかった。

ベルリンを出発するR1号機

方向こそ誤ってしまったが、カルパティア山脈付近の景色はお伽の国のようにすばらしかった、とボトヴェは書いている。深い青色の空を背景にして、雪におおわれた山々が輝いていた。ボトヴェは地点を確認して方向を転換、コンパスに従ってレンベルクに向かった。ところが絵に描いたようなみぞれが降ってきて、たちまち暗くなった。運のいいことに、ちょうどレンベルクに達した時に雲に切れ目ができ、十二時五十分、無事に着陸できた。

レンベルク（リヴィウ）

けれども、着陸にいたるまでには緊張する瞬間があった。ボトヴェは、ワルシャワのポーランド航空部から、事前に着陸可能な飛行場のリストと地図を受け取っていた。北東から雪が降りしきっていた中、レンベルク上空で着陸予定の飛行場を探したのだが、見つからなかった。後でわかったことだが、なんとまだ建設されていなかったのだった。時間の猶予がなかったため、古い軍の飛行場に、旋回して滑走路を確認する時間も惜しんで着陸した。小さな飛行場で、滑走路がでこぼこで、凍てついていたために土が花崗岩のように固くなっていた。

着陸するとすぐ、ポーランド軍の兵士がやってきて、飛行機をハンガーに入れる手助けをしてくれた。現在はウクライナに属しているが、複雑な歴史を持つリヴィウの町は、当時はレンベルクと呼ばれポーランド領になっていた。

その後で士官の会食堂での食事に招かれたのだが、そんなにも粗末な士官食堂を見るのは、初めてのことだった。おとなの背丈ほどしかない天井の低い粘土の建物の中には、伐った木をそのまま使って作った家具しかなかった。出された食事も、ジャガイモのスープと太いソーセージだけだった。話し声は盛んにしていたのだがポーランド語で通じない。ようやくフランス語で情報を交換できるようになり、ヘアシェンドの操縦する同僚機がどこに不時着したものか、情報を求めた。ボトヴェは心配だった。さいわいなことに同機は、途中で不時着した後、三時間ほど遅れてレンベルクに着くことになる。

空港の司令官の車でボトヴェと機関士オルセンは町まで行き、いちばん立派なホテルに着いたが、入口を入ってすぐに、そこがヴィスワ川の東で、もうヨーロッパではなくアジアであることが臭いでわかった。ボトヴェはポーランドにもロシアにも行ったことがなかったが、ロシア文学を読んでいたため、そこからずっと東の太平洋まで、アジアの家の中はそうして内にこもった通風の悪い空気が満ち、床の絨毯にも窓のカーテンにもタバコの煙の悪臭と湿った毛皮の臭いと焦げた松の木が放つ松脂《まつやに》の臭いが染み込んでいるのを知っていた。部屋も震えるほど寒く、陶器製のストーヴがあったものの、何の役にも立っていなかった。さいわい、ベッドには分厚いコール天の布団がかかっていた。

ボトヴェは早速コペンハーゲンに送る電報の文面を考えたが、ヘアシェンドが未着だということに触れないわけには行かず、どうしたものかと迷っていた時に当人から「無事に到着」の電報が届いて大喜びをした。

夜になってポーランド人の将校たちからホテルで夕食をご馳走になり、その晩は早めに引き上げた。翌朝早く飛行場に行ったが、凍えるほどの寒さで、冷却器にもお湯をかけなければエンジンが動き出さないほどだった。ところが、ヘアシェンドの飛行機の磁石の具合が悪く、それを直すまで出発を一日遅らせることになった。

こうして、予期せぬ延期が航行中にあるたびに、ボトヴェは訪れた町の見物をすることになる。

レンベルクでは、ポーランド人大尉を案内人として司令官の車で町外れの公園を訪れた。そこにはかなり高い丸い建物があったが、たった一枚の絵を見るためだけに建造されていた。すなわち、一六七二年にトルコ軍がレンベルクの町を包囲した時の模様を描いた絵だったが、オスマントルコ軍はその年レンブルクの町で包囲を破られただけではなく、北進を遮られたのだった。それを記念して描かれたわけである。

その後で、土を盛り上げて造った人工の山まで行き、町が一望できるパノラマ風景を味わったが、ボトヴェは、それだけの目的のために長年使われた労力のことに思い至り、感心するどころか、なぜ石と材木を利用しなかったのか、あきれるばかりだった。

バルカン半島を越えてシリアに

翌早朝、荒涼なサラセン人［アラブ人］の国に向かうことになった。まずは雪と森におおわれた美しいカルパティア山脈を越える。そのあたりにはまだ［第一次世界］大戦の傷跡が残っていて、ジグザグの塹壕が走っていた。そこを過ぎると、まるで寒い冬の日に雪と冷気を逃れて快く暖かい居間に入っていくかのようだった。眼下にはまったく平坦な草原が続き、日の光に輝くルーマニアの平野が広がっていた。カルパティア山脈［南］の麓からドナウ河までが一面の飛行場のようで、飛行士の目にはほれぼれとする景観だった。濁った水が幅広くゆっくり流れるドナウを越えるとブルガリアに入り、大半が木におおわれた低く丸い山々を越えていく。黒海がちらりと見えたが、少なくともその日は名前に背いて紺碧に光り輝いていた。

このように十九日の飛行の描写をボトヴェは始めている。朝八時四十分にレンベルクを出発し、午後三時二十分に美しいボスポラス海峡際のサン・ステファノに到着した。現在ではイスタンブールだが、当時コンスタンチノープルと呼ばれていた都市の西方にある飛行場である。ところがまたへアシェンドが現われなかった。暗くなるまで飛行場に残って待ち、それから町へ行った。公使館と連絡を取って捜索を頼もうとしたが、あいにく公使館には館員が一人もいなかった。翌日空から捜してみようと思い、オルセンとともにホテルで夕食をとることにし、沈んだ思いでビフテキを噛んでいる時にへアシェンドと機関士のピーターセンが飛び込んできた。

事情を聞くと、冷却器の温度計がいきなり百度を示し、どこかに遺漏があるに違いなく、エンジンが焦げてしまわないように際ごいところで不時着したのだった。ところが、よく調べてみると、壊れていたのは冷却器ではなく温度計だけだった。ボトヴェは後日、中国でこの経験を活かすことになる。

旅券のことでごたごたがあり、一日の滞在を余儀なくされたが、二十一日八時五十分に出発、コンスタンチノープルの町に何千もあるモスクのミナレット［塔］の上を低空で飛行し、言葉では言い表せない見事な景観を満喫した。そこから小アジアの山並みを越えてシリアに向かった。

　ところが低い雲が垂れ込めてきたために、山頂ぎりぎりまで高度を下げざるを得なかった。ヘアシェンドが選んだ山あいは問題なく、アダナの町を通過して無事に予定通りアレッポに到着したが、鉄道の線路に沿っていったボトヴェの方は気流が悪い谷あいに入ってしまい、あげくに雨まで降り出したために、エスキチェヒルの飛行場に十一時二十分に着陸した。この町はトルコ軍とギリシャ軍が激しく戦ったところで、敗北したギリシャは小アジアから撤退することになった。

コンスタンチノープルの航空写真。ボスポラス海峡金角湾の良港で、手前の南はビュザンティオンの跡地のある旧市街、北はヨーロッパ地区で、ガラタの町が背景の丘に広がっている

飛行場の司令官は小男で動きが活発、日焼けした顔に漆黒の髪の毛を撫で上げていた。机の前に敷いてあったレオパルドの毛皮の上に立ち、トルココーヒーを出すなどして親切に迎えてくれたのだが、仰々しいところがあり、何から何まで聞き出そうとしていた。

翌日の天気予報が悪かったせいでひとまず出発を延期することにして、道と呼べるものがなかったので狭軌の線路の上を走る小さな車で町まで行った。ところが、そこは町と呼ぶには不適当なみすぼらしい村で、道も穴だらけで舗装されていない。ロバやラクダがいて、行き交う人々は貧しく、身なりも貧弱だった。町でいちばんという宿屋に泊まったが、シーツを一月以上替えた様子がないようなところだった。

午後になって当地の軍の司令官を訪問することになった。二階のオフィスまで、ごく普通の梯子を上っていった。司令官はフランス語でていねいに挨拶をしたが、やがて町長を初め私服姿の紳士たちが何人も現われた。一応紹介はされたのだが、いつの間にか全員がトルコ語でお互いに話をしている。ボトヴェたちは一言も口にしないまま三十分以上も座ったままでいた。それで「謁見」は終わり、夜はトルコ人将校たちの招待で、町でいちばんのレストランで食事をした。レストランは長い木造の小屋だった。

翌二十二日の朝は雨で、飛行場はひどいぬかるみになっていた。けれども正午近くになって雨がやんだので、ボトヴェは出発することにした。プロペラが回りだすと泥を舞いあげ、ボトヴェは顔中泥だらけになった。泥のせいで車輪が重く、ボトヴェは三度試みてようやく午後一時二十分に離陸することができた。そこからはコンパスに従って砂漠を越えトロス山脈に向かった。途中、眼下にラクダの長い隊列が時折見えた。午後遅くなって山脈に達したが、雄大な景色で、標高四千メートルほどの岩の壁を真っ白な雪がおおっていた。ボトヴェは両側が絶壁になっていた標高二千メートルほどの峠を越え、山脈の南側のところどころが森になっていた温暖な平野をアダナに向かい、［イスケンデルン］湾を越えてから千五百メートルの山の上をひとっ飛びすると、アレッポが視界に入ってきた。

アレッポ

夕闇が降りる前、午後五時五十分に町の北二十キロメートルのフランス軍飛行場に着陸すると、R2号の二人とフランス人飛行士たちに迎えられた。

その飛行場は、アジアに向かう飛行士たちがよく利用しており、士官集合所の壁には、彼らのサインが一筆書きを添えられて記してあった。ボトヴェもそれに加わってサインをし、真ん中に穴の空いたデンマークの2クローネ硬貨を添えてデンマークの存在を誇示した。

翌朝、出発の準備にかかると、車輪が両方ともパンクしているのに気づいた。レンベルクですでに片方の車輪のチューブを交換しているので、ここでさらに二本とも替えてしまったら、予備のチューブのことが心配になる。フランス軍の使っていたタイヤチューブは小さすぎ、困っていたところ、少々大きめながらトラックのチューブが使えることがわかり、助かった。これは長持ちして、中国の黄河の北で替えるまで、支障がなかった。

修理が終わり飛行場を眺めると、前夜の雨でぬかるみになっていた。フランス軍の軽い飛行機はそれでも離陸でき、ベイルートの海岸方面に飛んでいっては、ドルーズ派の反抗勢力と戦闘を行なっていた。帰還してくる飛行機の機体には、敵から受けた銃撃の穴があいているものがあった。

ボトヴェのR1号機は、戦闘用ではなく、機体も重たかったため、ぬかるみの飛行場で立ち往生した。

飛行場のあったアレッポの北側は比較的平穏だったが、そのころ町の周辺では五十名を超すトルコ人の盗賊が狼藉を行なっていたため、警備の薄かった飛行場にも、一時的にアフリカ騎馬大隊から援軍が送られ、盗賊退治にあたっていた。

ボトヴェは、その騎馬隊の統率が取れ優美なアラブ馬を乗りこなすさまに魅了されてしまった。見とれているところを司令官の大尉に見つかって、ボトヴェは遠乗りに誘われ、ことわりきれずに参加することになる。

ところどころにお椀をかぶせたような丘のある、石だらけの荒涼とした風景の中をギャロップで進んでいく。飛行場のキャンプから五キロメートルほど行ったところに、アラブ人の村があった。近づいていくと痩せ犬たちが激しく吠え出した。四軒しか家がなかったにも関わらず村は壁で囲われていて、その外に男たちが集まってきた。背が高く立派な男たちで、目が輝き、お伽話に出てきそうだったが、フード付きのバーヌースを頭からかぶり、ボロをまとった身なりはみすぼらしかった。やがていちばん年長の男が進み出て大尉に挨拶し、用事をきいてから、ボトヴェたちを中へ招じ入れた。

兵士の一人が馬の番をし、鞍のホルスターからピストルを抜いてポケットに忍び込ませた。村の中は、中国ではないかと思わせるほどひどい有様だった。薄茶色の粘土を固めて造った背の低い小屋が、日に焼けてひび割れている。埃と塵にまみれ、ものすごい悪臭がした。小屋の中を見せてもらったが、お墓のように真っ暗で何も見えない。やがて目が慣れてくると、中には何も家具がないのがわかった。三和土《たたき》の上にボロを敷いて若い女が座っていた。とてつもなく汚く、髪もとかしていなかったが、目だけは輝いていた。パンのこね鉢に入れてあった小さな子を揺すっている。大尉が硬貨を何枚か投げてやると、猿が木の実を集めるような動きをした。あとをついてきていた男の一人が、紙のように薄いパンケーキのようなものを出してくれた。何で作ったものか、口に入れただけでいやな味がした。

キャンプにギャロップで帰り、バロンホテルで夕食をとったあと、町を見ることにした。娯楽施設はふたつあった。ひとつは土地の歌手と踊り子が出るというレストラン。もうひとつはパリ風だというところだった。まず土地のレストランを訪れる。倉庫のようなガランとした大きな部屋に汚れたテーブルが並び、床も汚かったが、赤いトルコ帽をかぶった男たちでいっぱいだった。帽子の下の顔はみな同じに見えて、黄土色の皮膚、黒い眉、曲がった鼻、狭い唇をしていた。猫のような動作をする者もいたが、それは例外で、大半は脂肪太りの重い身体を持て余し、無口のまま水ギセ

シリア北部の大都市アレッポ。65メートルほどの高さの丘に城壁がある。商業都市として栄えていたが、2016年現在、内戦のためにほとんど破壊されている

ルを吸いながらタラのような鈍い視線を歌い手の方に向けていた。
すると、いつの間にか靴磨きが足元にうずくまり、すでにきれいに磨いてある靴の前で見上げるようにして磨く許可を待っている。許可が出るまで待ち続けてさらにピカピカに磨き上げるのだ。

そこはじきに飽きてしまったので、もう一軒の店を訪れた。内装はましだったが、昔［パリの］モンマルトルで［舞台に］出ていたような大きな胸をしたブロンドの四十女たちがマドロス姿で踊っていた。誰も見ていない。そうして毎晩毎晩同じ踊りをしているのだ。ボトヴェには地獄のように思われた。恐怖の地獄ではなく、退屈、という最悪の地獄だ。ボトヴェは、フランスからそこへ来てまだ三週間の若い騎馬隊中尉が、「もううんざりだよ」といかにも落胆した顔で言ったのがよく理解できた。

ボトヴェは、ぬかるみのために出発できなかった二十三日の体験をこのように書き留めていた。

翌二十四日は晴れで、一日中乾燥していた。次の日に出発できそうだった。夜もすばらしかった。寝る前に部屋の外のバルコニーに出てみて、なぜ「千一夜」と言って「千一日」とは言わないのかがわかった。そこの天は他の地よりもはるかに高く、闇もはるかに深く暗く、ビロードのように柔らかくて静かだった。そして星が輝きを放っているのだった。ボトヴェは遠く北の空を見上げ、妻のことを思った。ちょうど今頃、同じ星を見つめているのだろうか。

アラビアの砂漠を越えてバグダッドへ

二十五日の早朝は涼しかったが清々しかった。まだ埃が舞い上がっていない道を軍隊の車で疾走する。ラクダもロバもベドウィン［遊牧民］たちも、あわてて道路脇の溝におりて車を避けた。ボトヴェは、飛行場が十分に乾いて滑走ができそうかどうか、そればかりを心配していた。

飛行場のあちこちを歩いて固さを調べてみた後、まずボトヴェが試み、八時五分になんとか離陸をすることができた。ヘアシェンドも続いて舞い上がってきた。ユーフラテス川へ方角を取る。三十分ほど飛ぶと、幅広く銀色に輝く帯になって流れる川が砂漠を東に走っていた。川に沿って飛ぶ。右側には、人を絶望の淵に陥れるような風景が広がっていた。石と砂ばかり。かすかに波状になっていて、川の北側より多少高い。それがずっと南へ続いていた。アラビア［シリア］砂漠である。こんなところに生き物がいるのだろうか。

川の北側には石もなく、砂ばかりだった。砂、また砂。何度「砂」と言っても際限のないほど、ごこまでも単調に砂が続いていた。ごく稀に、貧しいアラブ人の町の上を通過したが、上から見ると川沿いにできた蜂の巣のようだった。

正午に、バグダッド東にあったイギリス人によって整備された大きな飛行場に無事着陸した。それより二、三日前は陽だまりでもマイナス十度だったが、ここは日陰で三十度以上あった。革製の外套と内側に毛皮が張られた革製の帽子が脱ぎ捨てられる。あとでもっと脱ぎ捨てられることになる。

死ぬほど暑かった。空気はそよともせず熱気に細かく揺れ、レモンを絞るように身体から汗が染み出している。切りこんでくるような眩しい光のために、目を細めていなければならなかった。

飛行機を降りるとすぐに、熱帯用の服を着て

チグリス川を挟んだバグダッドの町

ズボンから細い足を伸ばしていた鈍重そうなイギリス人に囲まれたが、沈着な快い声で、どんなガソリンとオイルがどれだけ必要で、どこに注入するのか尋ねてきた。必要な情報を与えると、イギリス人の技師たちはすぐに作業に取りかかった。スポーツで鍛えられた身体をした彼らの無駄のないきびきびした動作を見るのは、実に気持ちのいいものだった。

それから会食堂に案内された。明かりが落とされ、祈禱所のように涼しかった。石の床には大きな厚くて赤い絨毯が敷かれ、美しい樫の木のテーブルがあり、低くて座り心地のよさそうな椅子が置かれていた。イギリス人はなんとセンスがいいのだろう、とボトヴェは思った。椅子は安楽椅子のようになっていただけではなく、肘掛から板が伸びて脚をのせられるようになっていた。

そんな椅子に沈み込んで座ると、よく冷えた大きなグラスのビールが出された。その間に部屋が用意されたが、尉官の部屋を好意であけてくれたのだった。

ボトヴェはイギリス軍が実際面で組織力に優れていることにほとほと感心した。ただそれが高価についている、という批判もしている。どの飛行中隊も家族のように閉じられた組織として構成され、それぞれにハンガー、会食堂を持ち、将校、下士官、兵士たちの宿舎も中隊ごとにあった。それが彼らにとって自然であり、うまく機能しているのだった。

午後になると、キャンプのスタジアムで中隊対抗の競技会が行なわれた。イギリス軍のキャンプにはごこでも必ず運動場があり、その日の種目は綱引きと競走だった。

ボトヴェは中隊長の車でそこへ向かったが、距離は千二百ないし千三百メートルしかなかった。それでも車で行くのである。競技に参加する士官たちはスポーツ服に着替えていた。ほかの者たちは私服だったが、彼らは士官たちも含めて全員が、午前中は私服と同じくらい快適なカーキ色の軍服を着ていたのだが、それでもやはりスポーツとなると着替えるのである。

競技会が終わるとボトヴェはシャワーを浴びてすっきりし、夕食用に着替えた、と言っても、前と同じ服である。会食堂でカクテルが出され、2クローネ硬貨ほどの大きさの〔小さな〕サンドイッチを食べた。これでその日三度目になるのだが、全員がまた着替えていて、制服もしくは略章を下げたスマートな「ディナー・ジャケット」かスモーキングを着こなしていた。

そしてようやくテーブルに着いたわけだが、ボトヴェら客人がいたから着飾っていたのではなく、それが日常だったのである。ありがたいことに食事中には〔乾杯の〕「挨拶」をしたりする者などいなかったのだが、ポートワインやマデイラ酒が出るころになると、会食堂のチーフが席を立ってグラスを叩き、「ジェントルマン、ザ・キング！」（紳士諸君、国王のために乾杯！）と言った。すると全員が起立し、「ザ・キング」と唱和し、グラスを飲み干した。それが最初の「挨拶」で、それからしばらく会話が続いた後、会食堂のチーフが再び席を立ってメインの「挨拶」を行なったのだが、それは「紳士諸君、デンマーク国王のために！」だった。またもや全員が起立して「デンマーク国王のために」を繰り返し、着席した。

そこでボトヴェは、今の今でも後悔しているミスを犯してしまった、と告白している。ボトヴェは、お返しに何か挨拶の言葉を言わなければなるまいと思い、起立して、下手な英語でロイヤル・エアフォース（イギリス空軍）のために「挨拶」をしたのだった。その趣旨は後悔していないし、イギリスの空軍ほどボトヴェが尊敬し高く評価していたものはない。けれども、その場での挨拶はまったく無用だったのである。おまけに下手くそな挨拶で、何よりもいけなかったのは、「客人なのに」余計なことをして、親切で愛すべきチーフに気まずい思いをさせてしまったことだった。

ロイヤル・エアフォースと接触するのはそれが初めてだったが、それから先、東に向かうにあたり、シャム（タイ）とインドシナを除いてはイギリスが幅を利かせていたのを喜んだ。その沈着さ、仕事ぶり、出しゃばらずにしてくれる親切が千金に値することをボトヴェは知ったのだった。

翌二十六日の朝七時三十五分、ハビランド機二機に送られてボトヴェたちはバグダッドを飛び立ち、バスラに向かった。遠い昔、シンドバッドが出港した町だが、今では石油の町になっていて、イギリス軍が強力な航空隊を置いている。その地域でイギリス軍はほとんど空軍だけで制圧を行なっていた。その主力はエンジンが二つ付いた飛行機で、重装備の兵士を十名ほど乗せることができた。以前はベドウィンが暴動を起こした時、ラクダの背中に乗って何ヶ月もかかって鎮圧に出かけていたが、今では数時間で現地まで達することができる。

バスラを越えてさらにペルシャ湾岸を飛んでいく。砂と裸の石ばかりで、それほど荒涼なところを見たことがなかった。ところどころに粘土の小屋がある貧しい漁村があるばかりで、たえず焦がされるように日が照りつけ、すべてが陽炎のようになっていた。

そんな景観の中でオアシスのようだったのがペルシャのブーシルとバンダル・アッバースで、ボトヴェは両地に着陸し、一泊ずつした。ブーシル到着は二十六日十二時四十分、翌日の離陸が八時三十分でバンダル・アッバース到着は十二時二十五分だった。どちら

ユーフラテス川とチグリス川が合流してシャットゥルアラブ川になりペルシャ湾に流れ込むが、その途中にあるのがイラク第二の都市バスラ。現在では石油製品の積み出し港として知られている

の町でもイギリス総領事や領事などの親切なもてなしを受けた。彼らは、立派な邸宅で王様のような暮らしをしていた。強い陽光のせいで黒焦げになっていたペルシャ人たちは、ボトヴェたちの飛行機の周囲を大勢で取り囲み、整備の様子を何時間も黙って見守っていた。両足とお尻の三点で身体を支えている座り方が珍しく、ボトヴェは真似をしてみたのだが、脚の上部と下部の長さの割合が彼らとはちがうのか、うまくいかなかった。

カラチ

二十八日朝七時十分、バンダル・アッバースを後にしてさらにペルシャの東部へ飛び、バルーチスターン［現パキスタンの西南、イラン東南、アフガニスタン南部にまたがる地方］を越えてインドに向かった。バルーチスターン上空を飛行中に、ボトヴェはふと、そこがインドに属するのか、独立国なのかが疑わしくなり、おののいた。もしも独立国ならば、ボトヴェは上空を飛行する許可を得ていなかった。万が一不時着しなければならない時には大騒ぎになってしまう。さいわい無事に通過することができ、午後二時三十五分、インダス河がアラビア海に注ぐ河口にある近代的でヨーロッパ風の都市カラチに到着した。

着陸後、イギリス軍の巨大なハンガーに乗り入れた。数百人のロイヤル・エアフォースの兵士が二列に並ぶ中を走っていったのだった。みんな写真機を持っていて、通過するボトヴェを撮りまくっていた。ボトヴェは将校たちから歓迎され、キャンプに泊まることになった。部屋は質素だったが、涼しくて気持ちよかった。プンカと呼ばれるヤシの葉の吊り団扇が暑い空気をあおぎ、ハエや蚊を追いやっていた。

少々休憩した後でボトヴェたちはクラブで夕食に招かれた。食事が終わった後、イギリス軍の将校たちとテラスで安楽椅子に寝そべってのんびりと歓談した。夕闇のそよ風に、ヤシの木が揺れている。セミが鳴き、真っ暗な夜空には鎌のような形をして月が浮かんでいた。

士官の一人が夜の街を案内してくれることになり、場所に詳しい軍曹が運転手になって車で埃っぽい道を走っていった。交通の激しいところにさえ聖なる牛がうろうろしていて、それを避けながらいくので時間がかかった。誰にもさわられたりしない牛たちは、もぐもぐしながら歩いているだけではなく、いきなり道の真ん中に座ってしまうこともある。そうなったら、ただ待つばかりなのだった。歩道にベッドを出して涼しいところで寝ている者もいたが、通りはかなりの人だかりだったにもかかわらず、意に介さないようだった。

ある家の前で、軍曹を先頭に狭くて急な梯子を上っていくと、明るく照明された屋根のない部屋に出た。スタイルがよく肌が茶色で大きな目をした唇の厚いインド人の娘が三人、優美にお辞儀をして迎えてくれた。軍曹が何か交渉をしていたが、すぐにその店を去ることになった。

古い二階建の家が並ぶ路地を抜けていくと、どこの戸口にも、窓を入れてない壁の穴にさえ、いたるところに若い女、年増の女たちがいた。アジアのさまざまな人種がすべてそろっていて、インド、マレー、中国、日本人ほかの女たちが身体を売っている。モクレンの芳香がただよう暑いインド［パキスタン］の夜には愛欲がみなぎっていたが、西洋、特に地中海の港町のように叫び声やののしり声、酔っ払いの下品な掛け声といった喧騒はなかった。そこでは、ごく自然であるかのように、何もかもがひっそりしていた。彼らの羞恥、彼らのモラルは自分たちのものとはちがう、とボトヴェは気づき、西洋の物差しで判断していいものか、と自問している。

ボトヴェたちは相談した結果インドの踊りを見に行くことにした。狭い螺旋階段を上っていき、二階に出ると、そこは質素な小さな部屋で、石の床にワラを編んだ敷物があるだけだった。背中を壁にもたせてあぐらをかいて座る。向かい側に楽師たちが並んでいたが、踊り子の家族や親戚で、奇妙な楽器を抱えていた。バケツを逆さにして革を張ったようなものを脚の間にはさんでいる男が二、三人。別の一人は弦を二本張った楽器、もう一人は木を二本持ってそれを叩きあわせる。やがて小柄なインド人の娘が入ってきた。十四歳で、茶色の目をし、白いトーガをきれいな身体にまとっていた。両腕と踝に金メッキの輪をはめ、脚には暑いのにコットンのレッギングをはき、裸足だった。なんとも奇妙で眠たくなるような憐れむような音楽に合わせて踊りが始まった。上下に行き来するメロディに従ってゆっくりためらうような動作が続き、白いヴェールを絡めた両腕の屈折と長くて美しい手先が動きを強調していた。顔の表情は深刻だったが、客がいるのが恥ずかしいのか、時折ほんのり気まずそうに微笑んでいる。何かが弾けて震えるような音がしたかと思うと音楽が終わり、踊り子は軽くお辞儀をして笑みを浮かべ、そうして小鳥は飛んで行ってしまった。

通りに出たボトヴェは、不注意にも女の乞食に小銭をやってしまった。するとたちまち大勢の者たちに取り囲まれ、喚くわ騒ぐわの大騒ぎになってしまった。ボロの中から細い腕を伸ばしてきて、恵みに与かろうとしてボトヴェたちにつきかかってくる。さいわい軍の車に乗り込むことができ、ゆっくり走っていったが、ずいぶん長い距離を乞食たちはついてきていた。すばらしい熱帯の夏の夜を、道路の白い帯に沿ってキャンプまで帰った。

翌日は市長に昼食に招かれた。きちんと着こなしていたが、そんなに興味深い人物ではなかった。話題はトラ狩りで、ボトヴェにはまったくわからない。時間が経つにつれ、ボトヴェは身体がだるくなり、ほてったり、寒気がしたりした。熱が出ているようだった。何日も飛行を休むわけにはいかなかったので、軍医に診てもらった。ボトヴェはすぐにベッドに入るように言われ、ウィスキーをたっぷり注いだグラスとキニーネの錠剤をたくさん渡された。それをみな飲むと、深い眠りに落ちた。翌朝三時に目がさめた。汗びっしょりで、サウナの後のようだったが、熱は下がっていた。地平線から日が昇るや否や、ボトヴェは三十日の七時五分に忙しくカラチを飛び立った。

インドでの日々

その日は何時間も「砂漠」の上を飛んだ、とボトヴェは書いているが、ここは「荒地」のことだろう。まったく平坦なところに時々岩山が顔をのぞかせ、景観に色を添えていた。ジョドプールの上空を越えると、そこからは耕地だった。太陽が焦げるように熱く、陽炎のために視界が遮られ、すぐ下の方しか見えない。風がまったくなかったにもかかわらず、熱気のために、海で高波に弄ばれる船のように機体が上下に激しく揺れた。飛行路から外れないように苦労し、汗が迸り出た。舌が口の中で分厚い塊のようになっている。七時間ほど飛んでやっとアーグラの白い家並みとお城のような建物が見えてきた。

千百三十キロメートルを飛び、午後一時四十五分に、小さいが整った飛行場に無事に着陸、いつものようにイギリス人が万事準備をしてくれていた。ロイヤル・エアフォースの将校が迎えてくれ、ガソリンとオイルも揃っていたので、ボトヴェはすぐに翌日の飛行の準備に取りかかった。空腹だったが、町まで行って帰ってくる時間が無駄に思えたので、先に作業を終えることにしたのだった。その結果、夕食が午後九時になってしまった。朝の四時からずっと仕事をしていたことになる。それが航行中の毎日だった。

見物人がたくさん集まってきていた。イギリス人の社交婦人たちがかなり混じっていて、ボトヴェたちが、ブーシルのフランス領事からもらったシャンペンを抜いて飲むのを、おもしろがって見ていた。汚れた男たちが、シャンペンを口飲みしていたからである。

暗くなってからようやくホテルに着いた。天井の

アーグラの航空写真

低いバンガローのような建物で、大きな公園の中にあった。最初のうち、四方の壁と天井を「ヤモリ」と呼ばれるトカゲの類がうようよ這いまわっているのを見て気味悪かった。中にはかなり大きくなるのがいて、頭から尻尾まで五十センチにもなる。ヤモリは歩き回るのに疲れたりすると、立ち止まって部屋中響くほど大きな声で「ゲコ、ゲコ」と鳴く。ボトヴェは嫌いだったが、町に住んでいる人々は皆、ヤモリは昼間驚くほどの数の蚊を退治してくれるので、よろこんでいた。

インド人のボーイは実にすばらしく、ボトヴェが口に出す前に全てを手配してくれた。冷たいドリンク、熱いお風呂、清潔な服。服は必要な順番に並べて用意してあった。

夕食後、車を借りて星空の下をタージマハルまで行った。かなり疲れて眠かったが、この不思議な建物は、見ないわけにはいかなかった。皇帝シャー・ジャハーンが、若くして死去した愛妃のために建築的才能を駆使して建設した墓廟である。昼間見るのがすばらしいのだが、月の光の中で見るのも、白い大理石が白さを二倍にも増し、月明かりが庭の水面に銀色の輝きとなって反射し、えも言われぬほどの美しさだった。

ボトヴェたちは廟の内部を見学して回った。足音がエコーを響かせる。厳粛な気持ちにさせられ、教会の中でのように知らぬうちに話す声が落とされる。壁の大理石は、その厚さにもかかわらず、蜘蛛の巣のように軽やかに見えた。ハスの花がレリーフになって刻まれ、長く続い

[上]タージマハルの大楼門
[下]空から見たタージマハル

ていた。ほかに装飾など必要なかった。目にするものすべてが魅惑的だった。ところが、この世では美しくすばらしいことがいつまでも続くはずがない。愛妃の棺が安置されている廟の奥までたどり着くと、案内人が哀れむような大声をあげ、長寿を祈ってくれると言った。ただし、2ルピを払えば、の話だった。ボトヴェたちは、案内人に頼んでまで長寿を願うことはしなかった。

デンマークの新聞記事

ちょうどその頃、デンマークではポリチケン紙が三十日付でフランス語のオリエント・ジャーナル(Le Journal d'Orient)紙特派員の記事を掲載し、「トルコの首都コンスタンチノープル空港にて」というキャプションの写真とともに、次のように伝えていた。

❖ボトヴェたちはデンマーク公使館の秘書らに迎えられ、デンマーク機は誉れとともにデンマーク国旗を示した。

❖二人の飛行士は〔二十八日〕カラチに到着。予定より二日ほどの延着。機体を点検したあと、インダス河を越えてアーグラに向かう。

❖ポリチケン紙は、コペンハーゲン市庁舎前の本社に巨大な地図を掲げ、東京に向かう同機の飛行路を示すことにした。新たな地点に到着した連絡が入るたびに、赤い線を延ばしていく。

そして翌三十一日の紙面では、「デンマークの飛行士アジアを飛ぶ」という見出しのもと、「順調に飛行を続け、本日カルカッタに到着する予定。これで東京への旅程の半分を飛行したことになる」としたあと、要約、次のような記事を載せた。

ボトヴェ飛行士は砂嵐のためにアーグラに遅れて到着。ヘアシェンド飛行士は、ガソリン補給のためにバラトプールに不時着した。

デンマーク航空隊のコック大佐は、「ヨーロッパのように鉄道の路線や主要街道のないアジアでも、問題なく方向を定めて飛行できるのは大したものだ」と評価。「でも、これからの後半の飛行路がむずかしくなる。密林を越え、人里のないところを飛ぶことになるので、不時着はできない」。

中国は政情不安なので、飛行路を変更する可能性があるのでは、という質問には、「それは今のところわからないが、中国の関係筋は、その必要が生じた場合は、バンコクもしくはハノイに連絡する旨、約束してくれている」と答えた。

また、飛行士たちは必要な地図を携えているのか、と訊かれ、大佐は「中国東海岸の地図はヨーロッパでは入手できないが、軍事基地の飛行場に着陸するので、途中で地図が手に入るはず」。

かなり速い飛行ではないか、というコメントには、「今までだれもこんなに速く飛んでいないが、記録は期待していない。それは今回の飛行の目的ではない。エンジンは順調に機能しているが、東京で取り替えることになっている。規則があって、百時間運転したら徹底した点検をすることになっている」と答えた。

カルカッタ（コルカタ）到着

三月三十一日の朝七時五分、日の出とともに出発、ガンジス河に沿って水田や麦畑、時には森におおわれた丘を越えて飛行した。間隔をおいて美しい白い町が姿を見せ、幅の広い大理石の階段が河まで下りていた。昼頃、景色に岩場が多くなり、広大な森が広がるようになった。ベンガル地方に達したのである。ボトヴェは、一時間でいいから地上に降りて立派なベンガルの虎を見てみたいものだと思った。そうするわけにもいかないので、すぐ下にいるにちがいない熱帯の動物たちのことを想像するだけで満足することにした。

午後一時四十分、カルカッタから十キロメートルのダムダム飛行場に着陸した。今回の行程で最長の千百六十キロメートルを飛んだ。デンマーク領事を務めていたイギリス人商人ウィトビに出迎えられ、彼のところでボトヴェたちはインドの首都での二日にわたる滞在中、世話になることになった。

到着した次の日に飛行機を整備するために飛行場

ガンジス川沿いにあるヒンドゥー教の聖地ベナレス(ワーラーナシー)

へ行くと、まだ遠いところからも、飛行機の上で何者かが行ったり来たりしているのが見えた。車の速度を上げ、急行した。土地の子供たちが飛行機の上で遊んでいるのだと思ったが、近くまで行ってみると、なんと大きな灰色の猿たちだった。尻尾が長く、尻が赤い。すぐそばまで近寄ると、猿たちは叫び声を上げて大騒ぎをし、ヤシの木に駆け上って文句を言っている。ボトヴェは、操縦席に覆いをかぶせておいてよかった、と胸をなでおろした。好奇心の強い猿のことであるから、操縦席に座って機器をいじり、ひょっとしたら飛行機を飛ばしていたかもしれない。

ダムダム飛行場に到着した飛行士たち。左からピーターセン、オルセン、ヘアシェンド、ボトヴェ

作業をしていたところへ、デンマーク人の大尉が訪ねてくれた。大尉と言ってもカルカッタの救世軍のデンマーク支部の部長だった。

午後にもう一人デンマーク人がやってきた。ハンセンという名で、もう二十年も一度もデンマークに帰らずインドに住んでいるということだった。アイルランド人の女性と結婚し、子供たちは英語しか話せないと言う。彼の話すデンマーク語にも、英語がたくさん混じっていた。同国人が訪ねてきてくれたので、デンマーク国旗を掲げた。その効果はてきめんで、ハンセンは、国旗に向かって帽子を取り、長いこと思いに沈んでいたが、目からは涙をとめどなくこぼしていた。もう何年もデンマーク国旗を見ていなかったのだった。外国での暮らしを余儀なくされているデンマーク人たちが、故国に対してどんな思いを抱いているか、デンマークで暮らしているボトヴェたちには、なかなかわからないことだった。

整備中に、残念な発見をする羽目になった。ガソリンタンクのひとつが漏れていたのである。それが初めてだったが、最後ではなかった。ガソリンタンクは、飛行中いちばん問題を起こしていた箇所だった。ボトヴェはタンクを外し、漏れている部分をハンダ付けし、もう一度機体に取り付けた。単純な道具しか手元にないところでは困難な作業だった。そのために出発が一日遅れてしまった。

到着してから四日目の四月三日、朝七時二十五分にふたたび翼に乗ってカルカッタを後にし、奥インド(ビルマ)の首都ラングーン(ヤンゴン)に向かった。カルカッタの町を去る前に、ボトヴェは低空飛行をしてサヨナラを言ったつもりだったのだが、あとでイギリスの新聞で読んだところでは、町の通りではパニック状態になっていたということだった。

当時町では地元のイスラム教徒と仏教徒との間で市街戦が行なわれていた。何百人もの負傷者を出していたので、警察や軍隊が通りをパトロールして事態の収拾にあたっていた。そこへボトヴェが低空飛行をしたので、イギリスの飛行士が爆撃にきたと思い、慌てて町の外へ逃走したのだった。知らないことだったとはいえ、とんでもないところで戦争行為に加担してしまったのだった。

コンパスを頼りにガンジス河周辺の遠大な湿地デルタをチッタゴンに向かった。そこで進路を南

ガンジス川のデルタ地帯

の方に変え、アキャブ(シットウェー)を目指した。眼下には海岸線、左には絵に描いたように美しい森におおわれた山々、右は紺碧のベンガル湾だった。アキャブから今度は真東に向かい、山や森を越えてエーヤーワディ川へ飛ぶ。川は干上がっていた。誰も訪れたことがないらしい。緊張する時が何時間か続いた。不時着できそうなところではなかったからだ。ところどころにほんの小さな隙間があって小さな川が流れている以外、巨大な森がまさに密として広がっていた。森の中では諸所で火災があり、その煙のせいで視界がほぼ遮られてしまっていた。ボトヴェは神経を集中してエンジンの音に耳を傾けていた。木の梢に降りるようなことは避けたい。緊急時には、さして打撃を受けずに森に降りることができる。けれども、そのあとで密林を歩いていかなければならない。それ以上考えるのは薄気味悪かった。いざとなれば猛獣を退治できるかもしれない。ピストルを持っているからだ。けれども猛獣より始末が悪いのは蚊だった。蚊はピストルでは撃てない。そうして想像をたくましくして最悪の状況を頭に浮かべていたが、さいわいそんな体験をすることもなく、無事にラングーンの北の平野に達した。

　ボトヴェは高度千五百メートルで僚機と並んで飛行を続けていた。やがて、ヘアシェンドの飛行機が下降するのを一瞬目にした。そしてそのまま同じ高さで飛んでいた。ボトヴェはそれ以上気に留めなかった。高度を変えることはよくしていたことだったからだが、そうこうするうちにモヤがかかっていたためにヘアシェンドが見えなくなってしまった。それから三十分ほごして午後二時五分に無事にラングーン（ヤンゴン）に到着し、イギリス軍の司令官とデンマーク領事に迎えられた。そこですぐに、もう一機はどうしたのか、と聞かれたが、例のごとく、そのうちに着くでしょう、とだけ応えて翌日の飛行のために機体の整備に取りかかった。

ヘアシェンドは数時間後に姿を見せたが、飛行機ではなく車に乗っていた。ヘアシェンドが高度を変えたのをボトヴェが目にしてから間も無く、僚機は深刻なエンジンストップを起こし、水田に不時着しなければならなかった。そこで万事休す。水田は細かく畔によって仕切られている。そこへ降りても飛行機の速度が落ちることはなく、車輪が畔に触れて破壊し、機体の下部、両方の冷却器、プロペラも壊れてしまった。機体自体にも破損があった。

ラングーン（ヤンゴン）の航空写真

さてどうするか。また飛べるようにする手段を、みんなで知恵を絞りあって考えた。そして、いちばん賢明なのは、機体を船でシンガポールまで運ぶことだ、と意見が一致した。そこから東アジア会社の船でさらにバンコクまで搬送すれば、バンコクには部品がたくさん置いてあるし、タイ人は立派な修理工場を持っている。

翌日ボトヴェはヘアシェンドと沈鬱な別れをした。単独で飛行を続ける以外、打つ手はない。東京に達した後、ヘアシェンドの飛行機が修理を完了していることを祈ってすぐにバンコクに舞い戻り、いっしょに往路と同じルートで帰国の飛行をすると約束した。ところがそういう運びにはならなかった。

シャム（タイ）

ビルマ駐在「イギリス」軍司令官の親切なもてなしを受けたあと、翌朝、四月四日の日の出の時間に飛行場に行ったのだが、太陽が見えなかっただけではなく、深い霧が低く垂れ込めていた。けれども、七時ごろに薄くなったので、七時三十五分に離陸した。場所が狭く、難しい離陸だった。そこは新築の競馬場で、まだその半分しか使えなかった。エンジン全開フルスピードで芝生の上を疾走することにした。それで機体が浮かぶかどうかはわからない。下手をすれば端の方にあった盛り土に激突する。けれども危ういところで離陸に成功した。

間もなく霧の波に包まれてしまう。ボトヴェは操縦席で肩を丸め首を縮めて注意深く白い光を見つめていた。そうして機体の高度を確かめ、速度計を見ては致命的な最低速度にならないよう気をつけていた。それ以下になれば、飛行機は石のように地面に落ちてしまう。やがて陽光が射してきた。アラバスタ（雪花《せっか》石膏《せっこう》）の風除けを通して、強い光が突き刺さってくる。霧雲の中は暗く気持ち悪かったが、その上部の、綿のように白い部分に出たようだった。やがて輝くように明るい青空の中に飛び出していった。そこには日の光とボトヴェたちしかいなかった。

やや南向きの東に進路をとり、ひとまずタークという小さな町を目指す。ようやく太陽が主導権を握り、雲を粉々にして吹き飛ばし、ふたたび丸い地球が見えるようになった。緑一色だが凹凸があり、まるで巨人が引き裂いたり揺さぶったりして谷を作り、土と石で丘を築いたようだった。

いたる所で煙がもくもくと上がり、悪臭のする黒い扇を空に広げていた。森火事だ。一体どういうふうに発生するのか、知りたいものだ、とボトヴェは思う。こうして他の人たちが見ることのできないもの、もしくはごく少数の人間しか見たことがない現象を目の当たりにするのは実に快適だとも思う。けれども、そんなことを思いながらも、心の底では、エンジンが故障したらもうおしまいだ、という恐れがくすぶっていたのだった。そうした暗い思いがどこかに秘められていたからこそ、万事が好調に進んでいる時には、それを二倍にして楽しんでいたのだった。

ボトヴェは、焼きつけるような暑さの中で、国籍を売ってもいい、半月分の給料もやるから冷たい飲み物が欲しい、寒くて霙《みぞれ》が降る十一月のデンマークが恋しい、などと思っていたが、ようやく正午近く、十一時四十五分にバンコクの北のドンムアン飛行場に到着した。

飛行場と町を結ぶ道路がないので、世にも珍しい小さな列車でバンコクまで行った。水田や幅広く深い谷に沿って走っていく。ところどころに水牛がいて、ぬかるみの中で曲がった大きな角を突

メナム川沿いに広がるバンコクの町

き出していた。体の方は半分が冷たくて気持ちいいぬかるみに浸かったままだ。

シャム（タイ）人は明朗で親切で、少々自己意識が強い。デンマークでもタイ人を時々見かけるが、バンコクのタイ人とは決定的に違っている点がある。バンコクでは全員がキンマを噛んでいるのである。そのせいで口が血だらけの傷口のようになり、歯も黒くなった歯茎が少し残っただけになってしまっている。あちこちに赤い唾を吐いた跡が散らばり、その臭いはボトヴェの鼻にはなじめなかった。沼地に細い木で建てた家から男女が出てきては、家の外の泥の溝に降りていき、そこの水を手に掬って飲んでいた。その前にまず犬やネズミの死骸を脇にのけてから掬うのだが、飲む、と言っても飲み下すわけではなく、口をゆすいでまた吐き出すのだった。いずれにしろ、あまり衛生的とは言えない。

もうひとつ町で目につくのは、黄土色の、ローマ人がかつて着ていたような足まで届く長いトガを肩から掛けた若者が数多く裸足で歩いていることだった。それが宗教的義務になっていた。これは兵役の義務とは別にあり、若い男たちは階層の区別なく、仏教寺院で仏教の奥義に触れ、祈りと自己観照の時間を過ごすことになっていた。その期間中、手でお金を触れてはならず、人に施されるもの以外の食べ物を口に入れてはならなかった。日の出とともに群れをなして町を徘徊し、家から家を訪ねて手に持った鉢に食べ物を入れてもらうのである。

ボトヴェはさらに、バンコクの町に進出していた東アジア会社を初めとするたくさんのデンマーク商社の建物を見て、デンマーク人であることに誇りを持ったことを特筆している。

中国へ

エンジンの整備を行ない、デンマーク人同胞たちの親切なもてなしを受けていた六日間が、たった六時間だったかのように過ぎてしまった。新しい国、新しい民族、新たな体験へ向けてふたたび出発する時が来た。十日の朝、七時四十分、離陸してシャムの平野と森に覆われた山々を越えてインドシナ半島を中国に向けて横断し、午後一時三十五分にハノイに到着した。

飛行場には白い十字の印がたくさん付けられていた。それは国際的な決まりで、着陸危険、を意味する。ところが、そのたくさんの印は、全体で見ると大きなT字になっていて、それは着地地点を意味する。ボトヴェは、その飛行場ではフランス人がT字を白い十字で示しているのだと思い、まさにその地点に車輪を下ろした。だが、その結果、柔らかすぎる土に車輪が捕らえられてしまった。飛行機は、速度を急に緩められたために前のめり寸前になり、危ういところだったが、車輪からゴムが外れただけで助かった。

飛行機を降りると、なれなれしい声でフランス人が挨拶をしてきた。世界は狭いもので、ボトヴェが一九一九年にフランスで飛行士の仕事をしていた時に同僚だった飛行中尉だった。もう一人知り合いがいて、ドアジー大尉がその二年前にパリから東京まで飛行した時に機関士を務めたベサンだった。今はハノイで仕事をしている。ボトヴェの飛行機のエンジンのことは、ベサンが何から何まで知り抜いていたので、整備を全部やってくれ、機関士のオルセンは指一本動かさないですんだ。

午後になって知事がボトヴェたちに勲章を授けてくれた。夜になってからはフランス人飛行士たちが食事に招いてくれ、その後でオペラを観劇した。まるで、小さなパリが移ってきていたかのようだった。

翌十一日朝の八時十分、かなり危険な離陸をして中国に向かった。最初の一時間ほどはまあまあの天気だったが、そこで雨になった。今でこそ、雨が降っても飛行に支障はないのだが、熱帯の雨はちょっと違っていた。滝のように降る雨に加えて、見事としか言いようのない稲妻が、機体の前でも後ろでもジグザグの光を走らせていた。山があっても見えないので、高度を千六百メートルに保ち、機器だけを頼りに飛んでいた。それを長時間続けていると身体にこたえた。一時間ほど飛んだ後、ボトヴェは引き返すことにした。そんな天気では広東の町(広州)が見つからない、というのも理由の一つだった。

翌十二日七時四十五分にふたたび挑戦し、今度はいい天気に恵まれた。ところが、広州に達した時に、ボトヴェは旅はこれで終わりだ、と思った。非常に小さい飛行場全体が、五十センチほど浸水していたのである。ボトヴェの飛行機は水上飛行機ではないから、水の上には降りることができない。ガソリンが十分にあったら、もう一度ハノイに戻ることもできたが、それもない。飛行場以外の場所に着陸しようとしても、水を張った水田ばかりでそれもできない。ボトヴェは、十回ほど旋回したあとで、着陸することにした。そして、覚悟を決めて降りていった。車輪が水に触れるや、水しぶきが上がってボトヴェは目が見えなくなってしまった。飛行機が逆さまになって、東京よさらば、ということになるのかと思った。けれども運がよかった。水の底の地面はかなり固く、水の中でもけっこう速度を保っていられた。おまけに、部品をたくさん積んでいたおかげで機体の後部が重く、それで命拾いしたのだった。午後一時十五分の着陸だった。

しかしながら、広州を離れることはできなかった。水が引いて飛行場が乾くまで、ボトヴェは我慢強く待たなければならなかった。七日かかった。

この間、四月六日付の蘭貢(ラングーン)発幣原外務大臣宛電報で、当地駐在の内藤啓三領事は、「丁抹《デンマーク》の飛行機の一機は当市を距る二十八哩《マイル》の所にて故障起り飛行に堪えざる為めBotved中尉搭乗の一機のみ東京行に決せり」と報告を行なっていた。後日、内藤領事からは同件について書簡が届いたが、その文面は以下の通りだった。

四月六日付　在蘭貢領事内藤啓三より外務大臣男爵幣原喜重郎宛書簡

丁抹飛行機来蘭件

三月十六日「コッペンハーゲン」を出発せる東京行の丁抹飛行機二台の内Botved中尉及機関士Olsenの搭乗するR一号は四月三日午後二時三十分予定の如く「カルカタ」より当市新競馬場に到着したるがHerschend中尉及機関士Petersenの

広州を後にするR1号機

搭乗するR二号は当市を去る二十八哩なる「マウビ」村上空にて機関に故障を生じ同村稲田中に着陸し搭乗者は村民の援助に依り自動車にて直に当市に無事到着せり右破損機に付丁抹領事が本官に語る所に依れば着陸の時機翼を水田に没しUndercarriage, propeller, radiator を全然粉砕しめたるを以て機体は解体して汽船にて盤谷［バンコク］に送致し同所にて修繕する筈なるが日本行はBotved中尉の搭乗するR一号のみにて決行するることとなれりと云えり

また、デンマーク代理公使ヴェールムも幣原男爵宛に四月八日付のフランス語書簡を送り、ラングーン近郊で起きた事故によりヘアシェンド機飛行継続不可能なため、ボトヴェ機一機のみ飛行を続行、平壌に十四日に到着する予定だ、と伝えていたが、広州でのこともあり、それはずっと遅れることになった。

Kourgan
24.265
23.665
5.915
24.915
Omsk
Novo-S
Balkasj Sø
Aral Sø
KI
Bender-Abbas
55 25
Jodphor
Taj-Maha
Agra
78 25
Karatsji
6675
Forindien
Arabiske
Havbugt
G.B.

第二章

中国での混沌

広州

とうとう中国へやってきた。大きな国で、何百万という黄色人が住んでいて、彼らが、外見だけではなく考え方もずいぶん違っていることはボトヴェも知っていたが、正直言ってそれ以上のことは何も知らなかった。にもかかわらずいろいろと先入観があった。

中国にしばらくいたからと言って、以前より中国がよくわかったと言えるのだろうか。中国に関しては、中国に二週間行っただけで、帰ってきてから中国通になってなんでもわかったつもりになっている連中と、一生涯中国に滞在して中国の事情に精通し中国の「精神」を明らかにしようと思う者と、二種類の人間がいた。どちらを選んでも結局同じことだ、という人もいる。中国はイワシの缶詰で、素手では開けられない。道具がいるのだ。理解しようという心構えが必定なのである。したがって、東洋の人々とその行動を評価しようと思ったら、西洋の新聞をごっさり読んで勉強する必要があるのだが、すぐ身近な杓子定規を使って判断を下してしまう。

予定では、中国での飛行は一日目ハノイ－広州、二日目広州－上海、三日目上海－北京、四日目の最終日が北京－朝鮮となるはずだった。しかし実際には四日が四十六日にもなってしまったのだった。中国はそう簡単には思い通りにさせてくれない。

当分の間広州で待つことになった。飛行場から水が引くのを待つのである。ボトヴェが悟ったことだが、中国で何かをしようと思ったら、待つことができるかどうか、それがいちばん大事な条件なのだった。他のことはそんなに重要ではない。

広州は完全に中国人ボリシェヴィキが掌握していた。彼ら中国人の顧問として、ロシア人が大量にやってきていた。その忠告が功を奏したらしく、西ヨーロッパ人と戦闘状態のようになり、西ヨーロッパ人たちは租借地に閉じ込められている。いちばん被害が大きかったのがイギリス人で、彼らの商品はボイコットされていた。けれども中国の役所、特に空軍は、ボトヴェたちを問題なく扱ってくれた。空軍では何百人も働いていて立派なものだったが、朝から晩までロシアの宣伝を行なっていた。この空軍は、言ってみれば、机上の空軍で、飛行機がないと言ってよいものだった。まったく時代遅れで手入れが少しもされていないアメリカの飛行機が二機あったが、死と不具になることを恐れぬ精神がなければ飛べないような代物で、幸い、そんな無謀なことをする者はいなかった。

飛行場から町の方を見渡すと、非常に大きなデンマークの国旗が翻っているのが見えた。北欧羽毛会社(Nordisk Fjer)の工場である。ヨーロッパの工場でまだ操業を続けているのはそこだけだった。エネルギッシュで交渉上手な工場主ネッケルマン(Kaj Neckelmann 一八九二―一九六七)のおかげだった。ボトヴェは彼のところで寄宿した。ボトヴェたちの滞在は、その名を中国沿岸地方で知られているワレス・ハンセン領事(Wallace Hansen 一八八五―一九五二)が取り仕切ってくれた。

ある日、彼の計らいで、中国の飛行関係者の晩餐に招待された。車二台に分乗していくことになったが、車は租借地から中国人地区に出る橋を越えたところでないとつかまらない。その橋を越えるのが大変なのだった。有刺鉄線がいたるところに張り巡らされ、狭い通路しかあいていない。向かい側の端にはフランスの海兵がベルトにピストルを差しサーベルを抜いて立っていて、重い鉄格子の門をくぐらせるとすぐにまたピタリと閉めてしまう。その先に今度は中国人の番兵がいて、これも負けてはいない。港際に何キロメートルも長く続く通りを車で走っていくと、まず欧風の見事な建物が並び、それから中国人の商店が続いていた。どの店でも、売っている物を漢字で書いた

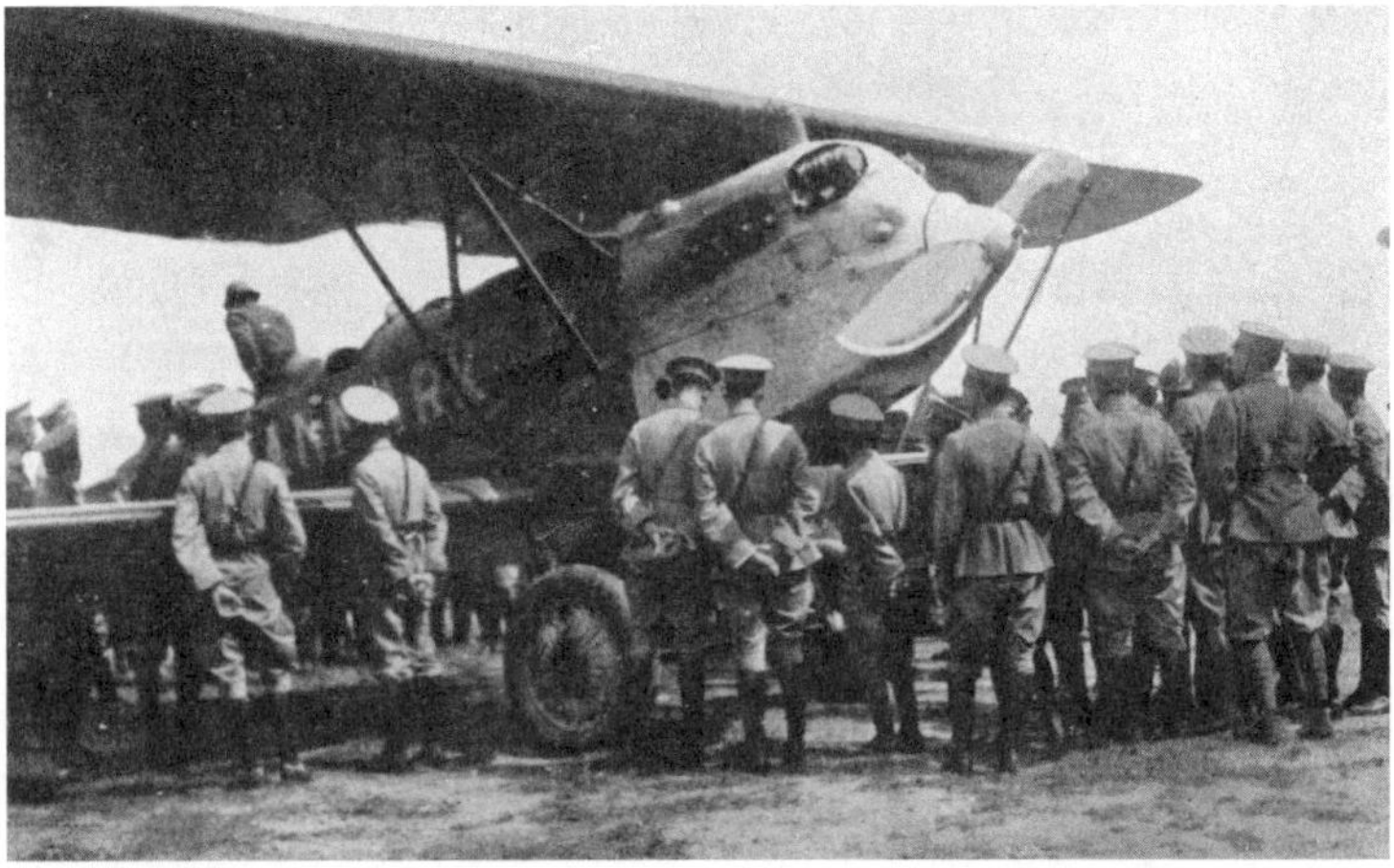

R1号機を見学する広州の飛行士見習いたち

縦長のカンバス［製の旗］をたなびかせている。通りでは、歩く者たちや車に乗っている者たちが、大混乱を引き起こしていた。おまけに埃と叫び声と大騒ぎ。川からはたまらない悪臭が漂い、裸の苦力たちのぬるぬるとした身体からも汗くさい臭いがむんむんしていた。自転車のベルが絶え間なく鳴り響いていたが、自転車などという近代的な物は広州にはなく、ベルは何千台もあろうかと思われる人力車に取り付けてあるのだった。

ごくたまに自動車が見受けられたが、運転手は気が狂ったようにクラクションを押しまくり、道を右へ寄ったり左へ寄ったりしながら道路の穴と何千という人力車をよけて走るのだった。乗客が中国人で、それも立派な中国人の場合には、自動車の両脇の踏み台に用心棒が立っている。その数が多いほど中の人間は重要人物であるわけで、ボトヴェは一度、両側に三人ずつ乗せた車を見かけたことがあった。彼らは片手で車につかまり、もう一方の手にはピストルを握って引き金に指をかけていた。

たまに車が大きな穴にはまることがあり、思わず発砲することがあった。一瞬のうちに大事になり、兵隊たちが駆け寄ってくる。彼らもすぐに武器の引き金に指をかけるので、罪のない人たちが多数、血だらけの虐殺の犠牲になってしまうのである。

一体どこで入手したものか、「航空部隊」の外にはデンマークの国旗が広州ボリシェヴィキの旗と並べて掲げてあった。空軍司令官の蔣将軍（蔣介石　一八八七－一九七五）に迎えられ、上の階の客間に案内された。そこにはもう大勢の客人が詰めかけていて、やがて全員がそろった。雑多な構成で、ホストの蔣将軍のほかに外務省の代表、多数の中国人将校、これも数の多かった色白で髪が黒く狂信的な目をしたロシア人の顧問、ドイツ人の顧問が何人か、妻とともに中国人街の外れに住んでいたスウェーデン人の少佐、広州在住のデンマーク人が十人ほど、それにボトヴェとオルセンが加わって全部で六十人あまりだった。

全員がそろったので、これで食事になると思ったのが間違いだった。それは中国の礼儀に反していた。一時間もの間、我慢しながらおしゃべりを続けていた。ボトヴェはロシア人と同じ席についていたのだが、相手はロシア語と中国語しか話せず、ボトヴェの知っていた唯一のロシア語は、「ヤー　ヴァス　リュブリュー」で、「あなたを愛しています」とかいう意味だった。まさかそんなことを言うわけにはいかない。

ようやく食事の席につくように言われた。大きな広間に案内され、小さなテーブルに分かれて食事をするらしかった。広間の奥に、鉢植えの花と旗に挟まれて大きな写真が飾ってあった。

蔣介石50歳ごろの写真

中国南部にボリシェヴィズムを導入した孫逸仙（孫文 一八六六―一九二五）の写真だった。もう亡くなっていたが、今こうして神格化されているのだった。その偉大な人物のために、客人たちは全員その前まで行って恭しく一礼しなければならなかった。

それが済むと蔣将軍が一段高いところに登って、非常に大きな声で孫逸仙の遺言を中国語で読み始めた。それが延々と続いたが、たとえ世界革命についてのプログラムだったにしろ、ボトヴェたちには中国語がまるでわからない。その後で、今度は英語でまた長々しい歓迎の挨拶がされた。われらがデンマーク領事が、そういった場所にふさわしく、堂々と、しかも目下進展中の剣呑な情勢にも十分注意を払ったスピーチをし、ボトヴェが、実在しない空軍に対しておきまりのスピーチを行なった。ナイーヴにもボトヴェはそれでもう食事になるのだとばかり思っていたが、とんでもない間違いだった。ボトヴェはもう飢え死にしそうなほど空腹だったが、蔣将軍が、会場の五十人以上はいたお客たち全員に、それぞれ一言ずつ何か話すように促したのだった。ボトヴェは将軍を食いちぎってやろうかと思ったという。ほかのみんなも仕方

孫文

なく一人ずつ立って話をし、それが二時間ほど続き、そしてやっと食事になった。

それが大変なご馳走ぶりで、丸いテーブルに料理が少なくとも二十種類は並んでいた。テーブルの真ん中に置いてあった大皿から、小さな陶器のスプーンで自分のこれも小さなお椀によそい、二本の箸を使って食べるのである。ほとんどが箸の間からこぼれ落ちてしまったが、それでも少しは口に入った。見ていると、お椀を口につけて掻き込んでいる者もいた。ボトヴェは何を食べたのかよくわからなかったが、覚えているのは、ご飯に腐った卵とフカヒレ、ツバメの巣と生の魚などだった。幸いなことに、耳で聞くよりは美味しかった。

話には聞いていたものの、蔣将軍がいきなり後ろを向いて勢いよく唾を吐いたのにはさすがにぎょっとさせられた。同様に、中国人の客が、腹の底から出てきたように大きな音で、しかも長々とげっぷをした時にも驚かされた。けれどもこれらはみな些細なことで、中国人は立派に主人役を務めていたのである。ボトヴェは将軍と同じテーブルについていたが、将軍はいろいろと世話を焼いてくれていた。一つだけして欲しくなかったのは、自分の口に入れた箸でもって大皿をかき回し、よさそうな一切れをみつけてはボトヴェのお椀に入れていたことだった。ボトヴェはしかたなく、美味しそうに食べないわけにはいかなかった。

そうして晩餐が終わり、家に戻ったが、もう一度、今度はデンマーク人の家で夕食をとることになった。

ボトヴァは、飛行場から租借地へ行く道で広州はもう見たつもりになっていたが、それは欧風化されたモダンな広州だけだった。実はもう一つ別の広州があるのを知って、ある日領事に連れて行ってもらった。通りを曲がって路地に入っていくと、墓場に下りていくような入り口の前で立ち止まって領事が中へ入っていき、やがて一人の中国人といっしょに出てきた。それが案内人で、さらに狭い、通り道とも呼べない、ドブの上に敷石の蓋をしただけの通路を抜けていった。両側に家が並び、通りに面した側には一階の壁がなく、家の中が見えてそのまま中へ入っていくこともできた。店が立ちならぶ区域では、一階が店や事務所、仕事場になっていて、二階に人が住んでいた。職業ごとにそれぞれの通りが分かれている。

そこから見える空は一条の筋にしか過ぎず、明るい陽だまりから薄暗い通路へ入っていくと、最初のうちは何も見えなくなってしまうのだった。

すべてが異様で、まるで過ぎ去った昔の様子を博物館の展示で見ているような気がした。ただし、ネズミのように、もしくはアリのように忙しく動き回る老若男女がいなかったならば、の話であった。彼らはみな、ものも言わず、静かに影のように動いていて、まるで現実離れしていた。いろいろなものが腐って混じりあい焦げたように甘ったるい臭いが漂い、胸につかえる感じがしていたため、なるべく息をしないようにしていた。

その地下の地獄で、何千もの人々が日の光を見ることもなく生まれて死んでいた。白人がそこに閉じ込められたりしたら、すぐにあの世に行かされてしまうだろう、とボトヴェは思った。背中をナイフで刺されなくても、いずれ結核かコレラにやられてしまう。

広州に来ていた好機を逃さずに、ボトヴェはイギリスの船に乗って香港に行った。広州の南百キロメートルにあった香港の飛行場が、より優れているか見に行くためである。

呉佩孚

租借地の波止場からモーターボートで香港行きのイギリス船に向かう。船に近づくと、別の大きなモーターボートが割り込んできた。それには身分の高い中国人が乗っていた。広東政府のメンバーで、孫逸仙の息子の孫科（一八九一－一九七三）が、［北洋軍閥の有力指導者］呉佩孚《ごはいふ》（Wu Pei-fu　一八七四－一九三九）と和平交渉するために上海へ行くところだという。

要人ということで、そのボートには怖そうな顔をしたハーフのポルトガル人の用心棒がポケットから拳銃を突き出させていた。もうひとり、大きな銃の引き金に指をかけて、中国人がニヤニヤ笑っていた。銃口をボトヴェたちの方に向けて脅してきたが、ボトヴェはその顔を蔑むような目つきでにらみ返す以外、打つ手がなかった。いつ発砲されるかわからなかったからだ。

乗り込んだのは奇妙な船で、内装は快適ながら、牢屋に入れられているような感じがした。それもそのはず、鉄格子と有刺鉄線でいくつかに区切られていて、そのどれにもインド人の大男の「牢屋の番人」がカラビン銃とピストルを手に行ったり来たりしていたからだ。ひとつの区画から別の区画に行くには、鉄格子の一部の扉を鍵で開けてもらってくぐらなければならなかった。それほどまでに警戒していたのは、川を行き交う船が賊に襲われる事件が頻繁に起こっていたからだった。賊はふつう、一等船室と甲板の切符を買って船に乗り、交通のあまりない付近にさしかかると乗組員を拘束する。反抗する者は容赦なく射殺される。同時に信号が上げられ、闇に紛れて中国人の小舟が寄ってきて、船に横付けされるのである。中国人たちは、乗客から金目のものをすべて奪い取る。それでも不足の時には、乗客を小舟で連れ去って人質にし、釈放金を要求するのだ。

香港では、デンマーク領事のノルウェー人ラールセンに歓迎され、大北電信会社の立派な電信局を見てからイギリスの飛行士たちと会った。香港の飛行場は残念ながら広州のより劣っており、わざわざ出かけていった甲斐がなかった。

香港から帰った翌日の十八日、ボトヴェは出発を試みた。二つ心配事があった。ひとつは日曜日だったことで、日曜はボトヴェにとって不運の日なのだった。二つ目は、飛行場が重い機体にとって小さすぎることだった。ボトヴェは息を深く吸い込んでから、滑走路の端でうなりを上げるエンジンを全開にした。一か八かだったが、うまくいった。ぎりぎり最低の速度で飛行場脇の家をなんとか越え、機体を空中に浮かべることができた。飛行場の上を一、二度旋回して高度を上げ、広州に別れを告げた。

不時着

往路で最長飛行距離だった上海へ向かうルートで、ガソリンタンクが漏れるという不運に見舞われ、二百リットルほどを失なった。

最初のうちはにわか雨だったが、そのうち快晴になる。けれども向かい風がひどかった。これ以上は望めないほど美しい風景の上空を飛んでいく。低いお椀型の山の天辺に草が生えている。その緑に混じって、何種類もの色の花々が咲いていた。山と山の間には水田が、チェス盤のように広がっている。右側には、真っ青の大洋。その見事な紺碧に、茶色の岩の島々が絵に描いたように鏤められている。そうした景観に動きを与えているのが何千もの中国風の帆船だった。すべてが美しく、風変わりで、ボトヴェの目には非現実的だった。そのすばらしい画布を、まるで自分が拳骨で突いていくかのように思えた。

景色に見とれていて、ガソリン計をずっと見ていなかった。気がついた時には十五分はご飛行する分しか残っていない。上海まではまだ三百キロメートル以上ある。

ボトヴェはすでに、九時間ほどで千キロメートルは飛んでいた。その間にも、事故を起こさずに不時着できそうなところはまったくなかった。今も、目の届く限り、不時着には絶望的な場所ばかりだ。岩の島は絶壁で海に囲まれ、水田には水が入っている。あと十分以内に着陸しなければならない。

ボトヴェは最初、すっかり動転していて、その先どうなるかが把握できないでいた。もうすぐ着陸、もうすぐ着陸だ、と同じことばかりを繰り返していた。オルセンはちゃんとベルトを締めているだろうか。彼の手帳を取らなくては（何か問題があった時にお互いにその手帳に書いて手渡していた）、と思ってボトヴェは後ろに腕を伸ばした。あとでオルセンがボトヴェに語ったところでは、そのせわしない動作ですぐに何か大変なことが起こったに違いないと思ったと言う。当初の激しい動転ぶりは幸いすぐにおさまり、もっと落ち着いて状況を判断する余裕が出来てきた。水田に着陸するか、海岸際の水上に着陸するか、それが問題だった。どちらの場合も、結果は完全な破損だった。

その判断ができると、ボトヴェは愛機の美しい機体の一部ずつを、ゆっくり見回した。それがもうすぐ破壊されると思うと、怒りがこみ上げてきた。怒りというよりも、そんなことを許す邪悪な運命に対して心の底で手のつけようのない激怒が沸き起こっていたのだった。正直に言えば、憤慨のあまり泣き出していたようなのだ。ほんの一瞬の間であったが、頭の中で実にたくさんの考えがよぎっていった。何ヶ月もかかって考えていたようなこと、すっかり忘れてしまっていたようなことどもがいきなりはっきり思い出され、それがまた普通の状態では大して意味のないことなのである。家族のことはもちろん考えたが、それ以外に、掃除機の分割払いはちゃんとしてあったっけ、などと考えていた。

なぜそうするのかなどと考えもせずにボトヴェは飛行路を変更し、中国の海岸線にたくさんあった湾のひとつに向かっていった。描いていた絶望的な情景は変わっていない。苦痛のあまりボトヴェは神々にすがりつき、針の穴ほどでいいから、くぐり抜けられる希望を授けて欲しいと祈った。幅五十、長さ二百メートルのちっぽけな陸地でいい。ボトヴェは計器をしっかりと確かめた。それで不思議と安心した。依然と絶望的な状態だったが、落ち着くことができたのである。

湾の奥までいくと、眼下にひとつどころか四つもすばらしい飛行場が見えた。もちろん整備された飛行場ではなく、着陸できそうな大きさの畑である。風景の中で、その四つの水を張った水田はオアシスのように見えたが、上から見ただけなので、着陸できるかどうかは定かではなかった。それに、もう二、三分飛べるだけのガソリンしか残っておらず、着陸しないわけにはいかなかった。*

*――この地点の名称については本文中に記載がないが、巻末に付録として掲載されている航程表には'Changkai'（漢字表記不明）とされている。

ところが、難題はそれだけではすまなかった。四方八方、近隣の村からおびただしい数の中国人が走り出てきて飛行機の方に向かってきたのである。決して好ましい連中のようには見えなかった。腰のあたりまで上半身裸で、ナイフや大きなツルハシで武装しているように見える。それが今に攻撃にかかろうという様子だった。ボトヴェはオルセンにピストルを渡してくれるよう求めた。しかし、二人で一丁しか持っていなかったピストルはそう簡単には出てこなかった。温厚なオルセンは、まさかピストルが必要になるとは思っていなかったので、機体後部においてあった部品類の奥の方にしまっておいたのだった。それを受け取るとボトヴェはいつでも発砲できるようにし、徹底的に抗戦する構えだった。けれども幸いなことに、今回は戦闘行為にいたらなかった。相手は、一見したほど敵対的ではなかったのである。

ボトヴェはすぐにコペンハーゲンの中国公使館で中国語で書いてもらった書類を取り出した。それにはボトヴェたちのこと、飛行の目的などが書いてあった。それを、ほかの連中よりは多少目立っていた男に渡した。その男は書類を手に取り、中国語の字で書いてあるのを見て取ると読み出した。ほかの者たちは興味津々、その厳かな書状を一目見ようと重なるようにして男の方に寄りかかり、のしかぶさるようにしたので、男は葦のように折れ曲がってしまった。男は汚い指を一本突き出し、上から下へ、漢字を一つずつ追っていった。頭がフル回転していて今にも頭蓋骨が盛り上がってきそうに見えた。歌うような声で読んでいるが、やっぱり何が書いてあるかはわからないようだった。そして首を振ってあきらめて、書類をほかの者たちに渡したが、無駄なことだった。ボトヴェは書類を返してもらう。

ボトヴェは、その連中を前にして、まったく途方に暮れてしまった。双方で分かりあおうとして全力を尽くしているのだが、まったく上手くいかない。

ちょっと離れたところに村があった。ボトヴェは、そこに集まっていた連中の中に「村長」はいなかったが、村の方にいるかもしれない、と思った。村長なら書類を読めて、外の世界と連絡を取れるよう、手配してくれるかもしれない。

ボトヴェたちは鞄を持って水田の畔道をとぼとぼ村の方へ向かっていった。大勢のお供がついてくる。けれども、村へ行ってもなんの役にも立たなかった。最初に書類を渡した男が村長らしかったからだ。

何はともあれ、人間共通の思いというものがある。群れの中から男が一人進み出て、ボトヴェの袖を引っ張り、自分の口を指差して、あごでものを噛む仕草をした。ボトヴェが同じ動作をすると、小屋の一つに連れて行ってくれた。どうやら雑貨屋のようで、村で必要なものを売っているようだった。食べ物の中では、卵とレーズンが食べられそうだったので手に入れることにした。金を払おうとしたが、払わせてくれなかった。心の美しい連中だ！

ポケットいっぱいに卵とレーズンを詰めて飛行機まで戻ったが、村中の人たちがついてきた。太陽が真っ赤な大きいお盆のようになっていた。それが見る見るうちに少しずつ山の向こうに沈んでいく。そしてすぐに真っ暗になった。この辺りでは、夕闇というものがない。

飛行機の周辺には、驚くほど大勢の人たちが集まっていた。あたりの村々からもやってきたらしく、千人ほどいた。そのうちの何人かが、ほんのり明るい小さな行燈を掲げていたが、そんなものでは漆黒の闇にはかなわない。ボトヴェは、やっとの思いで飛行機までたどり着いた。人々はボトヴェたちの服をつかみ、身体に触ろうとした。後で聞いたことだが、その地方では、白人を見たことのない者がほとんどだった。もちろん飛行機など見たこともなければ、空を飛べるということさえ知らなかったらしい。空から変な物が舞い降りてきて、大騒ぎになったのがよくわかった。何か神がかったものらしいと最初は思ったようだが、目で見て手で触れてみて、ボトヴェたちが同じ血と肉の人間だとわかったのだ。

みな非常に好奇心が強く、なんでも知りたがり、押し合いへし合いして飛行機に近づこうとした。何か魔法が飛行機の中にあるらしいと思い込んでいたようで、それに達することができそうにないとわかると、カンバスをナイフで切り裂き始めた。

ボトヴェたちはもちろん飛行機を守ろうとしたが、思うようにならなかった。カルカッタでの猿のように、飛行機の上によじ登り、機体にまたがる者もいて、あちこちに凹みができてしまった。こっちでひとり引き下ろせば、向こうでまた這い上がってくるという有様だった。

ようやく連中を押し返した時には、ボトヴェたちはもうヘトヘトになっていた。九時間飛行をした後、気をもませる着陸があり、おまけにこの人々を遠ざける作業だ。なんとか帰ってもらおうとしたが、連中はそんな気がまったくないようだった。眠りたいのだということをわからせようとしてボトヴェは地面に横になり、いびきをかいて見せた。けれども連中はその音を真似て大笑いするだけで、ずっとその場に立ち尽くしていた。

それからさらに人がやってきたが、今度は最初の連中とは違って、かなり荒々しい顔つきをしていた。長い反った刀を不穏に振り回している。ボトヴェは思わず右ポケットの中のピストルを握りしめた。

次の日はいろいろと大変なことが待っていそうだったので、ボトヴェたちは少し休むことにしたが、そのためには中国人たちから逃れなければならない。最初、彼らの家のひとつに行こうと思ったが、すぐにやめにした。どうせ全員がついてくるだろうし、連中をまわりにおいて眠りに落ちたりしたならば、もう二度と目を覚ますことなどなさそうだったからである。

それなら野宿がいいと思い、少しずつ群れのはずれまで出て、畑を越えていった。けれどもオルセンと二人だけになるのは無理な話だった。飛行機からずっと離れて、もう追ってこないだろうと思っても、振り向くと、黄色い顔が三つ四つ、ニヤニヤ笑っていた。ハイエナのようにコソコソついてきているのだ。

計略が必要だった。オルセンと打ち合わせ、合図とともに夢中で走っていって追っ手から距離をとり、そこでパタッと地面に伏せて息を殺していた。そっと首をめぐらすと、連中が探しているのが目に入った。明かりを持っている者を呼び寄せ、畑をしらみ潰しにしようとしている。さいわい連中は方角を間違えていたので、ボトヴェたちは、最初のうちは這いながら、別の方向に移動した。そして、連中から十分離れてから起き上がって畑を走っていき、もう見つからないだろうと思うところまで行った。

そしてついに、オルセンと二人きりになった。真っ暗な夜、大きな国の名前も知らない場所で。けれども星は輝き瞬いていた。地球の反対側にいるということでなければ、切り株が背中に当たって痛いデンマークのどこかの畑で夜中に味わわされた秋の演習だと錯覚するところだった。

骨に染みるほど寒かった。耐え難いほど暑かった昼間と同じ程度に夜は寒かった。

少し休まないといけない。一人が寝て一人が見張る約束をする。まずオルセンが眠った。彼は、自分の鞄を枕にして地面に横になった。ボトヴェはあたりを走り回って身体を温めた。それから五分もしないうちにオルセンが起き上がり、寒くて眠れないと言った。ボトヴェも試してみたが、やはり寒すぎて眠れなかった。そこで二人は小走りで行ったり来たりし、人に見つからないよう、小声で話をした。話題はもちろん、今の状況判断と、その苦境をいかに乗り越えるかだった。オルセンは悲観的で、飛行機はもう失われたも同然、命が助かるだけでも大したものだ、と言った。ボトヴェの方はもう少し楽観的で、まだ見つかっていなかったにしろ、抜け道があるだろうと思っていた。

卵を飲み、レーズンを食べたが、二人とも死ぬほど空腹だった。時間が長く感じられた。遠くで揺れ動く明かりを見れば、中国人たちがまだ飛行機のそばに残っているのが見てわかった。ボトヴェとオルセンは、背中合わせで腰を下ろし、少し眠ってみようとしたが、しばらくして頭が胸にガクンと落ちるたびに起き上がり、ぎくしゃくした身体の血行をよくしなければならなかった。

地平線の上に最初の陽光が差し、眠れずに疲れ切っていた二人を照らし出した。今、飛行機の周りには少数の人間しかいなかった。けれども、飛行機は無残な姿をさらしていた。カンバスがだらしなく垂れ下がり、指でネジを回して外せる物はことごとく持ち去られていた。

ボトヴェは二百万分の一のあまり信用できない小さな地図を引き出して、顔中が皺だらけだったが賢そうで人の良さそうな顔をした老人に向かって話しかけ、地図上の、その場所の近くに違いない地名をはっきりした声で読み上げてみた。できるだけ中国語らしく聞こえるよう努力したつもりなのだが、あまり効果はなかった。

老人は困惑したようにボトヴェを見つめ、腕にかけていた卵の入ったカゴをボトヴェに差し出し、それで満足かと問うような目をした。それはうまくいかず、ボトヴェが何度も地名を読み上げるので、老人はあきらめて皺の寄った顔をしかめ頭を振っていた。

ボトヴェたちが戻ってきているのを知って、人々がふたたび集まってきた。ボトヴェが地図を読む声を聞く連中の数が周囲に増えていった。みんなボトヴェが白痴か何かのように思っているらしい。ボトヴェが「上海」と言うたびに、全員が声をそろえて上海と言っては相好を崩して大笑いするのだった。発音が悪いに違いなかった。

ところが、運良く「ニンハイ(寧海)」という語には耳を立てた者がいた。やがて、多くの者がしきりに同じ方角を指差している。全員が同じ方向を指していることから、ボトヴェは、その町がごこにあるのか、みんな知っているに違いないと判断した。

その町には電信士がいるかどうかも知りたかったので、ボトヴェは早速、「ニンハイ」と言いながら、手で電信を打つ真似をしてみた。それを分からせるのはちょっと無理だったらしい。ボトヴェは、中国の距離を測る単位が「リ（里）」だと知っており、キロメートルと換算できたので「一里は五百メートル」、町まで何里あるのか、その距離を知っておきたかった。そこで、「ニンハイ、ニンハイ、リ、リ」と言うと、みんなは指を折って数え始めた。ところが、みんなまちまちの数を示したので、どれが正しいかわからず、役に立たなかった。

さっきの老人がまたボトヴェの袖をつかみ、一緒に来るよう促した。その場に残って飛行機のそばでまた一夜を過ごすのはやりきれなかったので、老人についていくことにした。そして、畦道《あぜみち》を歩いて行って、前日行ったのとは別の村にたどり着いた。老人は威厳を持って歩いていた。丈の長い細身の服をまとい、脚の両側が切れ上がっていたので歩きやすくなっている。ズボンは踝《くるぶし》のあたりで紐で結ばれ、足には底が厚いビロードの布製の靴を履いていた。頭には黒い帽子をちょこんとのせていて、背中にはもちろん長い弁髪を垂らしている。そして腕に卵の入った籠。その親切な老人は、ボトヴェに卵をあげようと、わざわざやってきたようだった。もう片方の手には煙管を持っていた。ボトヴェはそのタバコの臭いには閉口した。

時折、仕事に行く途中の労働者や漁師に会った。水田の畦道で道を空けてくれたのだが、すれ違う時に、口をポカンと開け、いまだかつて見たことのないような呆れ顔をしてボトヴェたちをまじまじと見つめていた。

　とうとう村を抜けて老人の家に入った。粘土で造った低い家だ。最初の部屋には女たちがいた。皺くちゃの女房たちで、老人の妻らしいのが、炉で暖をとっていた。老人は何か言いつけてから隣の部屋にボトヴェたちを招じ入れた。ボトヴェは頭がつかえるので前かがみになった。壁にはめ込んだ寝台がふたつと机がひとつ、椅子が三脚あった。床はもちろん粘土の三和土《たたき》である。窓はなく、壁に開けた穴に引扉があるだけだった。

　老人は、ボトヴェたちに何か食べるようにと手まねで示した。やがて女房のひとりが食事を運んできたが、ボトヴェには描写のできないような代物だった。老人は自分の服で拭いてから箸をボトヴェに渡した。空腹だったにもかかわらず、ボトヴェは飲み込むことができなかった。けれども美味しいそぶりをした。平たい杯に老人が熱い酒を注いでくれた。これは身体が温まった。火がついたようになり、血がめぐり始めた。

　食後に老人は寝床を指差した。ボトヴェもオルセンもためらうことなく服を着たままで布団の中にもぐりこみ、三十分ほど眠った。

　外にまた大勢の人間が集まっているのが聞こえてきた。壁の穴にはひっきりなしに、呆れ顔が次々と入れ替わっていた。みんなが見たがっていたのである。老人が引扉を閉めても、すぐにまた外から開けられてしまった。

ボトヴェたちを家に迎えたことは、おそらく老人の一生で最大の体験だったに違いない。けれどもそれは短い体験に終わってしまった。休まる暇がなかったからである。ボトヴェたちは寝床を抜けて家の外に出た。そしてふたたび、「ニンハイ、ニンハイ!」を繰り返した。案内人が必要なのがわかっていた。その地方の中国には、道などない。旅をする時は、歩いていくか籠に乗っていくかだったが、水田の畦道をずっとジグザグに行くのだった。もうひとつ確かだったのは、その町に行くには山を越えなければならないことだった。

誰かひとりを選んでついてきてもらうのは容易なことではなかった。何度も何度もニンハイと言ってはオルセンを指し、自分を指してボトヴェはひとりの男を指差し、同じことを繰り返した。そしてオルセンと二人でその男の腕を両側から抱えて歩き出した。初めのうちは逆らっていたものの、やがておとなしく歩いていった。男は金を取り出して見せ、金が欲しい旨を示したので、ボトヴェも金を見せて男を安心させたが、そのままポケットに仕舞い込んだ。その場で支払っていたら、きっとついてはこなかっただろう。

寧海までの徒歩旅行

契約は結ばれた。一列縦隊で畦道《あぜみち》を行く。ところどころで小さな粘土の家を通り過ぎた。子供たちは、ボトヴェたちを見ると叫び声をあげて逃げていき、犬もボトヴェたちが嫌いだった。だんだん暑くなってきて、喉が渇いて仕方なかったが、生水を飲むわけにはいかない。さいわい、一時間ほどごとに畦道脇に旅籠があった。篩部《しぶ》の敷物が張られて日の光を遮り、木製の長椅子が出してあった。舌を焦がすような熱い緑茶を飲んで、渇きをおさめた。

道にはほかにも通行人がいて、みんなボトヴェたちをじろじろ見ていった。絵で見て知っていた、大きくて丸い、先がとんがっている編み笠をかぶった中国人が、肩に竹竿を担ぎ、前後に重い荷物を下げて歩いていく。しなやかな竹のせいで、人も物も、全体がゆらゆら上下に揺れている。

川を二度越えなければならなかった。今にも沈んでしまいそうな細長い舟に乗って渡る。汗をかきながら舟を漕ぐ船頭を見ながら舟に座っているのは、心地よかった。

速いテンポで行進する。暗くなる前に町に到着したかったからだ。ボトヴェたちは、案内人にすっかり任せきりになっている。彼が盗賊の一味だったなら、山へ入ったらたやすく餌食になってしまう。

石ころだらけの細い道を歩いていくので、山を越えるのがだんだん辛くなってきた。あたりはすばらしい景色なのだが、前進する方が先決だった。けれども次第に速度が落ちてきて、休む回数も増えてくる。特に足がひどい状態にあった。一歩踏み出すごとに、痛みが脚全体に伝わってくる。オルセンがいちばん苦しんでいた。靴下になって歩いていたが、それもズタズタになり、今は裸足同然だ。出発する時に、底の薄い洒落た靴を履いていたが、今それが災いしていた。けれども、まさか最初から徒歩旅行まで計画に入れる必要はなかったので、責めることはできない。

最後の山は、残っていた力を振り絞ってさっと越えられた。そして眼前に町が広がった。十時間ほどの行進中、ずっと唯一話の種になっていた約束された町である。口をきけた間は、の話だが。

寧海の町は、周囲を樹々や草地におおわれた低い山に囲まれて、川沿いに美しい姿を見せていた。屋根が反り返っている灰色の低い家並は、遠くから見るとすばらしかった。狭間《はざま》を備えた壁が町を囲んでいた。ところが、その中はあまりきれいではなかった。通りは狭く曲がりくねっていて、中国のどの町でもそうだったが、空気が埃っぽく悪臭が漂っていた。

案内人はボトヴェたちをアメリカの伝道所まで連れていってくれた。年配の女性によって運営され、そこの白人はみな女性だった。

一人だけ伝道所にいて、ほかの二人は旅行に出ていた。ボトヴェたちは歓迎され、話を始めると熱いお茶が次から次へ出された。ふたりで十四杯ずつは飲んだ。信心している宗教のことを詳しく聞かれ、満足だったようで、寝る所へ案内された。ふたりとも眠くて仕方なかった。部屋には寝台、というには粗末すぎる家具が一つだけあったが、篩部《しぶ》の布団があり枕ごときがあったので十分だった。ふたりは服を着たままで十二時間ぐっすり眠った。かなり休まったが、夜中に寝返りを打つ時にはふたりで同時にしなければいけなかった。でなければ、どちらかが寝台から転がり落ちてしまうからだった。

オルガンの音と賛美歌で目を覚まさせられた。ボトヴェは今でもそのメロディを覚えていて、決して忘れないだろうと書いている。

伝道の一環として中国人の子供たちに教育が施されていたが、教師は中国人で、授業のほとんどが歌で、それも一曲だけのようだった。朝から晩までオルガンに合わせて同じ歌を歌っていた。最初のうちはかわいい子供の声が変な英語で歌っているのを聞くのがおもしろかったが、そのうち神経に触るようになっていた。

休養を取った後、元気が湧いてきて、ボトヴェは電信局に赴いた。運良く町には中国の電信局があったのである。ボトヴェは上海に電報を送って居所を伝え、飛行機にガソリンを送ってくれるよう要請した。電報を送る場に立ち会うのは興味深かった。電信士は中国人で、ものすごく長い爪をしていて、おまけにそこには垢がいっぱい詰まっていたが、電報を送るのはめったにないことだったようで、一大事件になった。電信士は家族全員を招いて電報を送る場に居合わさせたのである。その家族というのがまた大所帯で、正妻をはじめ内妻たち全員に加えて隣人友人たちそれぞれの家族の老若男女が一堂に会し、かくなる重要行為が行なわれる場面に立ち会おうとした大勢の人で事務室ならびに中庭はごった返したのだった。そうして注目の的になってから電信士はようやく大げさな身ぶりでもって、小さくて旧式で変な形をした信号機を打ちにかかったのだった。電信線がちゃんと世界に繋がっているのかどうか心配だったが、電信士は繋がっていると言う。

さいわいなことに彼の言ったことは正しく、返信が届き、蒸気船がボトヴェのために用意されることになり、寧波《ねいは》(ニンポー)から海岸線に沿って航海し飛行機が止まっている所まできてくれるという。ガソリンはボートで陸に揚げられるので、ガソリンが届く日にボトヴェは飛行機のそばにいるべし、というのだった。

それはすべて上海のデンマーク総領事が手配してくれたことだった。ボトヴェが上海に到着する予定でいた日に消息を絶って現われなかったので、広州までの海岸線一帯に電報を送り、行方を捜してくれたのも彼だった。それがうまくいかなかったのは不思議ではなかった。ボトヴェは電信線からずっと離れたところに不時着していたからだ。ガソリンを運ぶためにわざわざ蒸気船を雇ってくれるとは大変な好意であったが、それはデンマーク国家の出費とはならず、無償だった。ガソリンを提供してくれたのはアジアティック石油会社で、会社の宣伝になるからであった。

ボトヴェのことは町で評判になり、土地の高級官吏、ミスター・リーの耳にも入った。従者を連れて伝道所を訪れてきてボトヴェに挨拶をした。伝道所の中国人教師が通訳として呼ばれたが、彼の語彙は二十語くらいに止まっていたため、対話はうまくいかなかった。ボトヴェはミスター・リーから翌日の午餐に招かれた。

その日の午後のうちにボトヴェはミスター・リーの豪勢な邸宅を訪れた。あたりの様子から、

寧海の伝道所にて。左から二人目が高級官吏ミスター・リー、その右隣がオルセン、テーブルをはさんでボトヴェ

ミスター・リーは町の裁判官のような役割を果たしているようだった。ボトヴェが兵士を派遣して飛行機を監視して欲しいと頼んだところ、ミスター・リーは快諾してくれた。なのだった。

翌日の午餐は彼の邸宅で行なわれるものだとばかり思っていたのだが、なんと場所は伝道所なのだった。朝のうちから料理人が現われ、台所は火がついたようになった。午後一時の午餐のはずだったが、すでに十二時に主人と招待客たち、町の名士などがやってきて、ずっと口もきかずにおとなしく待っていた。伝道所のアメリカ人女性も招かれていたのだが、かたくなに同席を拒否した。ボトヴェは器量が狭すぎると思った。料理は残念ながら欧風だった。ボトヴェは中国風の食事がよかったのだが、ミスター・リーの思いやりだったので、仕方なかった。以前イギリス人のところで雇われていたというコックの料理は大したものだったが、飲み物の選択が玉に瑕だった。ポートワインとコニャックしかなく、それを料理に合わせて交互に飲み分けたのだが、中国人たちはワインと同じように飲んでいたため、ずいぶんと陽気になってしまったものの、羽目を外すようなことはなかった。

次の日、飛行機のもとに戻ることになった。まだ飛行機を見たことのなかったミスター・リーもついてくることになり、朝の五時に出発した。霧雨が降っていて、中止になりそうだったが、やはり出発することになった。実に立派な行列を作って、水田の畦道《あぜみち》を一列縦隊で練り歩いていった。ボトヴェは、自分が華々しいオペレッタか何かにエキストラとして出演しているような気がした。

先頭に信号ラッパ吹きが三人、村々に近づくとラッパを鳴り響かせ、高貴な人間が来ることを告げる。それに高級官吏が駕籠に乗って続き、ボトヴェとオルセンがそれぞれの駕籠に揺られて続いていく。それから食料などを載せた駕籠、護衛の兵士が二十名、しんがりが死刑執行人で、大きな反り返った刀を手にしていた。途中で何があるかわからないので、ミスター・リーは旅に出るときにはいつも死刑執行人をお供につけていた。

ボトヴェは、駕籠に座って不安でならなかった。いつ振り落とされるかもしれず、特に山道、それも一方が断崖の細い道を、雨の後で濡れて滑りそうな道を行くときには気が気でなかった。降りて歩こうかと思ったが、主人が座っている手前、それはできない。オルセンも我慢して座っていた。

午後になって最後の川を越える。岸辺に、例の蒸気船の中国人航海士が待ちかまえていた。寧波のデンマーク人家族に託された手紙を持っていて、ボトヴェに手渡してくれる。その家族の主婦は、ビールの大瓶三本、バター、パンほかの美味しそうなものも航海士に預けてくれていた。

しばらくして大きな村に着いて長い休憩をとった。すでに遠くから信号ラッパが吹かれていたので、村中の人間が集まってきていた。村で一番大きな家に行く。警備兵が五人もいた門をくぐり、二階の広間へ通されると、そこには近隣の村長たちが正装をして整列していた。名刺の交換がなされ、高級官吏ミスター・リーにお目見えする。村長たちは、ボトヴェの飛行機からいろいろな物が盗まれていたのを知っていて、脛に傷があった。良心の呵責からか、一人が部品を恭しく差し出してくる。そこでミスター・リーが村長たちに何か言ったが、どうやら、村へ戻ってほかにも盗んだ物を返すよう手配しろ、ということだったらしい。村長たちはたちまち姿を消した。

そしてまた先を急いだ。飛行機に近づくにつれ、緊張度が増してきた。どんな姿をしているだろうか。見張りの兵士がついてはいたが、それにしてもだ。ボトヴェは、駕籠に座っているのがもどかしく、這い出て先を走っていった。R1号機はまだそこに立っていた。遠くから見る分には優美だったが、近くで見るとさんざんだった。取れる物がことごとく取られてしまっていた。ボトヴェとオルセンの荷物も、小さめの部品もほぼ全部、指でゆるめられるものすべて、機体をおおうパネルを留めるのに使うナットも全部盗まれていた。最悪だったのは、車輪のチューブに付いていたバルブがなくなっていることだった。それなしには空気を入れられない。離陸ができない。雨の後であたりの土は柔らかくなっている。空気の入っていない車輪では離陸は不可能だった。

ボトヴェとオルセンは、どうしたものか、相談しあった。どうしても出発しなければならない。そこで、竹竿を小さく棒状に切ってそれを車輪の枠の縁に押し込んで並べ、車輪が地面と触れる面積を増やした。あとは、次の日に雨が降らないことを願うだけだった。

暗くなりかかっていた。夜を過ごすことになっている村まで行かなければならない。ボトヴェとオルセンはふたたび駕籠に乗った。兵士たちが長い棒の先に付けた大きな球状の提灯で道を照らして行く。それだけでは苦力《クーリー》たちの足元まで明るくすることはできず、途中で苦力が足を踏み外した拍子にボトヴェは駕籠から転がり落ちてしまい、駕籠はもうこりごりになり、そこから先は自分の足で歩いていった。

その晩は、ミスター・リーの所有する大きな家に泊まることになり、夕食はまた欧風だったが、ミスター・リーの分だけはふだんの中国の食事だった。寧波の家族から送られた食料も使われ、ビールのうまさは格別だった、とボトヴェは書いている。

翌日は日の出とともに起きて飛行機のところに行った。お供が全員ついてくる。その日何かが起こるという噂はすでに広がっていて、物好きな連中があちこちから集まってきていた。飛行機に達すると、あたりはもう人で埋め尽くされていて、作業をする場所がうまくとれないほどだった。カンバスの裂け目は出来る範囲で縫い合わせなければならず、機体のパネルは元の位置に戻し、ボルトの周りにはナットの代わりに紐を巻き、ガソリンを漏れていないタンクの方に入れた。それが終わってから、最大の難題だった車輪の修理にかかった。機体を持ち上げて車輪が回るようにしたが、片方を回しているうちに何かカタカタいうのにオルセンが気がついた。調べてみると、うれしいことに、それはバルブだった。中国人たちは、ネジをゆるめはしたがバルブを車輪の中に落とし、取れなくなっていたのだった。それで竹を切ったものを使わずにすんだ。空気ポンプは運よく無事で、これでなんとかうまくいきそうになった。ところがそうは問屋が卸さず、片方の車輪に穴が空いてしまっていたらしく、空気が漏れてしまう。けれども、離陸の間だけでもなんとか持ってくれれば、どうにかなりそうだった。

地面に穴がないかどうか、離陸する場所をボトヴェは念入りに調べた。まったく穴なしとはいかず、あちこちに土の柔らかい部分がかなりあった。車輪をとられて止まってしまう恐れがあったが、ボトヴェは何としてでも出発したかった。思い切ってやってみるよりほかに道はない。

群がっていた連中を隣の畑まで追いやるのに苦労したが、実に心地よかったことに、ボトヴェの忠実なるエンジンはうなりをあげて歌ってくれたのだった。何日もの間畑に置いてきぼりにされ、雨に濡れていたにもかかわらず、順調に動いてくれた。

飛行機は、離陸の場所ができるだけ長く取れるよう、広場のいちばん外れまで走っていく。離陸準備完了となったが、その前にオルセンが飛行機を降り、パンクしている車輪にポンプを五十回ほどかけて空気を入れ、また素早く飛行機に飛び乗って後部の座席についた。エンジンを全開にし、爆音を上げて草地を滑っていく。うまくいった。機体が沈むこともなく、車輪が地面を離れた。そうしてボトヴェはふたたび空中に浮かんだのだった。オルセンとうなずき合い、ミスター・リーほかの中国人たちに別れを告げた。そして進路を北東にとり、澄み渡った晴天の中、山を越えていく。

四月二十三日十一時五十五分に離陸、不時着してから五日が過ぎていた。

上海から北京へ

一時間ほど後に寧波を通過、それからもう一つ山脈を越えると、幅が二十五キロメートルほどの砂地の平らな海岸地帯に出た。ところどころに村落が見える。

そこの湾［杭州湾］は幅が約三十五キロメートルだった。ボトヴェは、海岸線に沿って飛んで遠回りをするのではなく、近道をして横切ることにした。ところが、海の上は霧が濃く、しばらくすると海岸が見えなくなってしまった。このような天気の時にいちばん困難なのは、機体をまっすぐ水平に保っていることだった。目安にする水平線も見えず、水と空気の境が溶け合ってしまっている時、特に波のない時には手の施しようがなかった。機体がまさに平衡を失わんとする時にはそう感じることができるが、元に戻すことはできない。下手に直そうとして操縦桿を動かしたりすると、状態をさらに悪化させることになってしまう。さいわい飛行機にはジャイロ表示器がついていた。問題が起こりそうになってくると、計器以外のものが信用できなくなり、首を縮めて機内に頭を沈め、二つ点灯していて機体が平衡になっているかを示すランプをじっと見つめている。右へ傾けば緑、左なら赤いランプが点灯する。それに合わせて調整し、ふたたび色なしのランプが点くようにする。

十五分ほどして湾の反対側の岸が見え、鉄道線が見つかった。それに沿って上海まで行くことにした。

空気の抜けた車輪で着陸するのは冗談ごとではなかった。おまけに機体が重く、地面に接触した瞬間に車輪が破壊してしまう。ボトヴェは心配だったが、運のいいことに、飛行場が居間の床のように完璧に整備されていたおかげで無事に午後一時四十分に着陸できた。上海のデンマーク総領事［ランケア Langkjær］は、ボトヴェ到着の前に百人ほどの中国人が少なくとも八日間［滑走路の］整備作業にあたっていたと言っていたが、その甲斐があった。上海では、長距離飛行士たちがしばしば飛行機を破損させていた。その前年、ドアジー大尉が事故を起こしたのがまだ記憶に新しかった。滑走路の整備が不十分だったために、着陸の際、飛行機を壊してしまった

[上]上海に到着するR1号機。事故に備えて白い救急車が配置されていた
[下]上海飛行場の格納庫の前に停止したR1号機

のだった。ボトヴェの時には、そんなことがあってはならない。それでたっぷり労働力をつぎ込んだのだった。費用はそんなにかからなかった。日給がべらぼうに安かったからである。

原始的な環境の寧海からいきなり上海に着いて、ボトヴェはいささかまごついた。世界一長いバーがあり、超一流の豪華ホテルがある上海で、ボトヴェたちは東アジア会社のゲストとしてアスターハウスホテルに投宿し、大名扱いをされた。在上海のデンマーク人の数はバンコクのそれより多く、大北電信会社の人々も含めて立派なデンマーク人たちが大歓迎をしてくれた。ボトヴェは、その逐一を説明できないとしているが、ひとつだけエピソードを披露している。

ロイヤル・エアフォース協会の仲間たちがランチを供してくれ、その後で、今はほぼ全員が

上海で出迎えを受けたボトヴェとオルセン。右端にデンマーク総領事ランケア

消防に関わっていたため、ボトヴェたちを喜ばせようと中国人消防士たちにサイレンを鳴らして消防車を出動させ、道路を閉鎖し梯子を上げさせるという大掛かりな余興を見せてくれたのだった。

ボトヴェたちはずっと遊び浮かれていたわけではなく、整備作業が進められ、二、三日後には飛行続行の準備ができた。ところが北京のデンマーク公使館から電報で指令を受け、出発をさらに二、三日延期することになった。張作霖「北洋軍閥奉天派の総帥　一八七五－一九二八」と呉《ご》佩《はい》孚《ふ》の連合軍が北京に入城しているところなので、しばらく待ったほうがいいということだった。

結局、二十九日まで待って上海を七時四十五分に出発したが、予定通りに一日で到着することはできなかった。またしても不運に見舞われてしまったのである。そして、中国の首都にデンマーク機が国旗を掲げて着陸するまでに、一月近くかかってしまった。

上海を飛び立ってから最初の四時間ほどは順調だった。水田と平野、山や川、大きな町小さな町が眼下で次々に流れていった。

ボトヴェは、平均して高度二、三百メートルで飛

張作霖

んでいた。その高さだと、地上の様子がよく見えた。耕地になっているところでは、中国人の農民が作業をしていた。みな、例外なしに青い服を着ている。飛行機が近づいてくるのを見ると、全員が慌てふためいて逃げていった。

ボトヴェは中国が戦火に巻き込まれているのを知っていた。戦場に近づくようなことになった場合、戦闘員の上を飛ぶことになる。高度を低くしたままで飛ぶべきか、高度を上げて射撃を避けるべきか。低い位置でなら下で起こっていることがよく見える。射撃してきても中国人が飛行機に命中させるようなことはあるまい、とボトヴェは思っていた。そんなわけで、途中で戦闘員を一人も見かけることがなかったのを、ボトヴェは残念に思った。

上海を発つ時に、ボトヴェはデンマークの牛を飼って町の白人たちに牛乳を提供しているデンマーク人から、瓶入りの牛乳をもらっていた。機内で瓶の口の紙の蓋を開け、それを飲もうとしたのだが、風圧のために牛乳が顔にかかってしまって飲むどころではなかった。すると背中を突かれ、おどろいて振り向くと、オルセンが顔じゅう真っ白で、牛乳をポタポタ垂らしながら、眼鏡を拭いていた。口が忙しく動き、何か言っているらしいのは分かったが、エンジンの音で一言も聞こえない。ハノイから広州に向かう時も同じようなことがあって、ボトヴェはイワシの缶詰を開けたのだが、イワシを食べられたのはボトヴェだけで、オルセンは顔にオイルをかけられただけだった。

そしてようやく黄河に達した。嵐かと思わせるような風が吹き、さらさらの黄色い土が舞い上がって埃の雲となり、大きく何百メートルの上空まで巻き上がっていた。ほんのたまにしか地上をうかがうことができなかったため、ボトヴェはコンパスで進路を確かめていた。三十分ほど経って、適当な間隔で計器を点検していた視線が一瞬冷却器の温度計に止まり、ビックリ仰天した。百度になっていたのである。水が湯になって沸いていたわけだ。ということは、と思った時にひらめきがあった。ヘアシェンドが黒海の近くで不時着しなければならなかったのは同じ理由からではなかったか。実は温度計が壊れていただけだったので、不時着などする必要がなかったのだった。ボトヴェは、オルセンと手帳のやり取りをして意見を交換し、やはり温度計のせいだろうと判断して飛行を続けた。けれども今回は、温度計のせいではなく、冷却器の一つに大きな穴があき、そこから、蛇口から水が流れるように水が漏れていたのだった。五分もすると、事故を告げる忌々しいエンジンの焦げる臭いがしてきた。そのままではエンジンが燃え上がってしまう。機内でも火災が起こる恐れがあったので、ボトヴェはエンジンを止めた。どこかに降りなければならない。ひどい埃で風もひどかったが、うまく着陸できた。飛行機は小高い丘のちょうど手前で止まった。時刻は十二時四十分。

すると今度もたちまちのうちに大勢の中国人が集まってきた。最初のうちは適当な距離を保ち、家の陰や木の陰、灌木の向こうからうかがっていた。ボトヴェたちは、市民戦争の戦われていた地域の真っ只中にいたので、人々も用心深くなっていた。けれども、ボトヴェたちが危険ではないとわかると、人々は大げさな身振りをして笑いながら姿を現わした。ボトヴェはそのうちの三人を捕まえ、上海で整えてきた荷物を背中に担がせてから、最後にピストルを出して、飛行機に触ろうものなら撃ち殺すと素振りで見せ、西に向かった。そこには、済南から天津に向かう鉄道が通っている。

その途中で見た風景ほど慰めようもなく悲惨なところは生まれて以来初めてだった、とボトヴェは書いている。真っ平らで黄色い粘土質の土、ずっと雨が降っていないためにカラカラに干上がってひび割れていて、ごくたまに木が一本だけ黄色い砂漠に立っていても、葉っぱが埃だらけで葉の色が見えない。村が少なからずあるのだが、黄土色の畑と区別がつかず、家々も周囲と同様、黄色い粘土でできている。道はなかった。畑を越えて狭い小径を行く。ひどい埃だった。埃といっても細かい砂で、それが目にも鼻にも口にも侵入してくる。砂嵐の大波がうねって空を真っ暗にしていた。風が特に強い時には背中を向けておさまるのを待った。おまけに耐え難いほどの暑さで、喉がカラカラになり、口の中で舌が大きく膨れ上がっているような感じがした。服が身体にへばりつき、グラグラ煮え立った脳でもまともな考えがすべて燃え尽き、脳皮が破裂してしまいそうだった。だれも一言も発せず、ボトヴェも苦力《クーリー》の後ろから頭を垂れてとぼとぼ歩いていった。

二時間ほど歩いてから上海から持ってきたデンマークのカールスベア・ビールを飲んだ。ぬるいごころか熱くなっていて、渇きを癒すことはできなかった。

三時間が過ぎると、狭間《はざま》があり所々に見張り台のある高い壁に囲まれた結構大きな町に出た。鉄道の駅かと思ったが違っていた。苦力たちが休んで何か食べたいというので、休憩した。

町の旅籠で休んだが、すぐに中国人たちに囲まれたのは言うまでもない。店の家族の寝室にもなっている狭い部屋でボトヴェとオルセンは熱いお茶を飲み、苦力たちは、中に何か緑色のものが入っている饅頭のようなものを食べた。ボトヴェの目にはあまりうまそうではなかったが、苦力たちは全部平らげた。

そしてまた前進した。途中に干上がって水の流れていない灌漑用の溝があった。そこに溜まった埃に荷車の車輪を取られて立ち往生している中国人がいた。ボトヴェは手を貸し、車を押し上げてやった。荷車の持ち主の中国人はあっけにとられ、ボトヴェがその場を去ってからもずっと見つめていた。助けを必要な者を見かけたら手を貸すのが当たり前だとボトヴェは思っていたが、中国人たちは見向きもしなかった。他人は他人で勝手にさせておくのである。

とうとう駅に着いた。禹城(ユーチェン)という小さな駅だった。石造りの建物で、線路は一本しかなかった。待合室のようなところには中国人が群がって汽車の来るのを待っていた。貧相な部屋に入って、駅長と話したい、とボトヴェは言ったのだが、通じるはずもない。ところが親切そうな顔をした老人が出てきて、「アイ、ステーション・マスター」と英語で言った。ボトヴェは喜んで、電報を送れるか、ときいたが、電信はもう二ヶ月の間故障していると応えてきた。そこで、天津まで汽車で行き、そこから電報を送ることにする。汽車の時間をきくと、夜になるかもしれないし、二、三日後になるかもしれないということだった。来たら、来たというのがわかる、というのである。

そこへ士官がやってきて、ボトヴェの袖を掴んでまくし立てた。駅長がそれを通訳し、彼といっしょにChichuang［漢字表記不明］の役所へ行くように、というのである。さっき通ってきて、鉄道の駅かと思った町である。禹城の小さな駅には、荷車のようなのを前にして苦力たちが立っていたが、それは、よく見てみると二人乗りの車で、人を運ぶのに使われていた。ところが車輪はひとつだけで、それがかえって、道なき道にはふさわしいのだった。

早速車を雇って乗っていく。もういろいろな目にあってきているのでボトヴェたちは驚いたりせず、かえって大笑いしていた。ただ、オイルをさしたことがないらしく、車輪がキーキーいうのが耳触りだったが、その音で悪霊を追い払っているという。そして町に入った。高級官吏の家まで行き、中に通され、お茶と煙草が出された。寧海の高級官吏の家に似ていたが、もっと立派で、兵士の数も多かった。ボトヴェとオルセンは、お茶を飲むのは対面が終わった印、という礼儀作法を無視して、熱いお茶を次々に飲み干した。なんと思われても構わなかった。

それほど喉が渇いていたのである。そうして落ち着くと、主人の官吏が中国語で何かを話し始めた。ボトヴェは英語でいろいろ説明した。お互いにまったく通じていない。それを見て兵士のうちの一人、大尉が口を挟むと、主人は彼の横っ面を張り倒した。そこでボトヴェは例の、コペンハーゲンの中国公使館で渡された文書を取り出して見せる。官吏はもちろん読めたが、それだけでは情報が不十分なようだった。けれども、説明しようにも言葉が通じないではないか。

やがて官吏もしびれを切らしたのか、町まで通訳を呼びにやった。ところがそれはロシア語の通訳だった。そうしてまた一、二時間が過ぎ、ボトヴェはその間にも汽車がくるかもしれないと思い、立ち上がって別れを告げようとするのだが、腕を押されてまた元の位置に座らされ、同じことが最初からまた繰り返された。

そしてとうとう英語の通訳がやってきた。ボトヴェは、自分が中国政府の客だ、張作霖の客だ、と告げた。張作霖の名前を出していいのかどうか迷った。官吏の敵だったかもしれないからだ。それから、飛行機を警備するために兵士を派遣して欲しいと頼んだ。

情報は役に立ったようで、ボトヴェたちは禹城の駅へ戻るのに、馬を提供された。すっかり暗くなっていたので、騎馬兵が随行してくれることになった。けれども、オルセンは一度も馬に乗ったことがなかった。あれこれ言っている場合ではなかったので、ボトヴェはオルセンに最小最善のアドヴァイスを与え、手綱は引かないこと、馬の腹を脚でくすぐったりしないことを教えた。それを聞いてオルセンはようやく馬にまたがることになった。常歩で行っているうちはよかったが、そのうち速足になると、オルセンは右に大きく傾いたり左に傾いたりして大変だったが、落ちることはなかった。

運のよいことに、駅に着いてしばらくしてから北へ向かう汽車が来た。機関車のほかに貨車が二両だけだった。一両目には馬が、二両目にはロシア人が乗っていた。中国兵の制服を着ていた傭兵だった。その時点では単にロシア人だとしかわからなかったのだが、後で聞いた話では、呉佩孚《ごはいふ》側の兵士だということだった。ボトヴェは兵士たちといっしょの列車に乗ることをためらい、次に来るはずだという「郵便車」を待とうとしたが、駅長に切に勧められて兵隊たちに混じった。後日ボトヴェは、「郵便車」がどんなものか身を以て体験する機会があり、その時に乗らなくてよかったと思った。

二十名ばかりいたロシア人の頭領は、小柄でO脚の男で、大きな顎髭に過去八日間の食べ物のかすがこびりついていた。親切に迎えてくれたが、ロシア語しかできなかったためにボトヴェは自分たちのことを説明できなかった。まぐさの袋がたくさん置いてあり、藁を敷いた床に兵士たちが寝転がっていたが、そのうちの何人かは、いかにも犯罪者だという顔をしていて、酒の悪臭があたりにプンプンし、ほぼ全員が酔っていた。

ボトヴェとオルセンは荷物を持って乗り込んだ。その時に、寝ていた男の足を踏んでしまい、一瞬大騒ぎになったが、何度謝っても、デンマーク語なのでうまく通じない。そのうち汽車が動き出して、ボトヴェたちはまぐさ袋の横に腰を下ろした。

やがて静かになり、兵士たちはいびきをかき始めた。ランプがひとつあっただけで、ほかは真っ暗だった貨車の中で、頭領がパンを出してかじり始めた。ボトヴェはポケットに入れてあった固ゆでの卵をひとつあげた。そして会話が始まったのだ。まず頭領が、「イングリッシュマン？」と英語で聞いてきたが、それ以上何も言わない。ボトヴェはなんと答えたものかためらった。頭領が北軍に属しているのなら、英国人でも問題はない。それに反して南軍だったら、イエスという答えは次の駅で降ろされることを意味していた。そこで事実に忠実に、デンマーク人だと言った。頭領は、変に悲しそうな顔をして、ボトヴェたちが、彼が知りもしなければ聞いたこともない国から来ているのに困惑していた。けれども、ボトヴェが煙草をやると、国籍のことは忘れてしまった。

しばらくして汽車が次の駅で止まると、頭領はほかのことで頭がいっぱいになった。どこの駅でも、中国人が貨車に潜り込んでこようとしていたのである。頭領はランプをかざしてあたりを隈なく探し、一人、暗闇に紛れて忍び込んでいた中国人を見つけた。大声で絶え間なく罵りながら頭領はその男を引きずりだし、尻に蹴りを入れて貨車から放り出した。

オルセンとボトヴェは、少しは眠っておこうと努めたのだが、場所が引き戸の近くで常に隙間風が入ってきていたため、五分も眠ると寒くてまた目が覚めてしまうのだった。やがて夜が過ぎ、明るくなると、今度は太陽と暑さに悩まされた。

ある駅で、「郵便車」とすれ違った。五十両近くつながっている列車で、すべて貨車だった。扉のないのには山ほど貨物が積まれ、扉のあるのにも天井までぎっしり貨物が詰め込まれていた。その上に、一般の連中と兵士たちがすし詰めになって乗っていたのである。機関車にさえ、隙間のありそうなところにはどこにでも人が乗っていた。「郵便車」などに乗らなくてよかった、とボトヴェは思った。

この間、デンマーク代理公使ヴェールルムは幣原外務大臣に四月七日付で書簡を送り、一月二十九日付の書簡で触れていたデンマーク機に必要なエンジンと諸部品が「アジア丸」によって運ばれて到着したので、必要な税関手続きを行なってくれるよう要請した。荷物は、東アジア会社のエージェントである横浜のドッジウェル社宛になっており、都合五個、いずれにも「ドッジウェル、横浜」と書いてあり、一から五まで番号が付いている。以上の内容だった。なお、このヴェールルムの四月七日付書簡の内容は、幣原大臣から中国駐在の芳澤公使［芳澤謙吉　一八七四―一九六五］に四月十四日付の書簡で伝えられた。

ヴェールムの書簡と交差するように、四月八日付で陸軍次官津野一輔は外務次官出淵勝次宛に次のような書簡を送り、陸軍がボトヴェの日本側の受け入れ口になり、飛行路を定めた旨、報告した。

丁抹《デンマーク》飛行機本邦飛来の件照会

「本件の援助は陸軍主となり之に従事することに相成候」

「本飛行に関しては別紙要旨の条件を附し飛行許容致しある次第につき申添候」

1、航空路　新義州－平壌－大邱－蔚山付近－角島－広島(要塞地帯を避けしむ)－大阪－国府津又は其西北方を経て－所沢に到る(復航は之が反対)

2、着陸地　平壌、大阪、所沢

3、不時着陸地　汝矣島《ヨイド》、大邱、広島、岡山、各務原、三方原

4、帝国領土航空に際しては帝国の法規に従わしむ

5、帝国領土航空中禁制品写真機、無線電信機、郵便物の携帯を禁ず

さらに陸軍次官津野が大蔵次官田昌宛の二月二十四日付書簡ですでに触れていた「国際航空条約加盟国軍用飛行機に準じ取扱うこと」の件につき、大蔵次官より陸軍次官宛に四月九日付で返信が届き、「関税上の取扱方」につき左記の通り決定した旨通知された。但書として、「朝鮮総督府とも協議済」と記されていた。

左記

一　飛来航空機は本邦最初の着陸地（平壌）及最後の離陸地（平壌）に於て税関官吏の検査を受くること

二　飛行の準備又は機用品補充の為輸入する物品は関税定率法第八条に準じ免税輸入の取扱を為すこと但し右通関の際当該責任者より輸入品に対する関税の保証書を税関に提出すること

三　前掲の物品の再輸出手続を為すべき税関は予め之を輸入地税関に通知し置くこと

四　飛来航空機を輸入せんとする場合及飛行準備品又は補充品の残留品等を再輸出せざるときは其の旨当該物品の所存地所轄税関に届出て関税を納付すること

五　航空機の本邦最初の着陸日時及本邦最後の離陸日時は予め所轄税関に通報すること

以上

これに対しては、四月十四日付で陸軍次官津野が大蔵次官田昌に、「丁抹国飛行機は軍用として取扱う関係上、取扱要領第一項」の変更を求める書簡を送った。変更箇所は、「関税上の取扱方」についてこの取り決めが四月二十六日付で幣原大臣よりデンマーク代理公使宛書簡で通知された時点で、項目の一が、「飛来航空機は本邦最初の着陸地（平壌）及最後の離陸地（平壌）に於て」の次に、「相互の便宜上飛行機外搬出物品［に］対［し］」という一節が加えられ、これのみ「税関官吏の検査を受くること」とされたことで明らかである。

同書簡におけるこの部分の変更に関して幣原大臣は、すでに四月二十四日付で外務次官出淵と陸軍次官津野に通知していた。

さらに、四月二十七日付で大蔵省主税局長が了承した旨の書簡が陸軍省軍務局長宛で送られ、内容は「横浜税関長宛通牒」として現場に伝えられた。それはまた、同件は四月二十八日付で陸軍次官より外務次官へ通牒され、五月四日付で幣原大臣より丁抹代理公使に連絡されたのだった。一件落着である。

先に、三月九日付で駐スウェーデン永井公使より幣原大臣宛に送られていた書簡は、その抜粋が次のように記載された。

日丁親交の高調するの好機会たるべく一行日本到着乃至滞在中其の任務達成上之に便宜を供出し且《か》つ歓迎接待等好意の表彰に於て従前我国を訪問したる諸国飛行家に対する夫《そ》れに劣らざる様申迄も無き義乍《なが》ら諸事宜しく御配慮相成度此段稟議申進す

そして同書簡の写しが四月二十二日付で大角、津野、桑山各次官に送付された。さらに同日付で幣原大臣より永井公使宛に電報で次のような返信が送られた。

丁抹飛行機は一両日中に上海より天津経由平壌に到着の筈本邦では陸軍省の丁抹日本訪問飛行援助委員会が主となり官民之が歓迎を為す筈で平壌、大阪、所沢、及東京に於ける歓迎其他の「プログラム」既に出来た。

それは以下のようなもので、日本側は着々とデンマーク機を迎え入れる用意を整え、かなり細かい点まで考慮していたことがわかる。歓迎を行なう通路の名、歓迎会の場所だけではなく、両国旗の掲げ方、挨拶の順序、靖国、明治両神社参拝のこと、記念品のことまでにも言及してあった。朝日新聞と国民新聞(東京新聞の前身)が準備に関わっていたことも知れる。

訪日丁抹飛行家歓迎要領(予定なるを以って多少の変更を免れず)

一　平壌に於ける歓迎要領

1　飛行機未着の際は左の方法を以って一般へ周知せしむ

(1)天津出発の報に接したる時は着陸予想二時間前瑞気山大同門の二ヶ所に於て煙火《のろし》各三発を発揚して府民に予報す

(2)機影発見の時は前二ヶ所に於て煙火各五発を発揚す

2　歓迎方法

(1)飛行場　一般府民歓迎者は予報と同時に飛行場に至り着陸を待って歓迎の意を表すること

歓迎の辞　(旅団長)

記念品贈呈　(府尹の挨拶、記念品贈呈)

其他

通路　各学校生徒(中等学校は全部、初等学校は四年以上)は大同橋より瑞気通を経て柳家ホテルに至通路の両側に整列し両国旗を持って

(2)歓迎

此の間煙火［花火］を打揚る

(3)歓迎会　着陸当日午後七時(予定)より柳家ホテルに於て官民の歓迎会

開催(会場は両国旗を以って装飾のこと)

主催者側の挨拶

(4)其他　飛行場、大同橋入口、柳家ホテル正門に日丁両国旗を交叉掲揚のこと

3　見送　出発時(時間未定)飛行場に於て官民一般見送をなす

二　大阪に於ける歓迎要領

未定(未だ援助委員を派遣あらず)

三　所沢に於ける歓迎要領

1　飛行機の出迎

2　着陸場へ地方官民小学生徒出迎

a　所沢飛行学校長の挨拶
b　埼玉県知事、所沢町長の挨拶
c　帝国飛行協会より花環贈呈
d　学校長主催の小宴
e　自動車に依り東京へ案内、帝国ホテルに宿泊

四　東京に於ける歓迎要領
第一日　所沢着、東京案内、帝国ホテル宿泊
第二日　陸軍大臣、東京市長より記念品贈呈
陸軍大臣の午餐（内閣総理大臣以下約八十五名）
援助委員長主催の晩餐会
第三日　明治神宮、靖国神社参拝
久迩総裁宮殿下より帝国飛行協会有功章授与（久迩宮邸に於て）
帝国飛行協会主催の午餐
観劇に案内
第四日　航空研究所の見学

東京市連合青年団の歓迎及記念品贈呈

講演依嘱

右の外新聞社等に於て歓迎の企画あるやに聞くも未だ詳報に接せず

公式接待は第四日夕を以って終了す此の間東京及其の付近名所を案内す

尚　東京朝日新聞より記念品贈呈の計画あり、又同社主催にて「お茶」又は晩餐会を開く筈

国民新聞主催にて丁抹に関する講演会を開く予定

続いて四月二十八日には、警視総監太田政弘書簡が、下記の関係者に送られ、ボトヴィ歓迎会の準備が徹底されていった。

内務大臣若槻礼次郎殿

外務大臣幣原喜重郎殿

陸軍大臣宇垣一成殿

海軍大臣財部彪殿

大阪、京都、神奈川、兵庫、愛知、静岡、広島、山口、関東、朝鮮、各庁府県長官殿
丁抹飛行家歓迎会の件
丁抹飛行家の飛来に関し客月十日付外秘第五三一号既報の如く同機は五月四日奉天、平壌、大阪を経て所沢着の予定なるが帝国飛行協会に於ては同日之れが関係者を神田美土代町三の三東京基督教青年会館に招待し歓迎会を開催する由
右急及申(通)報候

また北京でも以前から準備は進められ、公使館付武官発として四月二十六日付で軍務局長宛に「[在北京]丁抹公使館と打合の結果次の如く決定せり」とした電報が送ってあった。

四月二十九日北京着五月一日北京発奉天着、二日奉天発平壌着、三日平壌発大阪着、四日大阪発所沢着、飛行機は一機にして搭乗者は操縦者と機関手と計二名なり(一機は、ビルマーラングーンにて故障)

この予定が大いに狂ってしまったことは見てきた通りである。なお、この間のボトヴェの消息や遅延の様子などは、デンマークの新聞類では一切報道されていなかった。

第三章 北京から日本領韓国へ

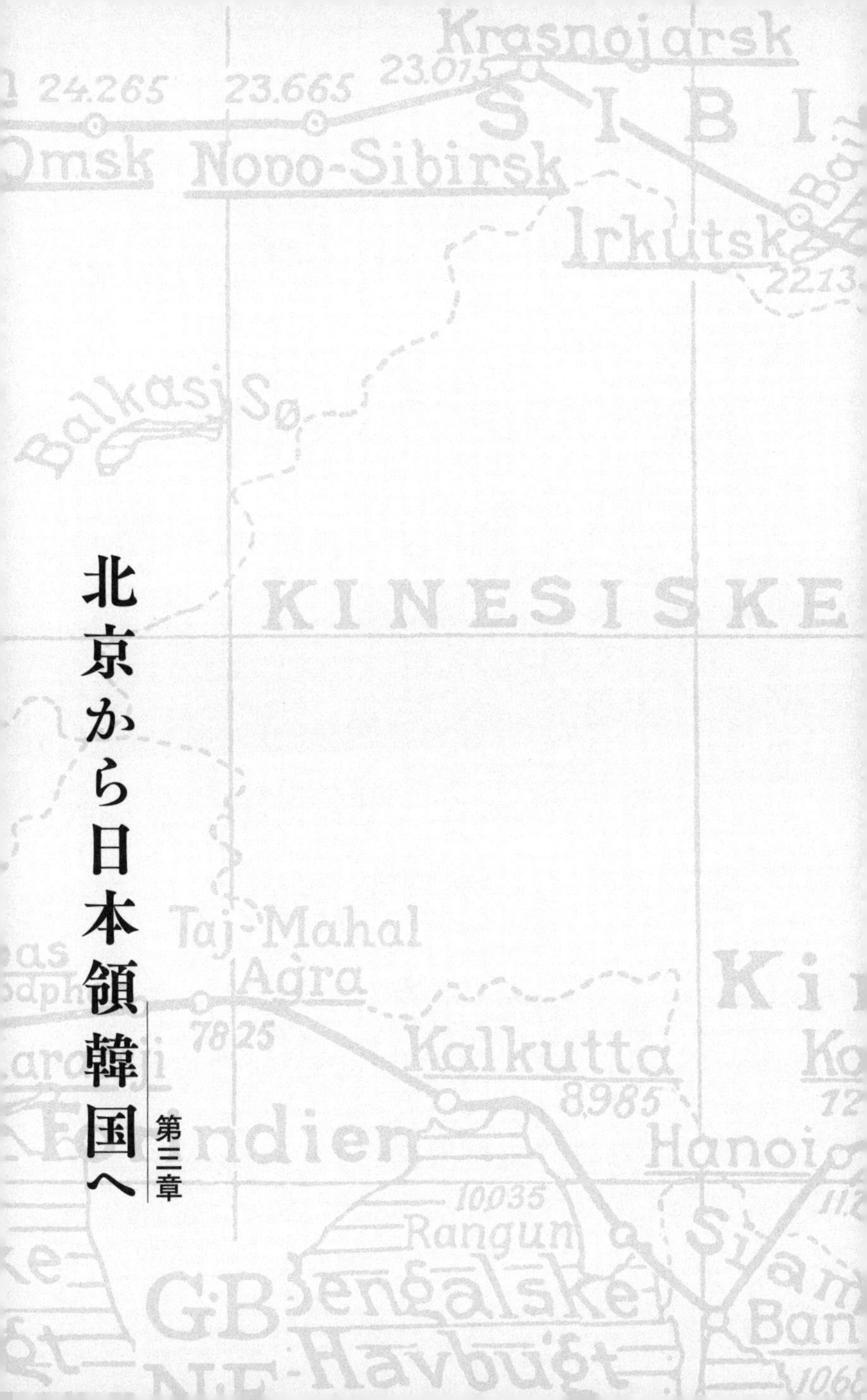

天津から北京へ

正午過ぎに天津の中央駅に到着した。駅の前に並んでいた人力車の中から、一番力のありそうな車夫を選んで乗り込んだ。行き先を告げていないのにごんごん走っていくので、どこかのホテルに連れていくのだろうと思っていた。

幅の広い埃だらけの道には兵隊があふれていて、やがて日本地区に入ったのだが、そこで車夫が車を止めたので抗議すると、別の車夫が現われて交代し、欧州地区に達した。普通の西洋風の家並みが続いていていてボトヴェはホッとした。さらに長いこと走っていくと、大きな石造りの建物の前に、カーキ色の制服の警備兵が立っていた。そこはアメリカ軍の兵舎だった。ボトヴェたちの制服がアメリカ軍のものに似ていたので、車夫はそこまで走ってきたのだった。そこでようやくアスター・ハウス・ホテルの場所を知らされ直行した。

今までいたところと比べ、そこは天国だった。まともな部屋にまともなベッド、まともなバスルームに大きなグラスで飲むハイボール。

大北電信会社の電信局に電話を入れてもらい、到着を告げた。天津にはデンマーク領事が二人もいたが、彼らを筆頭に町に住むデンマーク人たちが集まってきてくれた。

ボトヴェたちは状況を説明して解決策を検討した。もう一度飛べることになれそうか、不安な材料ばかりだった。天津に来るまで乗ってきたので、少なくとも中国の鉄道事情はよくわかっていた。今回の不時着がもたらすであろう多額の出費をデンマーク側が承知してくれるかどうか、これも覚束なかった。

ところが天津のデンマーク人たちは、絶対に飛行を続けるべきだと言って支援してくれた。アジア全体のデンマーク人たちにとって、ボトヴェの飛行は、名誉と威信の問題になっていたのだった。なんとしてでも成功させなければならない。陸軍省が必要経費を支払わないなら、自分たちが出す、そう言って意気が盛んになり、乾杯のグラスが重ねられた。

天津のデンマーク領事ホルムベアは実に頼りになる味方だった。中国語の読み書きができただけではなく話す方も堪能で、彼の助力のおかげですべてが順調に運んだばかりではなく、見積もった額のほんの一部の経費で飛行機はふたたび飛べるようになった。

東アジア会社の天津支社が横浜から部品を調達してくれ、大北電信会社がすべての電信業務を引き受けてくれた。また、中国電信局で高い地位にあったランゲベック氏が、中国の電信の使用を無料で提供してくれた。

その翌日ボトヴェは汽車で北京を訪れ、デンマーク大使館の助力を仰ぐことにした。当時、天津と北京の間には一日一本だけ、それも客車が一両だけ運行されて往復していた。駅へ行ってみると、座席も立ち席もすべて売り切れていた。ボトヴェはイギリス人の将校とともに列車の中に身体をねじ込んで入ったのだが、その時駅で警備に当たっていたアメリカ兵が、駅の前で北京へ行く自動車が待っているという。イギリス人とボトヴェは汽車から降りて車の方へ向かった。ところが、荷物の多かったイギリス人はすぐにあきらめて汽車に戻り、ボトヴェは切符を捨ててイタリア製フィアットに乗った。運転手はイタリア人で、ほかにふたりいた乗客はロシア人だった。

そうして出発。あたりには、つい最近行なわれた戦闘の傷跡が生々しく残っていた。さらに行くと戦場に入った。塹壕が掘られ、有刺鉄線が張り巡らされていて、世界大戦の経験が生かされているのが見て取れた。しばらく行くと中国兵ふたりに車を止められたが、運転手が言葉を交わして通過した。と思う間もなく、十五分も走らないうちにふたたび車を止められ、運転手が中国人の隊長と激しい口論をしている最中に銃声がして、ボトヴェの背後の窓が壊され、破片がうなじに飛んできた。ボトヴェは自分が狙われたと思うと怒りに燃え、スーツケースの中からピストルを取り出して反撃する構えをした。すると突然、運転手が話を止め、次の瞬間にはものすごいスピードで車を発進させていた。中国兵は銃弾を浴びせてきたが命中はせず、その場を首尾よく脱出することができた。ロシア人の話では、後部のガラスは銃床で破られたもので、銃撃ではなかったということだった。

ようやくの思いで北京入りをしたボトヴェは、カウフマン公使、チーリッツェ秘書夫妻に迎えられた。* ボトヴェはカウフマン公使のところに寄宿した。

*――チーリッツェ(Lars P. Tillitse)はのちに一九三九年から日本・デンマーク間の外交関係が一時途絶えた四二年まで駐日公使を務めた。四六年に連合軍総司令部の公使級外交官となり、五二年からふたたび公使に就任して五四年まで務めた。

中国で散々な目にあい予定がすっかり狂ってしまっていたうちに季節は移り、同じルートで帰国するという当初の計画は断念しなければならなかった。モンスーンの季節になっていたし、熱帯地方は雨季に入っていた。国から上海に届いた電報で、ボトヴェは、帰国のルートの選択を一任されることになり、ためらわずにシベリア経由でロシア上空を越えていく飛行ルートを選んだ。そうすることで飛んだことのない国を飛行することができるようになるだけではなく、パリから東京へ飛行して記録を作ろうとしていたドアジー大尉に挑戦することができる。

けれども限られた時間内でモスクワのデンマーク公使館とさまざまな交渉を電報を駆使して行なわなければならなかった。その数が多かったのみならず、中には手紙のような長さのものもあり、国の予算枠を破裂させることなく連絡が取れたことに対して、ボトヴェは大北電信会社の好意に心から感謝していた。

ボトヴェは公使館を通じて中国政府に対し、禹城(ユーチェン)の官吏が、ボトヴェが戻ってくるまで飛行機をよく見張っているように通告するよう要請した。

そうして三日の間、ボトヴェは公使と一緒に車を乗り回して市民戦争の真っ只中にあった北京の街を観光して回ったのだった。埃も喧騒も汚さも、ほかの中国の町と変わったところはなかったが、それでも天安門があり紫禁城があった北京は歴史が古く、何千年にも及ぶ文化の匂いがした。

その一日に孔子廟に案内されたが、偶像などなかったにもかかわらず、孔子の遺品を見てボトヴェは厳粛な気持ちにさせられた、と書いている。

天津まで汽車で戻ると、エンジンを交換するための準備が進められていた。必要な道具が全て買い求められた。ボトヴェとオルセンは、中国政府に水道技師として雇われていたミューラー夫妻の家に寄宿することになり、まるで子供が夏休みに夏の家で甘やかされるような厚いもてなしを受けた。連日、天津在住のデンマーク人たちに招かれてご馳走になり、そんなことを続けていたら太りすぎて操縦席にすわれなくなってしまうほどだった。天津地方についてボトヴェは、全く平坦で乾燥していたせいで地面がひび割れ、粘土質だったために木も生えていない、美しいとはとても言えない土地だった、と書いている。

さらに、中国の混沌とした政治情勢にも触れ、中国人の白人たちに対する敵対性を指摘して、以前は崇め奉っていたドイツ人やアメリカ人の宣教師たちを逮捕し始め、ロシア人二人を拷問の末に晒し首にした例をあげている。

そうして二十一日が経過し、ようやく日本から待ちに待った荷物が届いたのだった。何かの誤りでアメリカの定期船で上海に運ばれてしまっていたのが、天津に到着した。

ホルムベア領事の計らいで貨車が用意された。といっても古い石炭車だったが、無料で提供されたはずなのに、駅へ行ってみると役人に四百ドルを請求され、貨物を見張っていたという兵士たちに二百ドルを取られた。それが中国だった。ボトヴェとオルセンのほかに、ホルムベア領事の右腕だったデンマーク人マックス・ハンセン、ホルムベアが局長だった水道局の中国人責任者を初め中国人労働者たちが同行することになり、まず荷物を貨車に積み込んだ。翌日午前十時発車の長い貨物列車だった。

早いとは思いながら翌朝六時に行ってみると、長い列車はもう人でいっぱいになっていた。鉄道は不定期の運行をしていたが、汽車が出そうだという噂が広がると、こうして人々が貨物の上にさえ乗り込んで来るのだった。切符など発売されていない。ボトヴェたちは、仲間の中国人たちと力を合わせて、これら招かれざる乗客を文字通り一人ずつ貨車から押し出さなければならなかった。例外はただ一人、荷物につけてあった赤と白のデンマークの旗の印を見て乗り込んでいたアメリカ人だった。

午後の三時になってもまだ発車しなかったが、その間に、あたりには食べ物を売る者さえ現われていた。ひどい身なりをした中国人の乞食女が、裸の子供をこれ見よがしに抱いてよろよろ歩いている。よく見ると纏足で、まるで竹馬にでも乗って歩いているようだった。するといきなり銃声がした。兵士が一人倒れた。頭を射貫かれて即死。けれどもだれ一人屍体を片付けようとする者がなかった。汽車は二日ほど遅れてようやく出発したが、その時にも屍体はまだそのままになっていた。

実はその日の午後、汽車は一度出発していたのだった。ところが、動き出した途端、隣の線路にもうひとつ列車が現われた。ボトヴォたちの、千人以上もの「乗客」が群がっていた列車とはあい違って、大きな機関車にサロン車が一両だけつながれていて、それには高貴な中国人の将軍が、護衛の者たちを引き連れて乗っていた。両方の列車はそのまま平行線をたどって進行していったが、二つの線路はその先一、二キロメートルで交差していた。もちろん衝突した。ボトヴォの列車を引いていた小さな機関車は横転し、もう一方の列車は脱線した。線路は、ブリキでできていたかのように反り上がってしまっていた。

小さな機関車のすぐ後ろの車両に乗っていた中国人たちは死亡した。機関士たちに怪我はなかったが、一目散にその場から逃げ去り、人の群れの中に姿をくらましていた。賢明な話で、やがて兵士たちが事故の現場に到着したが、見つかったら、その場で射殺されていただろう。中国では人命は尊重されていない。その数がとてつもなく大きいからだ。人口四億人とされているが、どのようにして計算したかは謎である。

そうして二日遅れて汽車は出発し、まず黄河に向かった。昼頃出発して午後中走ったが、駅に着くたびに長く停車した。ある駅では気のふれた者を別の男が連れて歩いていたが、手首に紐を巻きつけて引きずり回していた。また別の駅では、貨物が高く積まれていたその上にいた連中に向かって駅員が盛んに身振りを交えて怒鳴りかけていたが、みんなヘラヘラ笑って身動きしない。聞いてみると、その先に陸橋があるので、そんなに高いところにいる者は削ぎ落とされてしまう、と警告されたにもかかわらず、みな自分は平気だと思い込んで、無視していたのだった。やがて陸橋に達すると、案の定、何人かが削ぎ落とされた。列車はそんなことくらいでは停車しない。ボトヴェを驚かせたのは、それよりも、その場を目撃した中国人たちが笑い出したことだった。同情心がなかったからではない。気恥ずかしかったのか、恐怖心の現われだったろう。いずれにしろ、本心は隠していた。笑い顔でごまかしていた。それが中国人だった。

切符は駅では売られていなかったが、それでも車掌が武装した兵士を伴って貨車を回って歩き、銃口で脅かしながら人々から金を巻き上げていた。金のない者は容赦なく列車から放り出された。けれどもこれは昼間だけの話で、こんなことを夜にしたら、列車の外に投げ出されるのは車掌の方である。

こうして二十四時間後にようやく禹城に到着した。ボトヴェの荷物は降ろされ、ひとまず町にいた中国人責任者の知り合いの家に持ち込まれた。

ボトヴェたちは中国人の料理人を連れていたので、早速夕食にベーコンエッグを作るよう頼んだ。何か変な顔をしたが、そのまま準備を始め、やがていい匂いがしてきたかと思うと、家中が大騒ぎになった。その家の主人はイスラム教徒で、そこで豚肉の料理をしてしまったからである。ボトヴェは急いで出来立てのベーコンエッグを飲み込むようにして腹に収め、残りのベーコンは家の外に捨てさせた。そして、中国人責任者を通じて、家の主人に丁重なお詫びの言葉を述べるよう、頼んだのだった。

その日は土地の官吏を訪ね、荷物の運搬に使う牛車の手配を求めた。それに警備の者も五十名ばかり必要だった。その周辺の土地は盗賊だらけだったからだ。翌朝早く、まるで戦闘に出かけるような重々しさで出発した。前後左右に兵士を立てて四台の牛車を警護し、デンマークの国旗を荷物に付けて、それがほかでもないデンマークという外国の荷物であることを盗賊たちに示した。

現場に達すると早速テントを立て、料理人に食事の用意をさせてデンマークの国旗を揚げた。

幸いなことに飛行機は無事だった。その日のうちに古いエンジンを取り外し、翌日になってから、一日かけて新しいエンジンの取り付けに当たった。主役はオルセンだった。ジリジリ照りつける太陽の下、埃も舞い上がり喉が渇いた。オルセンはビールで喉を潤しながら作業を続けた。

暗くなって仕事ができなくなると、夕食をとり、コーヒーを飲み、タバコを吸いながら、デンマークの話をした。そしてロウソクの火を消し、横になった。見張りは三名立てた。

眠りにつこうという時に、銃弾が空を切る音がした。兵士の一人が間違って引き金でも引いたのだろうと思った矢先にさらに銃声がした。ボトヴェはピストルを引き出してテントから出た。けれども真っ暗闇で自分の手元さえ見えない。銃声は続いていた。ボトヴェはテントに戻り、万が一

エンジンを交換中のオルセンたち。その隣が中国人責任者ミスター・シェン

[上]日陰でくつろぐボトヴェ。手前が中国人警備隊長の大尉、奥に天津から同行したマックス・ハンセン。赤地に白十字のデンマーク国旗が立ててある。
[下]飛行機を修理中のボトヴェたちを見物に来た中国人女性たち

テントの中に中国人の顔が現われた時にはピストルを使うことにした。銃声は夜中続いていた。ようやく明るくなってきた時に中国人責任者をつかまえて事情を聞いた。銃声は、ボトヴェの警護にあたっていた兵士たちが、目に見えぬ敵を脅すために発砲し続けていたとのことだった。

その日は仕事がはかどり、新しいエンジンが首尾よく取り付けられた。翌日はいよいよ翼を空に浮かせることができると思うと、ボトヴェは子供のように喜んだ。もう一ヶ月近く飛んでいない。

翌五月二十日九時四十五分、離陸するところを見ようと中国人の人だかりができたが、兵士たちが道を空けてくれ、陸を離れた。懐かしい計器類をボトヴェは撫でるようにして触れてみた。

けれども喜びは長くは続かなかった。四十五分ほど飛んだところで、ガソリンタンクが漏れているのに気がついたのである。天津までもてば、と思ったのだが、漏れは激しく、不時着をしなければならなかった。幸い、近くに馬苑（マーチャン）というところがあり、そこは軍隊の練兵場になっていた。中国中部の軍の司令官で後に広東軍［国民軍］に敗北した呉佩孚《ごはいふ》の司令部があったところである。ボトヴェが着陸しようと思っていた場所には兵士が群がっていた。飛行からしばらく離れていたためにボトヴェは着陸地点の目測を誤り、やり直さなければならなかった。

余計な時間を与えてしまい、発砲される恐れがあったが、運良く兵士たちは銃に実弾を込めていなかった。陸地は穴だらけででこぼこだったにもかかわらず、十一時五分、着陸に成功した。

飛行機が止まるやいなや、千人以上の兵士たちが群がってきて飛行機をいじり出し、翼に指を差し込んで穴を開けんばかりの勢いだった。オルセンが何とか機体を守っている間にボトヴェは近くの建物まで行って士官に例の中国語で書かれた書類を見せた。そして一緒に飛行機まで戻ったので、手助けをしてくれるかと思いきや、なんとその士官は、階級は何であったかよくわからなかったが、兵士たちに飛行機から離れるよう命令するかわりに、書類の文面を自分の手帳にゆっくり丁寧に書き写し始めたのである。周囲の兵士たちはニヤニヤしながら飛行機をいじりまわすことをやめない。その愚劣さにボトヴェは業を煮やし、デンマーク語で最悪の罵倒を繰り返しながら近くにいた兵士たちを押しのけた。多勢に無勢で甲斐がないとわかると怒り心頭に発し、何もしないで手帳にただ字を並べている士官の肩を摑み、身振りで何とかするように訴えたが、相手は複写を続けている。そしてようやくその作業が終わると、近辺にいた十名ほどの下士官に拳銃を抜かせ、飛行機の周囲に輪を作らせた。やがて武装した指揮官が現われ、ようやく統率が取り戻せたのだった。

町には少しだけガソリンがあった。最初、身振りや嗅覚に訴えてガソリンが必要なことを示したのだが、持ってきたのは灯油だった。それは使えないので、さらに説明すると、二缶だけ見つかった。それで天津まで飛べるかどうか不安だったが、その場に残るくらいなら試したほうがましだった。

そしてまた午後一時四十五分に離陸して天津に向かったのだが、ガソリンがいつまでもつか、それが問題だった。計器を見ると、ごんごん減っていくのがわかる。町が見えてきた時にはあと一リットルあったガソリンが、町外れの最初の家に近づいた時にはゼロになっていた。飛行場は町の北のはずれにあって、そこまではいけない。幸いボトヴェは、先の天津滞在中に車で町を回っていたおかげで、町の南側に競馬場があったのをおぼえていた。望みはそこしかなかった。やがてエンジンが止まってしまったが、ボトヴェは、方向も変えずに風を背後から受け空中滑走をしながら着陸した。そこはポロ競技をするところで狭い場所だったが、速力を最低にして滑って行き、危うく掘割に落ちる手前で止まることができた。午後二時十五分になっていた。

その日は三日にわたって行なわれていた天津競馬の最終日で、大事なレースが展開されることになっていた。その重大さはよそ者にとってはわかりにくいのだが、天津競馬では一年のうちで最も大事な日になっていて、官庁も銀行も店もみんな閉まってしまい、老若男女、猫も杓子も競馬場に出かけていたので、町は空っぽになっていたくらいだった。そんな大事な日の大事なレースの直前に競馬場に着陸したボトヴェは、レースを台無しにすることを免れた不幸中の幸いを喜んだ。

またもやホルムベア領事の世話になり、ガソリンタンクの修理をした。

その間、ボトヴェの飛行は日本でも知られるようになってきていた。中国駐在日本軍の司令官［支那駐屯軍師団長］高田豊樹中将（一八七五―一九六四）は天津でR1号機を訪れ、ボトヴェとオルセンを歓迎晩餐会に招待した。また日本の報道機関も取材に駆けつけ、早々とインタヴューを行なった。飛行機が五月二十二日午前十時半に北京に向かって出発した時には、天津在住のデンマーク人たちだけではなく、同地滞在の日本人たち多数にも見送られたのだった。

天津の飛行場にボトヴェを訪れた日本人の新聞記者たち。中央に立つボトヴェの左にデンマーク領事ホルムベア、同右は高田中将であろう

ボトヴィェ到着遅延の知らせが日本に届いたのは、五月三日発四日着の支那公使館付武官より総務部宛の電報においてだった。それには次のように経過が要領よく報告されていた。

丁抹飛行将校「ポトウェド」中尉本三日来訪語る所に依れば飛行機は発動機故障の為目下山東省禹城東方ニ不時着陸しあり横浜より輸送中なる発動機は明後五日天津に到着の予定なるを以って中尉は明日天津に赴き発動機を受領の上汽車にて現場に運び更に飛行を持続する予定にて北京着迄には今後約十二日を要する見込なり云々

北京、奉天、平壌、大邱

そしていよいよ二十二日に北京に達し、万里の長城を目にするにいたってボトヴィェは、機械技術の粋を集めて飛んでいる航空機が、今や大陸、海、空までも征服していることを実感し、人類のさらなる進歩に思いを馳せたのだった。

五月二十二日に北京の望京飛行場に到着するが、ここでも全く規律のとれていない兵士たちに悩まされた。無事に着陸して滑走路を進んでいくと、近くの兵舎から兵士たちが飛び出してきて、飛行機が止まるのも待たずに取り囲んで機体に手を触れ始めたのだった。怒鳴っても脅しても効果はなく、武装した小隊を率いた司令官が到着するまで、飛行機をハンガーに入れることができなかった。機体をバラバラにされ、部品を盗まれて裸にされた苦い経験があったボトヴェにとっては、身の毛もよだつような恐怖だったろう。

在中国デンマーク公使カウフマンは、北京に在住しながらも日本の公使も兼任していたが、敏腕な外交官で信頼が厚かった。

北京でボトヴェとオルセンを迎えた芳澤公使。右端がデンマーク公使カウフマン

そのおかげでボトヴェは北京滞在中に、中国側から優雅な大型車を制服姿の運転手付きで提供された。けれども、穴だらけの「道」をものすごいスピードで運転され、車の天井に頭を打ちつけて大きなたん瘤をこしらえてしまった。すべてがこの調子であった。

中国は「中華」の名にふさわしい歓迎会を催すべきだと、張作霖元帥（一八七五－一九二八）が自腹を切って三千ドルを支払ったのだが、R1号機が禹城で不時着し、それが原因してひと月ほど計画が遅延していた間に予算がなぜか消えていき、天津に着いた時には三百ドルしか残っていなかった。それも同地に三日留まることになったためになくなってしまい、北京に到着した時には予算はすっかり使い果たされていた。張作霖の息子張学良（一九〇一－二〇〇一）がそれに聞き及んであわてて資金が集められ、ようやく航空関係者が主催した歓迎会が開かれたのだった。デンマーク公使館でもレセプションが催され、日本公使主催のランチにも出かけていって、ボトヴェの公式訪問は終わった。大北電信会社の電信局にも夕食に招かれたが、これは私的な訪問でくつろげた。

北京でボトヴェはカウフマンの公邸に泊まったが、そこには在東京ドイツ大使ヴィルヘルム・ゾルフの夫人が娘さんとともに滞在していて親交を深める機会を得、後に東京で再会することになる。ほかにも個性豊かな人物に出会っていて、中でもボトヴェが特に書き留めていたのがロシア公使カラカンだった。

カラカンは、ロシア革命後にソビエト政府が中華民国に派遣した初代ロシア公使で、その「活動ぶり」にはかなり問題があったようで、ボトヴェはあえて言及を避けると明言し触れないでいる。けれども見かけは好人物だったとして、中背のグルジア（ジョージア）人で、顔が大きく容貌は美しいとは言えず顔色も悪かったが、黒い目は生き生きとしていた、と書き留めている。

ちなみに当時の中国は、国共合作を成し遂げて北京入りをした孫文が一九二五年三月に亡くなった後、臨時執政・段祺瑞（一八六五－一九三六）が内閣を主宰することになったものの、指導力を欠いていたため、群雄割拠の混沌状態が悪化して相互対立が深刻化、暗殺が行なわれたりして国民党は内部崩壊をしていった。さらに翌年三月には蔣介石が国民党内の中国共産党員弾圧を開始した。一方、張作霖は臨時総統の段祺瑞を支えつつ馮玉祥（一八八二－一九四八）と対立していたが、日本と欧米各国が段祺瑞に馮玉祥の排除を要求したことがきっかけで起こった一連の事件の後、段祺瑞が失脚し、中華民国は政権交代を繰り返した。そんな情勢の中、張作霖が呉佩孚（一八七四－一九三九）や張宗昌（一八八一－一九三二）と連合して馮玉祥包囲網を組織し、北京に進攻したのだった。この激動の時代に、日本とロシアも含む欧米諸国が武器調達などで陰に陽に影響を及ぼし、血なまぐさく暗躍していたのは言うまでもない。

五月二十五日の朝早く、ボトヴェは公使邸を後にして飛行場に向かった。歩兵隊や砲兵隊が移動する列を縫っていったため、長い道のりになった。霧が出ていたが、木々の梢もハンガーの屋根も見えたので、出発することにする。行程の最初の三百キロメートルほどはずっと低地が続いていたので、視界が悪くても飛行可能だと判断したのだった。

二時間ほど地上二十メートルの低空飛行を行なったあと、山勝ちの地帯に達した。視界のきかないところでの低空飛行は危険だ。霧がさらに深くなっていたため、高度をあげることもできない。ボトヴェは河に沿って海岸まで出ることにしたのだが、視界はますます悪化していく。するとと突然、河床が目に入ったので、すぐに着陸することにした。ところが、着陸態勢に入るために河床からしばらく離れると、その位置が分からなくなってしまった。それほど霧が深かった。けれども何度か試みたあとで河床を見定め、不時着をした。砂地で丸石がゴロゴロしていて大きな穴があちこちにあったが、ぜいたくは言っていられない。

機体が止まるや直ちに住民がつめかけてきたが、さいわいなことに距離を保ってくれていたので安心した。ボトヴェは北京から持ってきた昼食を広げて機関士とともに食べ始めた。機体を壁のように取り囲んでいた中国人たちは、そこで昼食をとるためにボトヴェが着陸したと思ったにちがいない。

離陸に先立って河床を調べてみると、長さは二百メートルほどあってギリギリだったが、突端に沼地があり、そこへ落ちたら万事休すとなる。予備のプロペラとか荷物を減らして機体を軽くすることを考慮したが、結局、そのままで出発することにした。全行程中最悪の条件のもと、一か八かの離陸となった。

アクセルを踏んでも、砂地と丸石のためになかなか速度が上がらない。機体が重すぎ、行く手には沼地が控えている。そこでボトヴェは、これは回想して語っているのだが、操縦士が決してしてはいけないことを犯してしまった。一度下した決定を貫徹する代わりに、心に迷いを生じさせ、空に舞い上がれるという信念を崩してアクセルを緩めたのだった。幸いすぐに後悔してふたたびアクセルを踏み込み、沼地の直前で急上昇をしてポーンと十メートルほど跳ね上がった。ところが機体は一方に傾いてしまい、鼻から地面に突き落ちそうになり、あわやというところであったが、エンジン全開で難局を切り抜け、機体を浮かべることに成功した。ボトヴェは、その後何時間もの間、無茶な離陸の模様を思い浮かべては、顔がほてったり冷汗が出たりする思いを繰り返していた。

ボトヴェが不時着した地点は、撫寧というところであったことが後に確かめられている。海を目指してしばらく飛行し、北京や天津、奉天の富裕層が訪れる高級避暑地として知られていた北戴河(秦皇島市)の上空に出た。霧雨が降っていたが、海岸線に沿って飛行をするには支障がなかった。しばらくしてまた陸に入り、目的地奉天に通じる鉄道線を見つけた。地図によることこれを辿っていけば、間違いなく奉天に達することができる。その時ボトヴェは、安心したためか、初めてコンパスを使用せずに飛行を続行した。

そのため、錦州の町まで来た時に鉄道が二手に分かれていたのに気がつかず、そのまま間違った路線に沿って飛行してしまい、行く手に山脈が現われてきてようやく誤りに気がついたのだった。その鉄道は最近敷かれた路線に違いなく、ボトヴェの古い地図には載っていなかった。ひとまず錦州まで引き返し、そこでガソリンを詰め替えることになった。

そこから奉天までの一帯は気候の変化がめまぐるしく、霧雨が強烈な風に取って代わり、瞬く間に地上が乾ききって砂埃が舞い上がって視界を遮った。風と砂を相手に戦いながら奉天に近づいた時には、れっきとした砂嵐になっていた。午後四時四十分、奉天に到着。張作霖のおかげできちんと整備された広い空港に着陸した。

正午頃到着する予定だったのが大幅に遅延したため、歓迎のレセプションはお流れになってしまっていた。張作霖の五十名に及ぶ軍楽隊が、何週間も練習をしてデンマーク国歌の演奏をする予定になっていたのだが、軍楽隊は引き上げてしまっていた。それでも、世界的な規模になっていた奉天の武器工場で勤務していたデンマーク人技師クリステンセンが出迎えてくれた。

そのほかにも張作霖の航空部隊長と参謀長がボトヴェを歓迎し、参謀長は張作霖の名刺をボトヴェに与えた。ボトヴェはそれを両手で恭しく受け取った、と記している。その名刺は普通のものより三倍ほどの大きさで、ボトヴェはそれを原寸で著書にイラストとして掲げている。さらに、張作霖は苦力の身分から伸し上がった言わば山賊の頭領であるが、現在では中国の元帥で軍事的独裁者であり、以前の皇帝よりずっと力がある人物だ、と紹介している。

奉天に滞在していた間にボトヴェは勲章を授章され、滞留デンマーク人や諸外国領事らも参加した晩餐会に出席した。張作霖ほかから贈り物を受け取ったボトヴェは、中国と日本での贈り物の習慣に触れ、相手が白人の場合はお返しが期待されていないので助かった、と記している。

五月二十七日の朝に奉天を飛び立ったが、土砂降りの悪天候になったため、四十五分飛行しただけで引き返した。同日の午後にも二時間ほ

奉天でボトヴェを迎えた張作霖の航空隊兵士たち。背後の壁にデンマーク国旗が飾られている

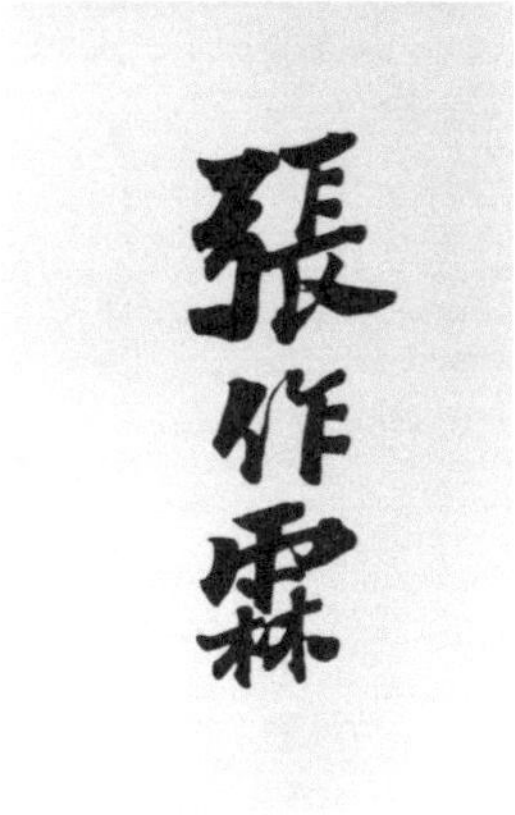

[上]右端の麦わら帽を被っているのがクリステンセン、中央の軍人が張作霖の代理人
[下]張作霖の大きな名刺

ご試みたが、これも諦めなければならなかった。雨雲の下をくぐるようにして鉄道線に沿いつつ奉天の南の山岳地帯にまで達したものの、そこで線路がトンネルに入ってしまい、巨大な山壁が前方にそそり立ってきて、その上方が雲に隠れていたのである。ボトヴェはやむを得なく機体を旋回させ、谷間までもごってから雨雲の上に出ようとしたが、高度三千メートルになっても視界が回復することはなかったので、奉天まで舞い戻る以外に打つ手がなかった。着陸してみるとガソリンタンクが漏れているのを発見、さいわいこれは中国人の技師が修理をしてくれた。

翌二十八日に、ボトヴェは平壌まで無事に飛行することができた。平壌の町は着飾られて、白地に赤い丸の日本の国旗、赤字に白い十字架のデンマークの国旗で、赤と白に彩られていた。飛行場にテントが立てられ、同地の兵隊が行進する中、官民の代表がテントに参列した。デンマークと日本の間で挨拶の言葉が交換されたあと、花で飾られた自動車に乗ってボトヴェは町まで運ばれた。沿道の両側に学校の生徒たちが並んで両国の小旗を振って歓迎し、日本語で万歳を叫んでいた。夕方になって、ホテルで公式の歓迎会が開催された。

ボトヴェの飛行機が平壌に到着するまでの経過は、日本では待ち遠しさが加わっていたものか、希望的観測のもと、次のように日を追うようにして報じられ、遅延があるたびに訂正されていった。

まず五月二十五日に出淵外務次官より津野陸軍次官宛の書簡において、デンマーク代理公使よりの連絡で、「飛行機は本月二十六日平壌着の趣」と伝えていたが、これは、五月二十四日付ヴェールムの手書きフランス語の幣原大臣宛書簡によったもので、それにはさらに、二十三日に北京到着、二十五日発のことに言及されていた。

さらに五月二十二日発の支那公使館付武官より参謀次長宛に送られた電報では、

本二十二日午前丁抹機北京安着、以後飛行予定左如
二十五日午前七時　北京発奉天着
二十六日奉天発平壌着
二十七日平壌発大阪着
二十八日大阪発東京着

という予定だと知らされ、それに基づき、朝日新聞の五月二十五日の記事は、「デンマーク機二十八日所沢へ　東京の歓迎次第」を報じていた。

二十六日平壌着の予定が実際には二十八日になったのであるが、以後は、予定通り順調に飛行を続けることができるだろうと予想されたため、五月二十八日付で幣原外相は在スウェーデン永井公使宛に次のような情報を提供していた。

丁抹飛行機は二十八日午後零時三十五分奉天から平壌に到着。同地官民の歓迎左の通。

一　煙火を打上げ着陸を予報し。

二　一般府民は飛行場に至り歓迎す。旅団長の歓迎の辞。府尹の挨拶に次いで記念品の贈呈あり。

三　飛行場よりホテルに至る途中、学校生徒両側に整列し両国国旗を打振って歓迎。

四　夜は柳家ホテルに於て官民の大歓迎会あり。

尚飛行機は二十九日朝七時平壌発大阪に向う予定。

ところが、当初の予定は再び変更されることになってしまう。

ここでまた、ボトヴェの記述に戻ってみよう。

次の日二十九日の午前は霧で、韓国南部は雨が降っていたため、出発が延期された。待ち時間を利用してボトヴェは有名な女学校を訪れ、授業を参観した。音楽とダンスの時間では、奇妙な三弦の楽器が演奏され、緩慢で単調な踊りが披露された。やがて学校で絵が一番うまいという生徒が連れてこられた。その娘は白い制服姿で微笑みを浮かべながらボトヴェの前で膝をつき、墨に筆を浸してからハンカチの上にさらさらと描き始め、あっという間に一枚の絵を描き上げて優雅にお辞儀をした。「韓国人の女の子が描いた竹の枝」、とキャプションには記されているが、竹ではなく大振りの花二輪で、題字と署名はいずれも漢字で書かれている。

昼食は純粋の和風レストランで取られた。床の間のような内装の畳敷きの部屋で、各自が膳を前にして床にあぐらをかいての食事だった。給仕の女性が侍っていて酒を注いでくれる。余興として、日本の飛行士が弦楽器の伴奏で国歌を歌い、ボトヴェにもデンマークの国歌を歌うよ

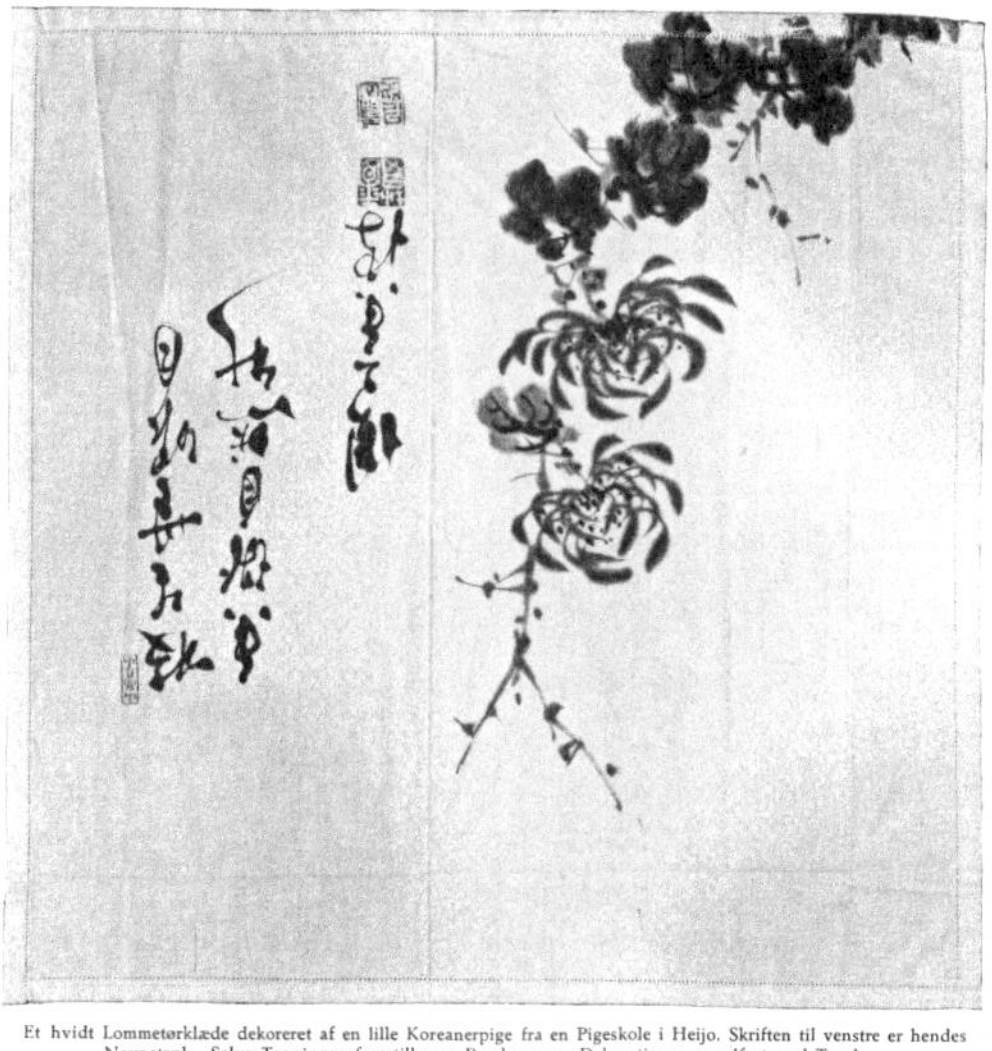

Et hvidt Lommetørklæde dekoreret af en lille Koreanerpige fra en Pigeskole i Heijo. Skriften til venstre er hendes Navnetræk. Selve Tegningen forestiller en Bambusgren. Dekorationen er udført med Tusch.

平壌でハンカチの上に韓国人の女の子が描いた絵、上下逆さまに掲載されてしまった

うに勧めたが、全くの音痴だったため、遠慮した。外国で国歌を下手に歌って台無しにしたくなかったのである。

食事中に気象台から若い男が使いにやってきて、部屋の中に入ったとたんに畳の床に平伏し、額をすりつけるようにして挨拶したかと思うとその姿勢のまま少佐の前まで進み、少佐も同じく低く頭を下げてようやく気象情報が渡された。それによると天候はかなりよかったので、午後に出発することにした。暗くなる前に大邱まで向かう予定だ。

韓国の上空を飛ぶのは、荒涼な岩山の上を飛んでいるようなもので、山らしい山はなかった。日本人が京城と呼んでいるソウルを越えて南に向かう。ちなみに韓国を日本人は朝鮮と呼んでいる。

大邱は小さな町で、小さな飛行場しかなく、わずかに平壌から演習で来ていた三機しか目に留まらなかった。それでも、守備隊長の大佐と市長ほか多数がボトヴェを出迎えた。

平常通りの着陸ができるはずだったのだが、重い機体には滑走路の地面が柔らかすぎ、タイヤが泥にはまってブレーキがかかりすぎた格好になり、飛行機は鼻から地面にのめりこんでしまった。プロペラが泥土に突き刺さり、尾翼が天高くそそり上がった。

多少手間がかかったものの、尾翼を引きずり下ろすことができ、運良く、プロペラも中心部の先端に大きなふくらみができただけで、プロペラそのものは無傷だった。

少佐は以前、第一次世界大戦の折に付き添い武官としてスカンディナヴィアに滞在していたことがあったとかで、デンマーク語とスウェーデン語を混ぜ合わせたおかしな言葉を話していた。

ホテルは町で一番のものが用意されたが、それしかなかったので、町で最悪の、と言ってもよかった。日本人は最善を尽くしてくれた。和食でもいいと言ったにも関わらず、欧風の食事を普通の椅子に座ってちゃんとしたテーブルで取ることになった。まずおいしいスープが出て、そのあとでコーヒーとケーキが出された。ボトヴェも機関士も非常に空腹だったので、それ以上はもう料理が出ないと判断してコーヒーを全部飲み干し、ケーキもすべて食べ尽くした。ところがそのあとで肉の料理が出され、またもう一皿の肉料理、最後にもう一度スープが出てきた。料理の味は良かったが、出てくる順序が奇妙でちょっと問題があった。

第四章
日本到着　東京滞在　歓迎の日々

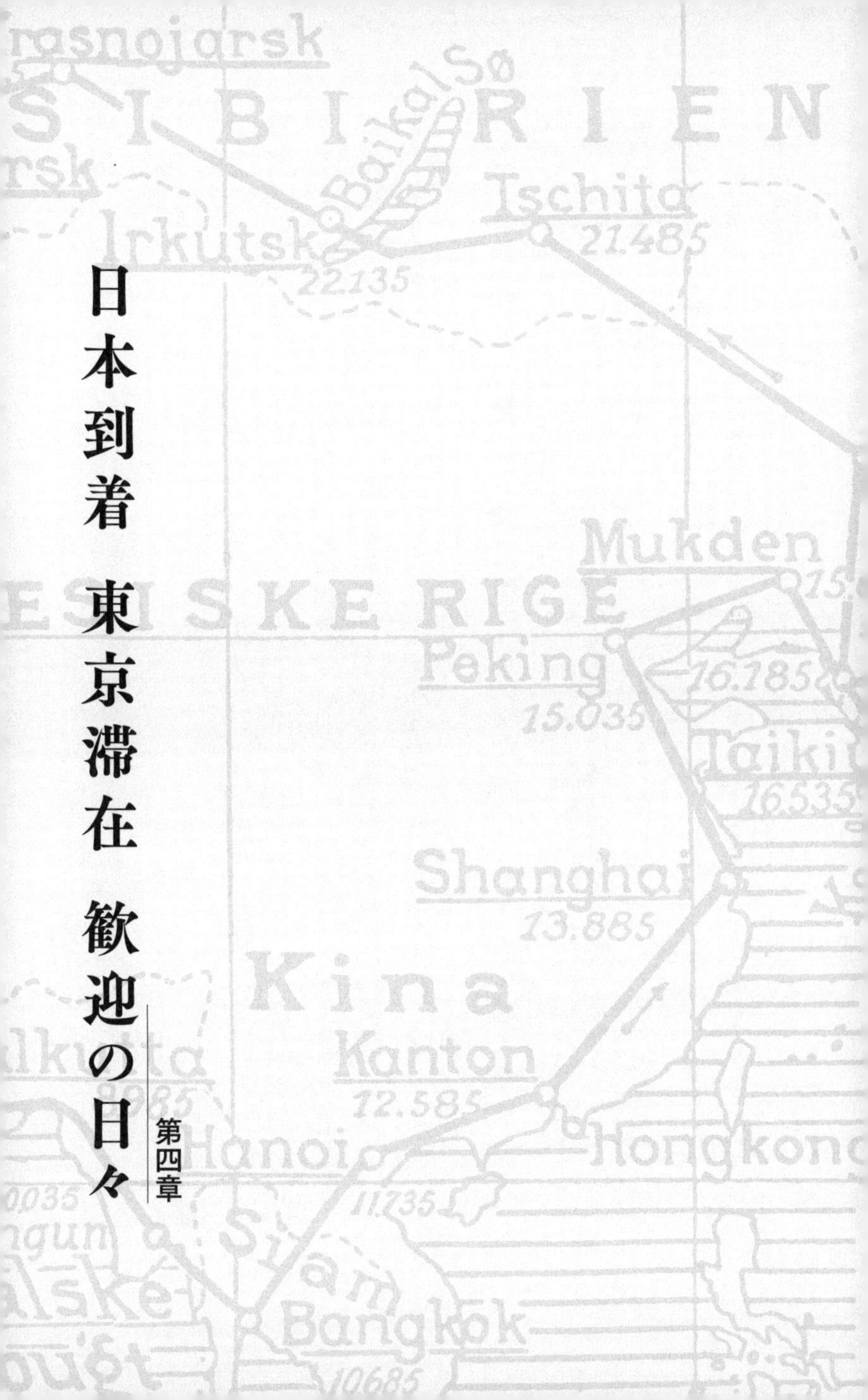

大阪

「翌日[五月三十一日]の午前は出発のできる天候だった。朝鮮海峡をひとっ飛びして、ついに憧れの日本に到着する。山あり森あり水田もあれば町もある色彩豊かな国の上を飛ぶのは、実にすばらしい体験だった。十二時十五分大阪着。その日も翌日の東京でも、日本国は凱旋将軍を迎えるかのような歓迎をしてくれた。波打つような、想像を絶する親切心に溢れた歓迎ぶりは、まるで矮小なデンマーク人が空から飛来するのを千年以上も待っていたかのようだった」。

快晴の中の飛行をし、緑に輝く日本の国土を目の当たりにした清々しい体験と、それに呼応するような日本人との温かい出会いを、ボトヴェはこのように「日本」という章の冒頭に記している。けれども、滞在が十日以上にも及び、無事に目的地に達したのを祝う数多くの催しが行なわれ、著書にも多数の写真がイラストとして紹介されているにも関わらず、「日本」の記述はたったの五ページしかない。

大阪に着陸してすぐに歓迎会に出席し、新聞記者たちのインタヴューを受けてからその晩はホテルで一泊しているのに、そうしたことにも全く言及がない。

ここでは、日本の新聞記事をもとに、熱烈な歓迎ぶりの一端と大阪滞在中の動向をひとまず見ておくことにしよう。ボトヴェを感激させたのが、単なる熱狂ではなく、周到な準備と真摯な対応のゆえであったことが明らかになるはずである。

「遠来の空の勇士」というキャプションをつけてR1号機ならびに操縦士のボトヴェと機関士のオルセンの写真を一面冒頭に掲載して紹介したのは、東京朝日新聞の夕刊(六月一日)である。続く「けふ(今日)デンマーク機　大阪に安着す」という記事は、大阪からの電話に基づいて書かれたもので、次のように伝えている。

城東練兵場に着陸したR1号機を、朝日新聞の旗を振って歓迎する日本人

デンマークの訪日飛行機は今朝大邱出発蔚山から日本海を苦もなく横断し山口県小郡から山陽道を一気に飛び六百七十キロメートルを突破し午後零時七分本社新野飛行士操縦のサルムソン機の出迎えを受け大阪〔の〕城東練兵場*に安着、日本内地の土に記念すべき第一歩を印した。大邱からの飛行時間三時間二十七分、三月十六日コペンハーゲン出発以来七十七日目である。練兵場には村岡師団長、安辺《あべ》少佐その他府、市、商業会議所の各代表者、阪神両市在留のデンマーク人十数名、小学児童市民有志等多数出迎え到着と同時にボトヴェド大尉〔中尉〕、オルゼン軍曹〔少尉〕の両氏を中心に府、市、商業会議所連合の歓迎会を開き杯を挙げてその安着を祝し本社からは両氏に純金大賞牌を呈してその喜びを分かった**〔正字と旧仮名遣いはそれぞれ新字と現代仮名遣いに改め、ルビは省略してある。以下の新聞記事でも同様〕。

*――城東練兵場は旧陸軍に属し、日本の航空黎明期に飛行場として使用されていた。大阪城の東、大阪城公園駅の東に隣接する地帯で、現在では大阪市交通局や中浜下水処理場が周辺にある。

**――村岡師団長は村岡長太郎（一八七一－一九三〇）中将のこと。一九二三年に第四師団長となり、二七年から関東軍司令官、二八年の張作霖爆殺事件に関与していた。

安辺少佐は、安辺浩（一八九〇－一九七五）である。陸軍航空学校の教官から航空官に転じ、一九二五年七

[上]着陸直後のR1号機。ボトヴェは降りているが、機内で立っているのはオルセン
[下]村岡師団長と握手するボトヴェ

月に朝日新聞社がブレゲー一九型機を購入して行なった訪欧飛行の際に「初風（はつかぜ）」号の操縦士として、同じく河内一彦操縦になる「東風（こちかぜ）」号とともに代々木練兵場を出発、モスクワ、ベルリン、パリ、ロンドン、ブリュッセル、ローマを歴訪して十月に帰還、日本初の外国飛行を成し遂げた。

この記事には「大邱特電」として、デンマーク機が二十九日大邱着陸の際に逆立ちとなったが機体に大した故障はなかったこと、三十日は同地の天候は良好だったが内地が暴風雨だったために一日休養日となり、三十一日に天候が回復したので出発したことが記されている。ボトヴェの記述には三

城東飛行場での歓迎会

十日のことが抜けており、日本の項の冒頭にある「翌日」が不明瞭であったが、この特電のおかげで事情が明らかになった。

また、囲み記事として「外国機を抜いて達成した大飛行」の表題のもとに、同年中に日本を目指してヨーロッパから飛来した多数の外国機のうち、成功したのはボトヴェだけなのを指摘して快挙を讃えている。途中で飛行を中止した外国機としてまずデンマークのヘアシェンド中尉機が挙げられている。すでに触れておいたように、これはラングーン(同記事中にインドとあるのは誤り)で機体を大破してしまった。次に、スペインのロリガ、エスペウエヴ、カラルザ三中尉の三機は、バグダッドとマカオで一機ずつ破壊して、カラルザ機だけが五月十三日にマニラに着いたが、日本飛来は中止していた。ポーランドのオロリンスキー中尉はパリを出発してプラハへ向かう途中で墜落。長距離飛行では名の知られていたフランスのドアジー少佐も、ワルシャワから離陸する際に泥中に転覆して機体を壊していた。後述するが、ドアジー少佐は後日に北京まで達したものの、日本への飛行は断念した。そうした中で、「ボ大尉があらゆる苦難と戦いつつも所期の目的を達しデンマーク同胞三百四十万のために気を吐いたのは偉とすべきである」と賞賛された。

ちなみに、時代は世界的な航空機ブームになっていて、すでに一九二四年には前述のドアジーが立川陸軍飛行場に飛来しており、同じ年にはアメリカ陸軍の世界一周チームとイギリスのマクレラン少佐、アルゼンチンのザンニー少佐も飛来、翌一九二五年にはイタリアからデ・ピネード中佐も霞ヶ浦に飛来していた。空の国際交流は年々活発化していたのである。朝日新聞の訪欧飛行プロジェクトも、その一環として遂行されたものだった。

もう一つ前述の紙面で注目すべきは、ボトヴェとオルセンのふたりが、翌六月一日に東京に到着して以後四日間、国賓の待遇を受けることが報道され、陸軍省航空課が準備した歓迎日程が事前に公表されていたことである。それによれば、第一日は、飛行機が正午頃に所沢飛行場に到着するや、「航空将校が全員集まってスルメに冷酒でまず安着の乾杯を挙げ、小憩の後帝国ホテルに落ち着く」。

第二日は、午前中自動車で各官庁を訪問し大臣に会見、「陸軍大臣官邸ではシャンパンを抜いて勇士の無事着京を祝福し記念品として精巧な武者人形を贈呈する」。正午からは首相以下五大臣、坂谷男爵、長岡将軍等帝国飛行協会その他の関係者を招待して陸相が正式な歓迎宴を張る。*これが済んでから国民新聞主催の講演会に臨み、帝国ホテルに帰る。

*——陸軍大臣は、宇垣一成（一八六八―一九五六）。
坂谷男爵は、大蔵官僚で貴族院議員の坂谷芳郎（一八六三―一九四一）。一九一二年から一五年まで東京市

長を務め、その間に明治神宮などの建立に尽力したことで知られる。一九二五年十二月に帝国飛行協会の会長に昇格。

長岡将軍は、陸軍中将で衆議院議員の長岡外史(一八五八－一九三三)で、帝国飛行協会の副会長だった。「プロペラ髭」で有名。

帝国飛行協会は社団法人として一九一三年に発足し、翌年財団法人になった。


第三日は、九迩帝国飛行協会総裁宮が両勇士を自宅に招き、有功賞を賜る。その後、朝日新聞でお茶の会が催され、記念品として七宝焼の花瓶が贈られる。

第四日の午前中に、三井中島両飛行製作所の招宴に臨み、それで正式の歓迎は終わる。この間に明治神宮と靖国神社に参拝する。*


*――九迩宮は、九迩宮邦彦王《くにのみやくによしおう》(一八七三－一九二九)で陸軍大将。香淳皇后(昭和天皇の皇后)の父。

三井中島両飛行製作所とあるが、中島知久平(一八八四－一九四九)が一九一七年に創業し一八年に日本飛行機製作所と商号を変更した会社は一九年に三井物産と提携し、中島飛行機製作所と商号を変更している。陸海軍から受注し、一九二五年には東京工場を完成させていた。

城東練兵場での歓迎式のあと、ボトヴェは朝日新聞のインタヴューを受け、以下のようなことを語った。

インドを回ってきたので、コペンハーゲンから所沢までの飛行距離が二万キロメートルになった。中国までは何の苦もなく飛んできたが、広東飛行場の水溜りで弱り、寧海(浙江省)不時着陸の時には、多数の中国人が飛行機を取り巻いて、中には飛行機に取り付けてある種々の部品を「ドシドシ盗んで行ってしまったのには全く一時途方に暮れました。本日の天候は申分なく、案じた日本海は雲もなく霧もなくすき通ったような晴天で極めて容易な飛行であった。日本内地に入りその地勢なり風景を遥に機上より見下ろして、今までのいずれの国よりも美しいと思いました。これはお世辞で言うのではなく、私

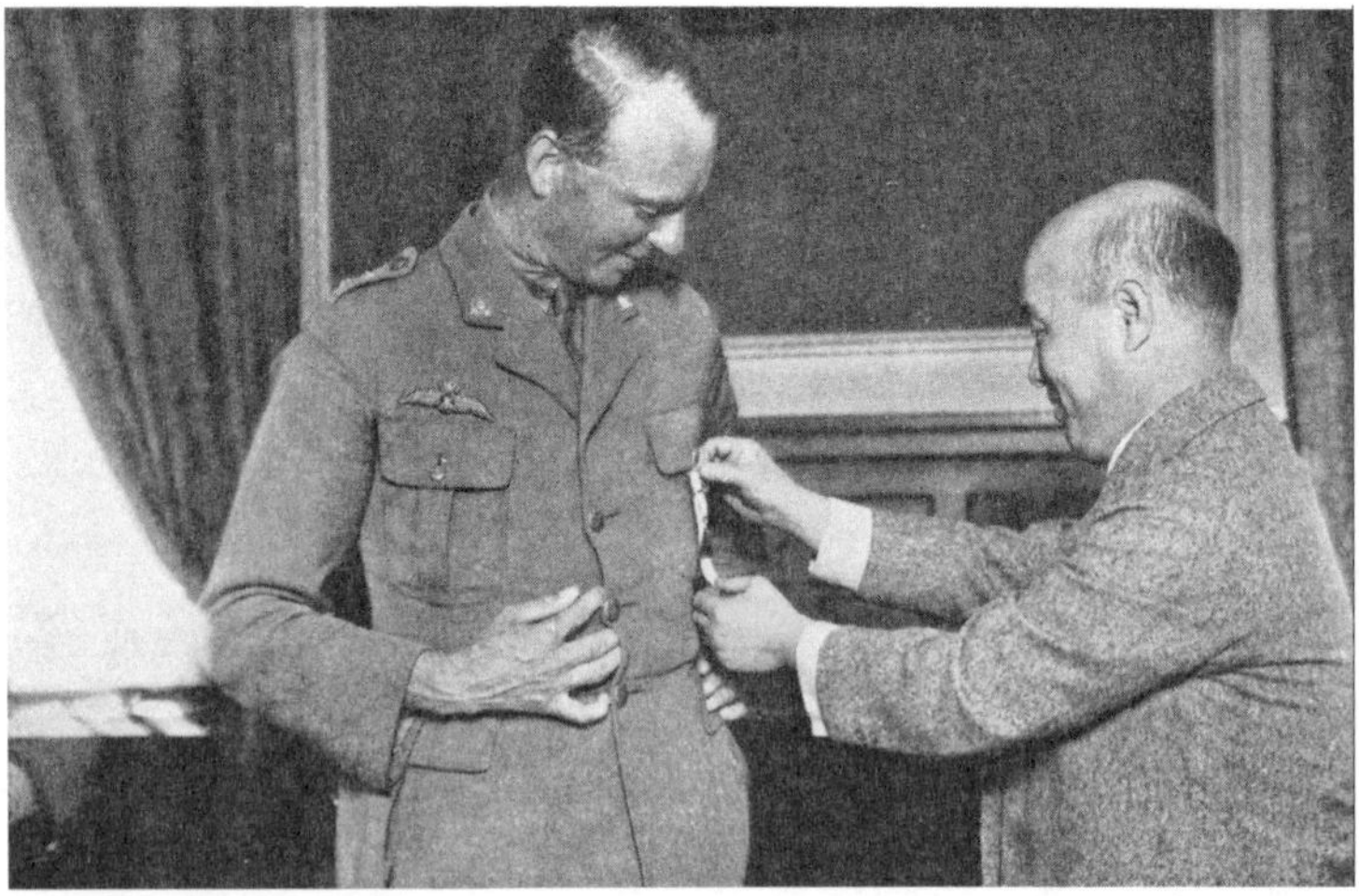

上野専務から章を受け取るボトヴェ

は軍人ですから思った通りを率直に言う次第です」。

その後ボトヴェとオルセンは大阪ホテルで昼食をとったあと、二時半にデンマーク領事や安辺少佐などの案内で朝日新聞社を訪れ、上野専務から純金の大賞牌や花束を受け取った。その折に、帰路はシベリアを選ぶことを明かし、安辺少佐から助言を受けたい、と話していた。

三時に大阪毎日新聞社を訪れてから、ふたたび城東練兵場に引き上げて飛行機の点検を行ない、夜は北浜の「つる家」で朝日新聞の招宴があり、ボトヴェとオルセンは純日本料理に舌鼓を打って喜び、十時に大阪ホテルに戻った。*

*——上野専務は、上野精一（一八八二—一九七〇）で、

「つる家」で和食を楽しむオルセンとボトヴェ。右端は安辺少佐

一九三三年には朝日新聞社の社長に就任した。

一方、大阪毎日新聞は、これも夕刊の一面に「大邱から大阪へ　丁抹機《デンマーク》一気に飛来す」との表題のもと、一連の記事を掲載、大きな写真を二枚紹介している。副題に「長途の難航を如実に物語る　色あせた機体」と掲げて、苦難の飛行の一端を伝え、僚機がラングーンで破損したために単独で訪日したこと、当初の予定では桜の日本を訪れるはずだったのが、「支那僻土に艱苦を嘗《な》め約二ヶ月半を要し葉桜の日本へ入った」ことを伝えている。

出迎えには、すでに朝日新聞が報道していた以外に、神戸駐在デンマーク領事ハリー・マックスウエル氏、吉村内務、小栗警察両部長、関大阪市長、東区の小学生がデンマークの国旗を振りかざして出向いていた。*

*――ハリー・マックスウエル（Harry Maxwell）はアメリカ人、在神戸デンマーク領事を務めた。
吉村内務部長は、内務官僚の吉村哲三（一八八七－一九六七）で、一九二四年から大阪内務部長を務めていた。
小栗警察部長は、小栗一雄（一八八六－一九七三）で、各地の警察部長を歴任、のちに警視総監になっている。
関市長は、関一《はじめ》（一八七三－一九三五）で一九二三年に第七代大阪市長に就任。

朝日新聞社は「新野飛行士操縦のサルムソン機」を飛ばせてボトヴェのR１号機を出迎えさせたが、毎日新聞社はもっと大掛かりな企画を展開した。すなわち、デンマーク機が十一時二十分に岡山を通過した報を受けると、「大毎第五号（和田飛行士操縦）は歓迎ビラ三万枚を撒布しつつ神戸まで出迎えに向かい、次いで木津川より飛来した本社機（羽太飛行士操縦）は［練兵］場の上空で横転逆転錐もみ等の高等飛行を試み」、言わば航空ショーを披露して演出していたのだった。

同機が着陸すると間もなく、「午後零時四分西方の雲間にデンマーク機はその姿を現した。うずまくように起こる歓呼の声の中に同機は悠々場を二回旋回して下げかじ［舵］をとり、場の中央に見事着陸、その雄姿を横たえた。時に零時七分、長途の難航に赭《あかつち》色の機は色あせてその苦労を物語っている」。

さらに歓迎の様子を次のように報道している。「二度三度起こる万歳の声、旗の波――殊に日本在留者わずか三十名の同胞人の中阪神在留者十数名男女うちつれて場を彩っていたが、この［飛行機の］姿に彼等は感激の涙さえ浮かべた。操縦者ボトヴェド大尉と同乗者オルゾン軍曹［少尉］は包みきれぬ笑顔で機を下りて」師団長や領事等と握手を交わし、花束を贈られて、テント張りの歓迎場で挨拶が交わされて乾杯がなされたのだった。関大阪市長が万歳を三唱したのに応えてボトヴェ大尉は「ここに盃をあげて日本並びに丁抹（デンマーク）を祝福します」と謝辞を述べた。

そして直ちに今橋の大阪ホテルに入ったが、さらにインタヴューを受け、次のようなコメントを行なっている。「故国をはなれて以来故障の外これという変事にあわなかったのは天佑と感謝しているが、長年あこがれていた桜の花に間に合わなかったのは残念至極だった。今日の天候は曇っていたが出発以来いちばんよかったのでスムースに飛行が出来、難関の朝鮮海峡も無事に飛び越すことが出来た。何しろ第一歩を日本内地に印したのは愉快である」。

桜へのこだわりは、注目しておくべきだろう。

なお、同日付けの大阪毎日新聞は第六面でボトヴェがデンマーク領事、航空本部の松岡〔勝蔵〕少佐、第四師団副官鶴見〔駿太郎〕中佐、三国〔直福《なおとみ》〕砲兵大尉の案内で同社を訪問し高石主幹らと懇談した際の写真を掲げ、まず、オレゾン〔オルセン〕は軍曹ではなく少尉だと訂正、記念として「練兵場に置けるボトヴェド大尉、オレゾン少尉の写真、芝居とキネマ〔の雑誌か〕」、英文日本新聞発展史等を贈った」と記している。*

*――高石主幹は、高石真五郎（一八七八―一九六七）で、のちの同社最高顧問。

東京新聞の前身である国民新聞六月一日夕刊の記事は、朝日、毎日の両紙に比べて簡略だが、ボトヴェの名前が「ボートフェット」となっているものの、「鳥人」、「異国の空の勇者」と讃えて飛来の模様を、要点をとらえて報道している。「七十余日の苦しき航程」の表題に続く記事には「盟友の一機は途中で破損し　海賊に襲われた思い出話」と副題がつけられ、「ヘアーンシェッド中尉」がラングーンから二十八マイルの地点でエンジンの故障から不時着して飛行を断念したこと、ボトヴェが「海賊の巣寧海に不時着陸して掠奪団に襲われたことも使命を果し得た今日は一つの恐ろしい思い出話である」としてエピソードを伝えている。

国民新聞は城東練兵場に記者を派遣し、同社主催の歓迎会および講演会を開きたい旨をボトヴェに伝え、快諾を受けたが、同時に次のようなコメントを受け取り、「大阪電話」の記事として掲載している。

「大邱、釜山、岡山、大阪と予定の順路をことごとくほとんご順風に帆を揚げた如く楽々と飛行が出来た。最難関と目された朝鮮海峡も朝もやがすっかり晴れて下界を見下ろした時に絵のように浮き上がっている大和島根［敷島の大和］の美しさに恍惚とした。本日の飛行で日本領土内の飛行が如何に楽であるかを知るに及び、僅かの経験ながらも日本航空界が気流その他の上において非常に恵まれていることは羨ましい。大阪に着いて過日コペンハーゲンで面会した訪欧飛行の勇士安辺少佐の姿を見て感慨無量の感に打たれた」。

ボトヴェと安辺少佐とはおたがいに面識があったのである。

なお、国民新聞もボトヴェの所沢到着後の日程を掲げ、朝日新聞での記事には言及されていなかったが、第二日の同社主催のデンマークに関する講演会が国民講堂で、晩餐会は紅葉館で行なわれること、第三日の夜に観劇会が予定され、第四日には航空研究所を見学することになっていると記されている。* また、明治神宮と靖国神社の参拝は、第三日の予定に挙げられていた。

*――「航空研究所」であるが、一九一八年に深川区越中島に東京帝国大学付属航空研究所として開かれ、二一年に東京帝国大学航空研究所と改称された「航空研究所」は、二三年の関東大震災で大半が破壊され、のちに東京駒場に移って三一年に再建されている。ボトヴェたちが訪れる予定になっていたのは、越中島の旧航空研究所であった。

所沢

最後の航程に向けて大阪を八時四十分に出発。それがわれわれ二人にとって何を意味していたか、誰にでも容易に察することができるであろう。あと二時間ほどで長い旅の目的地に達することができる。最後の区間は日本陸軍の飛行隊が同行、R1号機は東京近郊の所沢飛行場までエスコートされた。
日本時間十一時五分、私はモーターを切り、ほとんど音もなく空を切って飛行場に向かった。そこではおびただしい数の人々がわれわれを待ち受けていた。滑空している間、われわれは喜びを爆発させて大声でウラー［万歳］を叫んだ。そして飛行機が緑地に止まると、オルセンと私は両手をしっかりと握りしめあった。何はともあれ当初の目的を貫徹できたことへの感謝の気持を、無言でおたがいに語っていた。

所沢での熱狂的な歓迎ぶりについてもボトヴェは記録していない。まさに圧倒されていたのであろうが、歓喜に酔いしれていてもまったく不思議のない快挙であった。
ひとまず六月二日付の日本の新聞の記事を読み進め、所沢到着後の様子を再現してみることにする。

大阪出発の模様について東京朝日新聞の夕刊は、電話情報としてボトヴェが多数の見送りの人々の中、城東練兵場を離陸し大阪市の上空を旋回したのちに、日本晴れの空を所沢に向かったと報道、同社の新野飛行士が生駒まで空中R1号機を見送った、とだけ記している。オルセンは依然として「オルゼン軍曹」とされている。

国民新聞はそれに加え、ボトヴェが大阪市民に敬意を表して自らの名前を記したビラを撒布した、と伝えている。

このビラは実は、大阪毎日新聞が斡旋したもので、「大阪毎日新聞を通じて　大阪市民諸君に敬意を表す　デンマーク国訪日飛行機操縦者　ボトヴェッド大尉」と記されていた。

同紙六月二日の夕刊は一面に「本社機の誘導の下に　丁抹機大阪を出発」と見出しを掲げ、副題に『本紙を通じて市民に敬意を表す』とのビラを上空から撒布」としてビラの写真を載せている。ビラの撒布は離陸直前に松岡少佐を通じて毎日新聞社がボトヴェに提案したもので、三千枚が用意されていた。徹底した演出ぶりはビラに留まらず、朝日新聞社の飛行機が離陸したのに続いて毎日新聞の羽太飛行士も離陸し、こちらは見出しにもあったように、なんと所沢まで誘導飛行したのだった。しかも、毎日新聞社のもう一機を操縦して和田飛行士も、生駒山まで見送りの飛行を行なっていた。

最終目的地であった所沢では、朝から歓迎の準備が行なわれていた。東京朝日新聞夕刊は、所沢全町各戸が国旗を掲げ、花火を間断なく打ち上げていたと伝えている。飛行場でも白布の目標が敷かれ、すでに九時過ぎから小学校生徒や在郷軍人、青年団員らが小国旗を手に詰めかけ、東京からはデンマーク代理公使のワーラン［ヴェールム］が館員とともに花束を抱えて出迎え、さらに安満航空本部長、波多野航空局長、児玉課長、斎藤埼玉県知事、長岡将軍等も自動車で乗り込んできた。*

*——安満航空本部長は、安満欽一（一八七一—一九六〇）陸軍中将で、一九二三年から航空本部長を務める。波多野航空局長は、波多野保二初代航空局長。一九二七年に逓信局長に就任。児玉課長は、児玉常雄（一八八四—一九四九）航空局技術課長、児玉源太郎陸軍大将の息子で後に大日本航空の総裁になる。斎藤埼玉県知事は、斎藤守圀（一八八四—一九四五）。

デンマーク機が浜松から三島を経て箱根に差しかかったころ、所沢から陸軍の乙式戦闘機三機が編隊で出迎えに出発した。やがて飛行場にR1号機が機影を現わすと、万歳の声が沸き起こり、同機は無事に着陸。デンマーク代理公使が真っ先に駆けつけてボトヴェとオルセンの両勇士に握手、続いて帝国飛行協会理事岸本少将の令嬢文子さんやデンマークの婦人数名が花束を献上した。*

*——出迎えの編隊は、所沢飛行学校の偵察機三機で、城寺、下山、川島の三中尉が操縦する乙式1型（サムル

ソン2A2型機)だった。須澤一男『雄飛――空の幕あけ所沢』二〇〇五年参照。岸本少将は、陸軍科学研究所の岸本綾夫(一八八八―一九八一)で、のちに陸軍大将、東京市長も務めた。

六月二日付の国民新聞夕刊によると、「握手と花の雨に　喜びの鳥人」という見出しで、文子令嬢が九歳で、それに続いて所沢小学生を代表して肥田原千鶴と小沢きみ子のふたりが花束を贈ったことを記している。三日付の大阪毎日新聞夕刊は、所沢に着いたデンマーク機の写真を紹介し、そのキャプションに、花束を捧げたのが「所沢町長の令嬢」としているが、これは誤りであろう。

所沢飛行場でR1号機の到着を待つデンマーク人たち。中央にデンマーク代理公使ヴェールム

上原中将と安満航空本部長もボトヴェと握手をし、それに対してボトヴェは、「伊豆半島を迂回したので予定より大分延着した。なかなかあの辺りの上層の気流は困難なものです。しかし非常に景色の好い点はなんといっても争えない」と語った旨、朝日新聞は伝えている。*

*——上原中将は、上原平太郎中将で、所沢陸軍飛行学校の校長だった。

そのあとで予定通りに将校集会所の歓迎会に臨み、来賓たちは都合七十八日間に及んだ航程二万キロの飛行成就を祝し、冷酒とスルメで気焔をあげた。そして十二時にボトヴェとオルセンは東京に向かった。ちなみに正式の記録によると、飛行時間の合計が百二十時間四十五分、航程距離一万七千二百キロメートルだった。

なお、陸軍の戦闘機のほかにも、朝日新聞の訪欧機「東風（こちかぜ）」を河内飛行士が操縦し、朝日第三十九号機を大島飛行士が操縦してともに立川飛行場を離陸し、R1号機を箱根上空まで出迎えた。富士山を背景にしてデンマーク機が写っている写真があるが、この時に撮られたものであろう。

翌二日には、中村東京市長がボトヴェとオルセンを市長室に招き、歓迎文と「満開の桜模様のある銀製大花瓶を一個ずつ贈ること」がすでに所沢到着後に発表されていて、朝日新聞が伝えている。国民新聞はさらに、花瓶には「日本文字で訪日飛行記念と刻してある」と記していた。

ここで、多少順序が前後し重複もあるが、外務省の史料からボトヴェの到着の様子をうかがっておくことにする。

まず、五月三十一日付で幣原外相は在スウェーデン永井公使宛に電報を送った。

丁抹飛行機三十一日午前八時四十分大邱発午後零時七分官民歓呼の裡大阪安着。

富士山の近くを飛行するR1号機。進行方向が逆になっている

府市及商業会議所連合の大歓迎会あり。同機は六月一日朝八時大阪発所沢に向予定。
所沢及東京の歓迎予定左の通り
第一日　飛行機の出迎、所沢官民の歓迎、自動車にて東京へ案内、帝国ホテル投宿。
第二日　陸海軍逓信外務各省及市役所歴訪、陸相及市長より記念品贈呈、陸相午餐会、午後国民新聞丁抹講演会に招待。
第三日　明治神宮靖国神社参拝。久迩総裁宮殿下より帝国飛行協会有功章授与、同協会午餐会、午後朝日新聞Tea party夜芝居見物。
第四日　航空研究所見学Boy scout歓迎会午後Botved中尉講演。

翌六月一日にも、「丁抹飛行機六月一日午前八時半大阪発十一時八分所沢安着」との電報を送ると、それに対して同日付で永井公使より幣原外相へ電報が返され、
丁抹飛行家歓迎情報は御送付の閣員写真と共に地方新聞に利用され有効なりしを喜ぶ、尚、重なる歓迎振りを示せる写真至急郵送請う
スウェーデンにあって永井公使は、デンマークへも情報と写真の提供を行なっていたのだっ

た。

さらに同じ六月一日付で幣原外相は永井公使宛に返信し、

Botved大尉〔中尉〕及Olsen軍曹〔少尉〕は一日午後七時半東京放送局より『親愛なる日本国民へ』との挨拶を放送し終って同局は両氏に銀杯を贈呈した

と知らせた。*

＊──東京放送局は、その前年一九二五年七月に愛宕山で放送を開始していて、二六年八月に日本放送協会（ＮＨＫ）が発足した。

愛宕山の東京放送局で録音中のボトヴェとオルセン

一方、ボトヴェとオルセンの「動向を探って」報告する義務のあった警視総監太田政弘は、同じ六月一日付の書簡を次の各氏に送った。

内務大臣若槻礼次郎殿
外務大臣男爵幣原喜重郎殿
陸軍大臣宇垣一成殿
海軍大臣財部彪殿
指定庁府県長官殿

用件はほかでもない「丁抹飛行将校入京の件」で、以下の内容であった。

帝国ホテル止宿
丁抹飛行大尉　エー・ピー・ボトウェッド
A. P. Botved
同機関技士　シー・ジェト・シー・オルセン

C. J. C. Olsen

右者本日大阪より飛来午前十一時過ぎ所沢に着陸の上、陸軍航空隊員の案内にて午後三時自動車にて入京肩書ホテルに入れるが明二日は陸軍、海軍、外務逓信等の各省を挨拶の為め訪問の予定

右及申（通）報候

同じ頃、大阪府知事中川望は、書簡からは上記の宛名に「逓信大臣安達謙蔵殿」を加えた以下の書簡を一日付で送っていた。

丁抹機飛来に関する件

首題の件に関しては四月十六日警保局外発甲第六二号を以って警保局長（貴官）より通牒の次第もあり注意中の処同機は操縦大尉ボトヴェドの外軍曹オルセン同乗昨三十一日大邱より飛来午後〇時十分大阪城東練兵場に着陸せしが神戸駐在の丁抹領事ハリーマクスウェル夫妻以下在神戸同国人拾数名之を迎え同所に於て師団府市商業会議所連合歓迎会を催し村岡師団長の祝辞に対しボ大尉は謝意を述べ同一時散会搭乗者は大阪ホテルに投宿昼餐を喫し夫《そ》れより朝日社を訪問したる後直に機体の手入を為したる外

格段の行動なく且《かつ》禁制品写真機無線電信機郵便物等を携帯し居りたる事実なく本朝八時四十分離陸所沢に向け出発せり

これを見れば判然とするように、官憲はいずれの土地でも、外国からの客人、それも国賓扱いを受けていたデンマーク人二人の動向を追うとともに、不正行為がなかったかどうか、監視の方に重点をおいていたのだった。

なお、横浜に届くはずだったデンマーク機のエンジンや部品類が神戸に到着したことを受けて、デンマーク代理公使ヴェールムは六月二日付で英文の文書を送り、税関審査に関する以前の決定が神戸でも適用されるよう要求した。この「丁抹陸軍飛行機用部分品通関方の件」に関する返答は、「敬承候」として六月八日になってから幣原外相より代理公使へ送られた。

地球の反対側、デンマークでもボトヴェが無事に最終目的地である東京に着いたことは六月一日付のポリチケン紙でひとまず次のように報道された。

ボトヴェ、昨夜東京に到着

昨深夜十二時、市庁舎の鐘が鳴る頃に、ボトヴェは大阪を出発して東京に向かった。途中の航路に巨大な円錐型の富士山が聳えているが、その上空は飛行できないために迂回する。この記事が書かれている最中にもボトヴェは水田と森に覆われた美しい景色の中、朝日に照らし出された富士山を見ながら飛行中である。富士山を背景にした写真の中央にボトヴェ、その下にはボトヴェが飛行した全航路の地図を掲げてある。

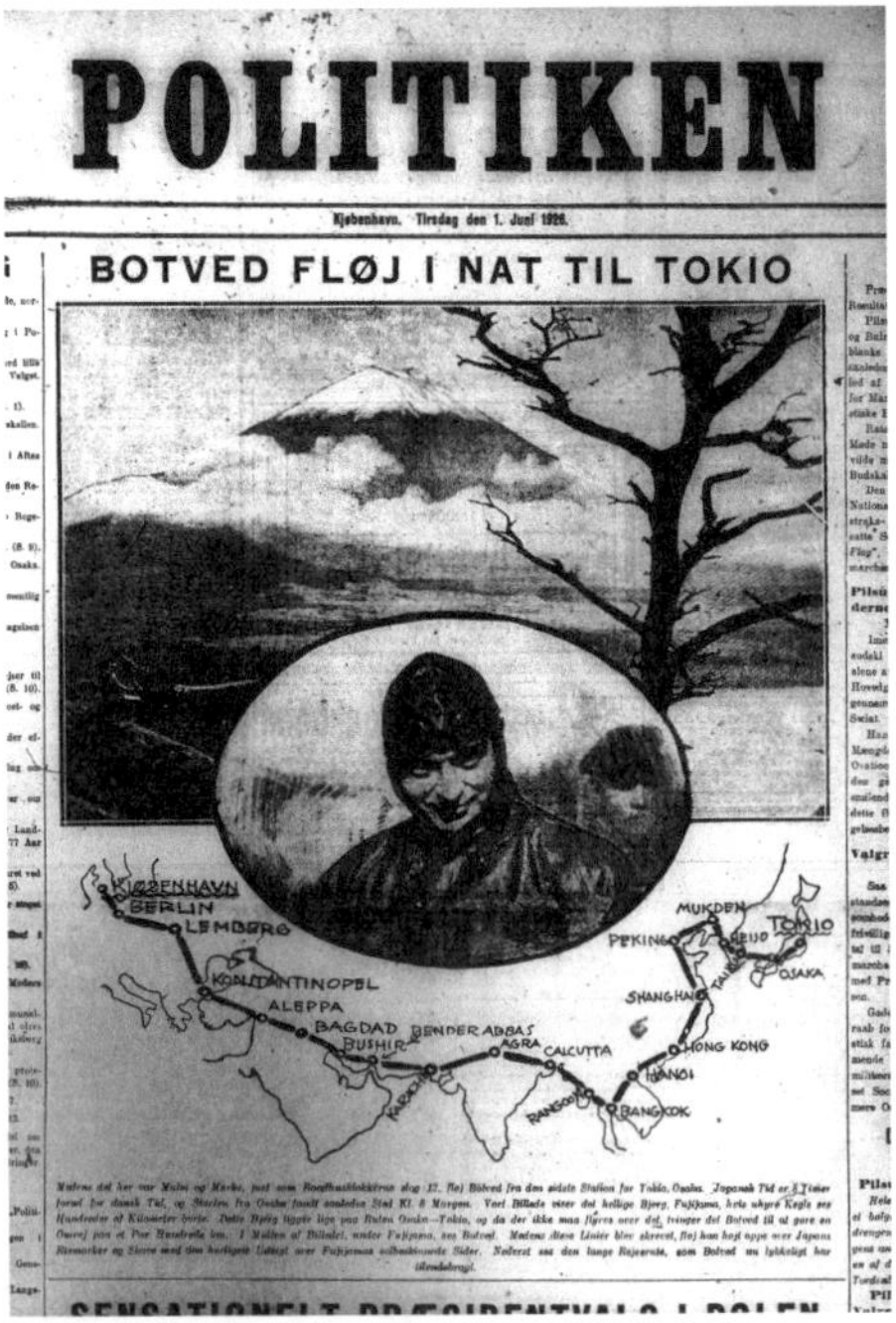
POLITIKEN
Kjøbenhavn. Tirsdag den 1. Juni 1926.
BOTVED FLØJ I NAT TIL TOKIO

ポリチケン紙6月1日の第1面

そして翌二日の紙面では大々的にボトヴェの快挙を取り上げた。その全文を翻訳して掲げておく。

（第一面）

デンマークの飛行士を迎える東京

写真＝歓迎色一色の東京［所沢］

写真＝東京［所沢］の市民たち

陸軍機二機がデンマークの同僚を空中で迎えた。日本の官庁が大いなる敬意を払ってボトヴェ大尉とその同伴者を歓迎、千にも及ぶ人々、二千人の学童もボトヴェを嵐のように歓迎し、デンマークや地元の役所から花束や祝辞が届けられた。

ボトヴェはポリチケン紙の特派員に対して、シベリアを飛ぶ帰路で記録をねらうつもりだ、と語った。

（第二面）

本紙特派員より　（複製を禁ず）　東京、火曜日

はるか遠い北の国から到着したということで、いっそうお伽のような輝きを放って迎えられた。

東京郊外二十キロメートルほどのところにある所沢飛行場では前日以来、歓迎準備におおわらわ。今朝早く、ボトヴェが定刻に大阪を出発したというニュース。航路途中で軍用機二機が飛び立ってボトヴェを迎えに出て先導した。飛行場では、あいにくどんより曇った空を、皆が見つめていた。

やがてエンジンの音が聞こえ、ボトヴェを先頭に三機が姿を現わす。ボトヴェは、二度三度旋回してから優美に着陸。

POLITIKEN

42. Aargang Nr. 241. Kjøbenhavn. Onsdag den 2. Juni 1926. 10 Maan. — 10 Øre.

ONSDAG

Vejret Onsdag: Vinddrejning mod Syd med Regn og noget over normal Varme.

Kl. 11 i Gaar Formiddags landede Botved paa Flyvepladsen uden for Tokio. (S. 1).

De japanske Myndigheder og den danske Legations Medlemmer beredte de danske Flyvere en storstilet Modtagelse. (S. 1).

De danske Flyvere hyldedes med Blomster, Gaver og stormende Ovationer. (S. 1).

Kaptajn Botved vil søge at sætte en Rekord paa Hjemvejen over Sibirien. (S. 1).

Botved modtog i Gaar en Mængde telegrafiske Hilsener herhjemme fra. (S. 1).

En smuk og hjertelig Udtalelse af den japanske Minister, Ekscellencen Nagai. (S. 1).

Løjtnant Herschend kan være her i Løbet af 3—4 Dage. (S. 6).

Vore ledende Artikler handler om Tivoli-Forbudet mod Radio-Udsendelser, om Omnibil-Ruten ad Frederiksberg Alle og om Situationen i Polen. (S. 7).

Slotskirken, som lukkes. (S. 7).

Den store Arbejdskamp i Norge er endt. (S. 6).

Grundstenen til det nye fysiologiske Institut i Fælledparken nedlagdes i Gaar. (S. 5).

Undervisningsministeren murede den første, Rector magnificus den anden og Prof. Henriques den tredje Sten. (S. 5).

Mrs. Johnson vil omdanne Bogø til en mondæn Badeø. (S. 3).

Det Forenedes Fragtpolitik angribes paa Færøerne. (S. 7).

Staten indvier den færdigbyggede Lufthavn. (S. 4).

Forfatteren Svend Fleuron protesterer mod Flyverruterne over Byens Villakvarterer. (S. 2).

Radioprogrammerne. (S. 6).

I Kroniken udtrykker Forfatteren Jo-…

TOKIOS VELKOMST TIL DE DANSKE FLYVERE

To japanske Militærflyvere fløj deres danske Kollega i Møde. — De japanske Myndigheder modtog Kaptajn Botved og hans Ledsager med store Æresbevisninger. En tusindtallig Menneskemængde og 2000 japanske Skolebørn hilste Botved velkommen med stormende Ovationer. Blomster og talrige Lykønskninger fra Danmark og de lokale Myndigheder.

KAPTAJN BOTVED UDTALER SIG TIL „POLITIKEN"S KORRESPONDENT. — PAA HJEMVEJEN OVER SIBIRIEN VIL HAN FORSØGE AT SÆTTE EN REKORD

ske Tokiofpaær det første Velkommen og en Hyldest for hans saa smukt gennemførte Præstation, og som beredte ham en overordentlig storstilet og ærefuld Modtagelse. Som en ganske særlig Opmærksomhed mod den kække Flyver havde 2000 japanske Skolebørn taget Opstilling paa Flyvepladsen, forsynet med japanske og danske Flag, med hvilke de vinkede Botved og Overofficiant Olsen Velkommen, idet de dalede ned over Flyvepladsen. I samme Nu hilstes de af et tusindtalligt Hyldestraab fra den ventende Menneskemængde.

To Nationers Blomsterhilsen.

Saa snart Botveds Motor var standset og Propellerne faldet til Ro, fik han overrakt japanske og danske Blomsterbuketter. De første to blev givet ham af to nydelige unge japanske Piger, Miss Fumiko, en Datter af General Kishimoto, og af Miss Kiku, der overrakte Blomsterne paa de japanske Skolebørns Vegne. Saa traadte den danske chargé d'affaires Ejnar Wærum frem med Blomsterhilsener fra Danmark. Det var to Buketter af Aarstidens festligste Flora, omvundet med røde og hvide Baand, den ene fra Journalistforeningen, den anden med Inskriptionen: Hilsen og Hyldest fra Politiken.

De næste Gratulanter var General

En festsmykket Gade i Tokio, hvor Botved i Gaar fejredes.

Typer af Befolkningen i Tokio.

ポリチケン紙6月2日の第1面

この珍事を見ようと、地元の人々はもとより、東京からも大勢の人が押しかけた。

空港の一隅には、日本政府の高官、軍の上層部の人々とともに、デンマーク代理公使アイナー・ヴェールム、デンマーク領事オーエ・ヘルボーン・ハンセン、ヒュー＝グルベア大使館員が偉業を成し遂げたボトヴェを称えるべく出迎えた。

飛行場には学童二千人が日本国旗とデンマークの国旗を持って立ち並び、デンマーク機が下降してくるや、一斉に万歳を唱えた。機体が静止し、プロペラが止まると、日本デンマーク両国から花束が贈呈された。まず岸本将軍の娘さんフミコ、そして学童たちを代表してキク嬢が花束を贈り、続いて代理公使ヴェールムがデンマークから

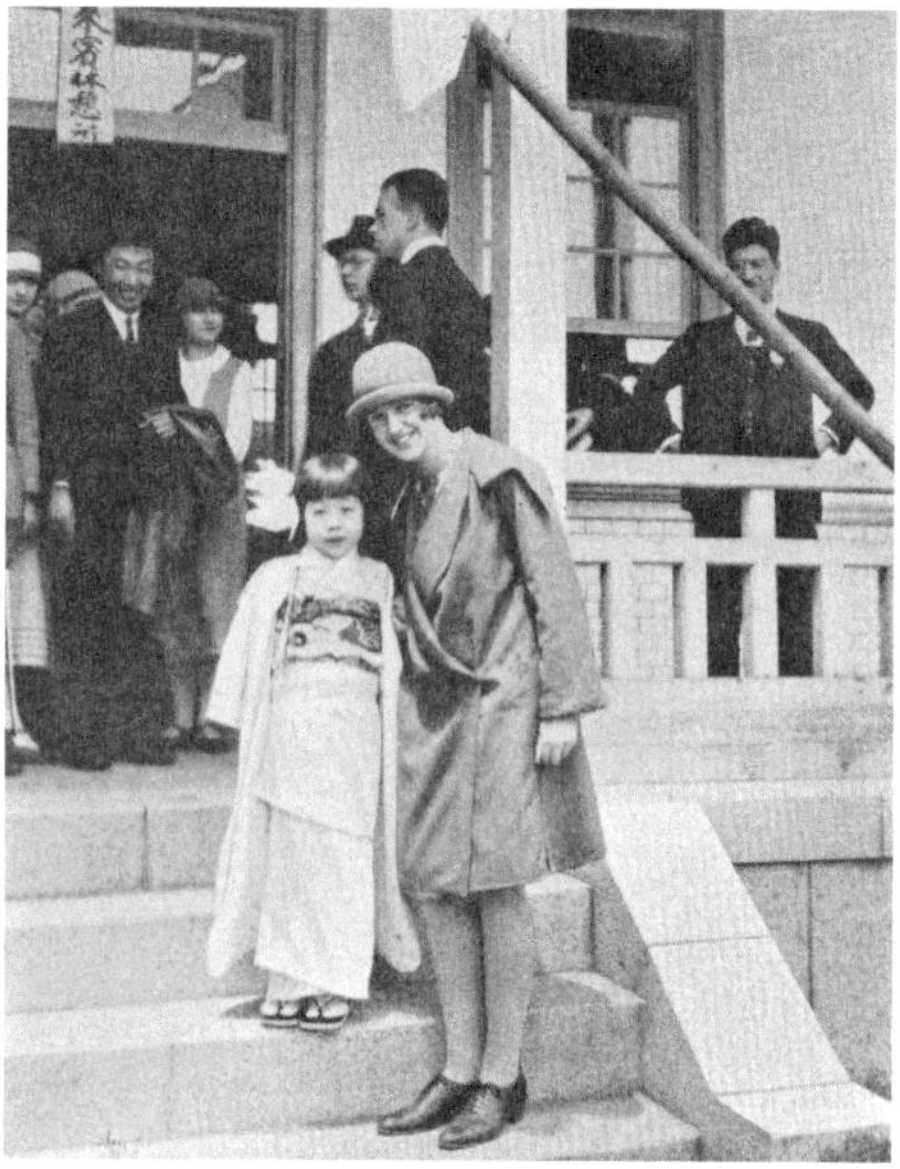

岸本将軍の令嬢文子とデンマーク領事オーエ・ハンセンの令嬢ルートゥ

花束をふたつ手渡した。季節の花が束ねてあり、紅白のリボンが結ばれていた。ひとつはジャーナリスト協会から、もうひとつには「祝　ポリチケン社」と記してあった。

写真＝ヴェールム代理公使

写真＝宇垣陸軍大臣

次に歓迎の言葉を述べたのは岸本将軍と長岡将軍、帝国航空協会の会長［坂谷男爵］だった。さらに、民間や軍関係の人々が挨拶を述べ、それに対してボトヴェが応えた。東京市長はボトヴェたちに絹織物と美しい陶

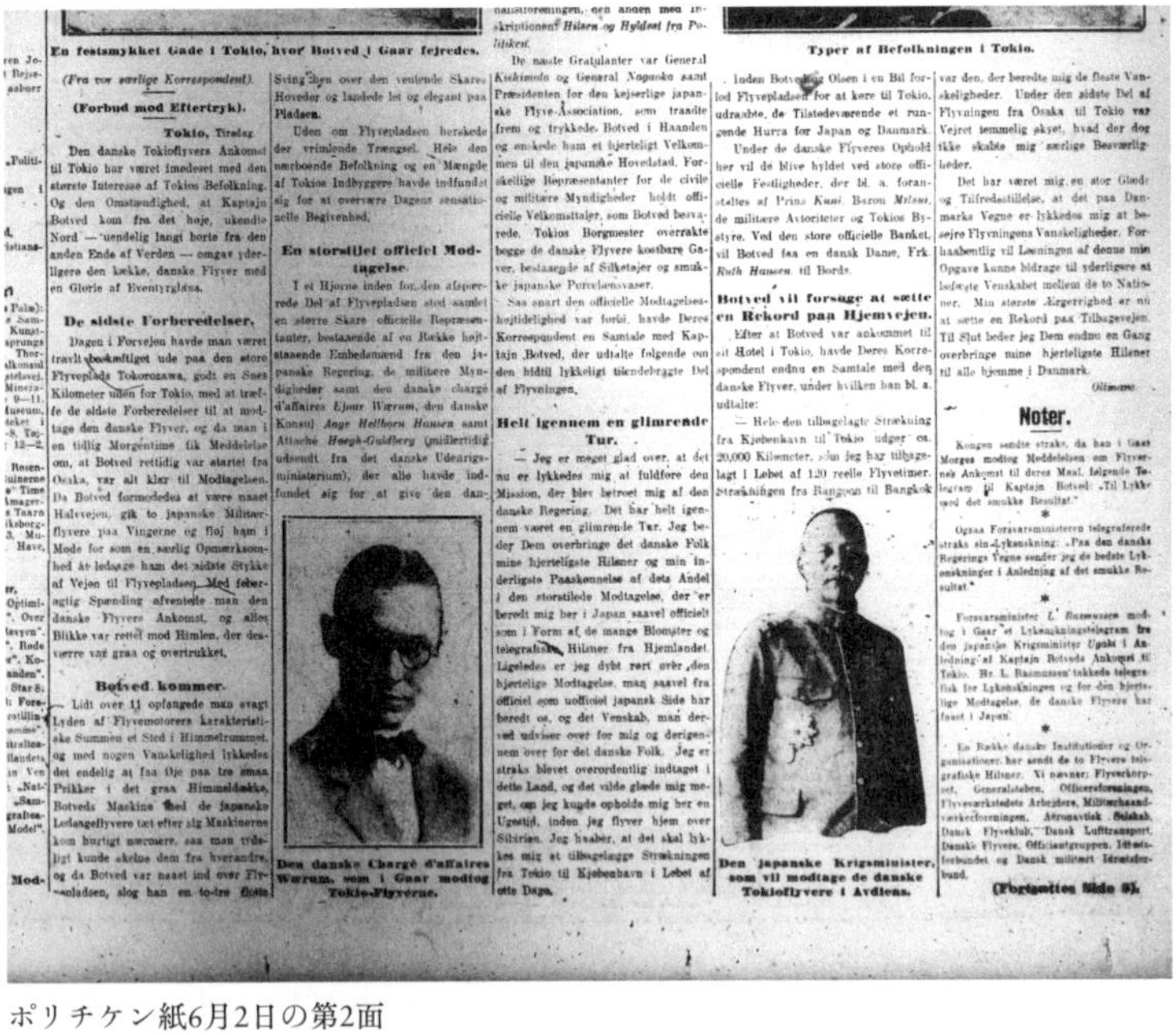

En festsmykket Gade i Tokio, hvor Botved i Gaar fejredes.

(Fra vor særlige Korrespondent).

(Forbud mod Eftertryk).

Tokio, Tirsdag.

Den danske Tokioflyvers Ankomst til Tokio har været imødeset med den største Interesse af Tokios Befolkning. Og den Omstændighed, at Kaptajn Botved kom fra det høje, ukendte Nord — uendelig langt borte fra den anden Ende af Verden — omgav yderligere den kække, danske Flyver med en Glorie af Eventyrglans.

De sidste Forberedelser.

Dagen i Forvejen havde man været travlt beskæftiget ude paa den store Flyveplads Tokorozawa, godt en Snes Kilometer uden for Tokio, med at træffe de sidste Forberedelser til at modtage den danske Flyver, og da man i en tidlig Morgentime fik Meddelelse om, at Botved rettidig var startet fra Osaka, var alt klar til Modtagelsen. Da Botved formodedes at være naaet Halvvejen, gik to japanske Militærflyvere paa Vingerne og fløj ham i Møde for som en særlig Opmærksomhed at ledsage ham det sidste Stykke af Vejen til Flyvepladsen. Med feberagtig Spænding afventede man den danske Flyvers Ankomst, og alles Blikke var rettet mod Himlen, der desværre var graa og overtrukket.

Botved kommer.

— Lidt over 11 opfangede man svagt Lyden af Flyvemotorers karakteristiske Summen et Sted i Himmelrummet, og med nogen Vanskelighed lykkedes det endelig at faa Øje paa tre smaa Prikker i det graa Himmeldække, Botveds Maskine med de japanske Ledsageflyvere tæt efter sig. Maskinerne kom hurtigt nærmere, saa man tydeligt kunde skelne dem fra hverandre, og da Botved var naaet ind over Flyvepladsen, slog han en to-tre flotte Svingninger over den ventende Skare Hoveder og landede let og elegant paa Pladsen.

Uden om Flyvepladsen herskede der vrimlende Trængsel. Hele den nærboende Befolkning og en Mængde af Tokios Indbyggere havde indfundet sig for at overvære Dagens sensationelle Begivenhed.

En storstilet officiel Modtagelse.

I et Hjørne inden for den afspærrede Del af Flyvepladsen stod samlet en større Skare officielle Repræsentanter, bestaaende af en Række højtstaaende Embedsmænd fra den japanske Regering, de militære Myndigheder samt den danske chargé d'affaires *Ejnar Wærum*, den danske Konsul *Aage Hellborn Hansen* samt Attaché *Høegh-Guldberg* (midlertidig udsendt fra det danske Udenrigsministerium), der alle havde indfundet sig for at give den dan-

Den danske Chargé d'affaires Wærum, som i Gaar modtog Tokio-Flyverne.

…nalistforeningen, den anden med Inskriptionen: *Hilsen og Hyldest fra Politiken*.

De næste Gratulanter var General *Kishimoto* og General *Nagaoka* samt Præsidenten for den kejserlige japanske Flyve-Association, som traadte frem og trykkede Botved i Haanden og ønskede ham et hjerteligt Velkommen til den japanske Hovedstad. Forskellige Repræsentanter for de civile og militære Myndigheder holdt officielle Velkomsttaler, som Botved besvarede. Tokios Borgmester overrakte begge de danske Flyvere kostbare Gaver, bestaaende af Silketøjer og smukke japanske Porcelænsvaser.

Saa snart den officielle Modtagelseshøjtidelighed var forbi, havde Deres Korrespondent en Samtale med Kaptajn Botved, der udtalte følgende om den hidtil lykkeligt tilendebragte Del af Flyvningen.

Helt igennem en glimrende Tur.

— Jeg er meget glad over, at det nu er lykkedes mig at fuldføre den Mission, der blev betroet mig af den danske Regering. Det har helt igennem været en glimrende Tur. Jeg beder Dem overbringe det danske Folk mine hjerteligste Hilsner og min inderligste Paaskønnelse af dets Andel i den storstilede Modtagelse, der er beredt mig her i Japan saavel officielt som i Form af de mange Blomster og telegrafiske Hilsner fra Hjemlandet. Ligeledes er jeg dybt rørt over den hjertelige Modtagelse, man saavel fra officiel som uofficiel japansk Side har beredt os, og det Venskab, man derved udviser over for mig og derigennem over for det danske Folk. Jeg er straks blevet overordentlig indtaget i dette Land, og det vilde glæde mig meget, om jeg kunde opholde mig her en Ugestid, inden jeg flyver hjem over Sibirien. Jeg haaber, at det skal lykkes mig at tilbagelægge Strækningen fra Tokio til København i Løbet af otte Dage.

Typer af Befolkningen i Tokio.

Inden Botved og Olsen i en Bil forlod Flyvepladsen for at køre til Tokio, udraabte de Tilstedeværende et rungende Hurra for Japan og Danmark.

Under de danske Flyveres Ophold her vil de blive hyldet ved store officielle Festligheder, der bl. a. foranstaltes af Prins *Kuni*, Baron *Mitsui*, de militære Autoriteter og Tokios Bystyre. Ved den store officielle Banket vil Botved faa en dansk Dame, Frk. *Ruth Hansen*, til Bords.

Botved vil forsøge at sætte en Rekord paa Hjemvejen.

Efter at Botved var ankommet til sit Hotel i Tokio, havde Deres Korrespondent endnu en Samtale med den danske Flyver, under hvilken han bl. a. udtalte:

— Hele den tilbagelagte Strækning fra København til Tokio udgør ca. 20,000 Kilometer, som jeg har tilbagelagt i Løbet af 120 reelle Flyvetimer. Strækningen fra Rangoon til Bangkok var den, der beredte mig de fleste Vanskeligheder. Under den sidste Del af Flyvningen fra Osaka til Tokio var Vejret temmelig skyet, hvad der dog ikke skabte mig særlige Besværligheder.

Det har været mig en stor Glæde og Tilfredsstillelse, at det paa Danmarks Vegne er lykkedes mig at besejre Flyvningens Vanskeligheder. Forhaabentlig vil Løsningen af denne min Opgave kunne bidrage til yderligere at befæste Venskabet mellem de to Nationer. Min største Ærgerrighed er nu at sætte en Rekord paa Tilbagevejen. Til Slut beder jeg Dem endnu en Gang overbringe mine hjerteligste Hilsner til alle hjemme i Danmark.

Ollmann.

Den japanske Krigsminister, som vil modtage de danske Tokioflyvere i Audiens.

Noter.

Kongen sendte straks, da han i Gaar Morges modtog Meddelelsen om Flyvernes Ankomst til deres Maal, følgende Telegram til Kaptajn Botved: „Til Lykke med det smukke Resultat."

*

Ogsaa Forsvarsministeren telegraferede straks sin Lykønskning: „Paa den danske Regerings Vegne sender jeg de bedste Lykønskninger i Anledning af det smukke Resultat."

*

Forsvarsminister *L. Rasmussen* modtog i Gaar et Lykønskningstelegram fra den japanske Krigsminister *Ugaki* i Anledning af Kaptajn Botveds Ankomst til Tokio. Hr. L. Rasmussen takkede telegrafisk for Lykønskningen og for den hjertelige Modtagelse, de danske Flyvere har faaet i Japan.

*

En Række danske Institutioner og Organisationer har sendt de to Flyvere telegrafiske Hilsner. Vi nævner: Flyverkorpset, Generalstaben, Officersforeningen, Flyveværkstedets Arbejdere, Militærhaandværkerforeningen, Aeronautisk Selskab, Dansk Flyveklub, Dansk Lufttransport, Danske Flyvere, Officiantgruppen, Idrætsforbundet og Dansk militært Idrætsforbund.

(Fortsættes Side 8).

ポリチケン紙6月2日の第2面

器の花瓶を贈った。公式の歓迎会が終わった後、ポリチケン社の特派員はボトヴェと会見を行ない、次のような談話を得た。

デンマーク政府に託された使命を全うすることができ、大変喜んでいます。まったくもって素晴らしい飛行でした。公的にこうして盛大な歓迎をしてくださり、また花束やたくさんの電報を故国から送ってくださって、心より感謝しています。どうかデンマーク国民のみなさんにくれぐれもよろしくお伝えください。また、日本側からも公私を問わず心のこもった歓迎が行なわれ、そうして私とデンマークに向けられた友情に感動しています。私は即座にこの国が非常に気に入りました。シベリア経由で帰国するまでの一週間滞在することができるので、今から楽しみです。東京からコペンハーゲンまでを八日で飛行したく思っています。

ボトヴェが飛行場から車で東京に向かうにあたり、轟くばかりの日本万歳、デンマーク万歳の声が上がった。

ボトヴェの東京滞在中には公式の歓迎会が久迩宮、ミツイ男爵［不明］、陸軍上層部、東京市長らが参加して催されることになっている。また、盛大な晩餐会では、デンマーク女性、ルートゥ・ハンセン嬢がボトヴェに同伴する。

東京のホテルに到着してから、ポリチケン紙の特派員はもう一度インタヴューをする機会を得、次のような話を聞いた。

コペンハーゲンから東京まで、全航程約二万キロメートル、それを実質百二十時間で飛行しました。ラングーンからバンコクまでが一番問題が多かった区間でした。最後の区間であった大阪から東京までは、曇っていましたがさほど問題はありませんでした。飛行上の難問を解決できたことは、デンマークにとっても非常な喜びであり、大いに満足しています。私に与えられた課題を全うすることで、両国間の絆がさらに固く結ばれるようになることを望んでいます。一番残念なのは、記録を帰路で作らなければならなくなったことです。最後にもう一度、デンマーク国民のみなさんに、くれぐれもよろしく伝えて下さるようお願いいたします。

付記

国王は、昨夜ボトヴェが目的地に到着したとの連絡を受け、次のような電報を送った。「素晴らしい成果、おめでとう」。

国防大臣の電報——「デンマーク政府を代表して、素晴らしい成果をお祝いいたします」。

国防大臣L・ラスムセンは、宇垣陸軍大臣からボトヴェ東京到着に際して祝電を受け、それに対して礼を述べるとともにデンマークの飛行士が日本で受けた歓迎に対しても感謝する旨、返電した。

デンマークの数々の省庁、協会組織等が祝電を送ったが、主なものは次の通り。

航空隊、参謀本部、将校会、航空整備所、陸軍工員協会、航空協会、デンマーク飛行クラブ、デンマーク航空運輸、デンマーク飛行士会、准尉会、スポーツ協会、デンマーク陸軍体育会。

東京

六月一日火曜日

東京に着き、帝国ホテルに落ち着いたボトヴェがまず行なったのが、故国に電報を送ることだった。二日付の大阪毎日新聞夕刊はその内容を以下のように紹介している。

「吾等は使命を奉じて極東に飛び、今日その最後の地点たる東京に到着したよろこびは筆舌のつくすところではありません。長途の空中飛行中格別のあやまちもなく、ただ飛行機の不完全のため一回不時着したのみで飛行家の失策は一回もありません。吾等は東京に七日間滞在の後シベリアを経て帰還飛行をするが、二週間で故国に到着する予定である。吾等は日本国民の非常なる歓迎を受けたが、この飛行がやがて日本とデンマーク両国の親善関係を飛躍的に増進し、将来両国の飛行家が相互に往復して文化と友情を交換することになったならば、世界は実に一家族の如くなるでしょうから、実に慶賀すべきである」。

それに応えるように、すでに言及してあるが、デンマークからも祝福の電報が続々と届いた。国王クリスチャン十世を筆頭に、国防大臣ほか、公私を問わずの祝電を受け取って、ボトヴェは、「これらの祝電は、祖国で皆が興味深く飛行を見守ってくれていた証拠であり、われわれ二人を感激させるとともに大いに喜ばせてくれた」と著書に記している。

ちなみに国民新聞は、どこで入手したものか、デンマークからの祝電の内容を翻訳して三日付の夕刊で紹介している。

丁抹クリスチャン十世　朕こゝに大尉の成功を祝す

丁抹国防大臣ラスムセン　余は丁抹政府を代表し貴官の卓絶なる伎倆に対し此機会に於て満腔の祝意を表す

続けてボトヴェは著書に次のように書いている。

天皇の国の首府での滞在は十四日以上に及んだ。その細部に触れることは、大変な努力を要することになる。実際、一冊の本が書けるくらいである。すでにコペンハーゲンを出発するひと月ほど前に、日本の陸軍省から、「予算の関係上」、大体の到着日を知らせるよう、要請があった。われわれは国家予算計上の対象になっていたわけで、それについて考えさせられるはめになってしまった。実に細かい配慮のもとに歓迎のプログラムが作成された。すべてが完璧に運ぶように準備され、すべてが完璧に遂行された。朝早くから夜遅くまで、われわれは動き回ることになった。

こう書いてからボトヴェは、「以下の、最初の五日間のプログラムを見れば、日本人の友人たちもわれわれも寝転がっていたのではなかったことが知れるであろう」として、まず六月一日火曜日の予定を、「飛行場で歓迎会。代理公使のもとで夕食。ラジオ放送」と挙げている。

ラジオ放送は、夜七時二十五分から「親愛なる日本国民へ」として放送されることになった。デンマーク公使館の飯山茂氏が通訳をする、と国民新聞は伝えている。東京朝日新聞夕刊は、放送が「愛宕山の放送局」すなわちＮＨＫで行なわれ、その「才気あふるる愉快な演説」の内容を囲み記事に写真を付けて次のように紹介している。

青々と野から野を覆うた麦畑、新緑の山々……日本の今日の景色は全く七月の故国デンマークそのままでした。私達は日本に来て実に言いようもないうれしさです。先日は私の国の、かのおとぎ話の大家アンデルセンの百年祭をこの東京で開催されたという話を聞き、一層うれしさがこみ上げて来た。どうぞ皆さん日本の方々もデンマークをよりよく知って下さい。過日の安辺、河内君がなした訪欧大飛行は実に見事な成績でしたが、さらに日本が次の大飛行を計画する場合には、ぜひともデンマークを訪れて下さい。

ちなみに、「アンデルセンの百年祭」というのは誤りで、前年の一九二五年に開かれた「没後五十年記念祭」のことである。

話が多少それるが、同紙は同じ面で、ボトヴェと同じく訪日飛行を試みていたフランスのドアジー少佐の消息を伝え、五月二十六日ワルシャワ出発の際に墜落して機体を大破したため飛行継続を危ぶまれていたが、七日に再び試みることになったと記している。ライバル同士であったボトヴェとドアジーの動向には日本でも注目していた様子が知れる。なお、同じ外電による記事は、国民新聞も掲載していた。

その国民新聞はさらに、ボトヴェとオルセンの帝国ホテルの部屋番号が三三一と三三三であることまで伝えているだけではなく、愛宕山での放送の後、放送局から「空路によって東西を繋げる勇士に」と彫刻した銀製カップを両人が贈られていることも記している。

また、その記事に続けて、平壌の青木戒三知事がデンマーク機に託して徳富蘇峰に宛てた書簡を公表している。* その中で注目すべきは、青木がデンマーク人の訪日に関連して次のように指摘している箇所である。

斯くの如き機会に於いて両国の交誼を厚くし同国〔デンマーク〕の農業組織および農業教育の長所を帝国〔日本〕に受け入るる事を得ば、益する所すくなからずと存じ候

酪農国デンマークへの注目は、前年一九二五年にデンマークを訪れたキリスト者賀川豊彦が行なっていた。**

＊――徳富蘇峰（一八六三―一九五七）は明治から昭和にかけての代表的ジャーナリストで、国民新聞を一八九〇年に創刊した。大著『近世日本国民史』（全百巻、一九一八―五二）を出版したことで知られているが、当時は「田沼時代」の章を執筆中だった。

＊＊――賀川豊彦のデンマーク訪問については、紀行文『雲水遍路』の「デンマークの印象」という項に綴られている（『賀川豊彦全集』第二十三巻、同刊行会編、キリスト新聞社、一九六三年所収）。

余談になるが、デンマーク訪日飛行機に関してはあまり報道していなかった読売新聞は、六月一日付の「よみうりラヂオ版」で所沢到着を告げ、「直ちに東上愛宕山からラヂオであいさつ」との見出しのもと、簡単にボトヴィェ大尉の日本訪問を報道しているのであるが、その記事の中で、「途中先にバンコック付近で故障のために飛行中止をしたヘイヤシェセント大尉の一機と合して再び翼を連ねて帰るらしい」などと、まったく根拠のない憶測を書いている。もちろん、「バンコック」も「大尉」も誤りである。

六月二日水曜日

午前中は数えきれないほどの公式訪問。十二時に陸軍大臣の昼食会。参加者百名以上。午後は国民新聞のレセプション。夜は歓迎委員会の夕食会（和風）。

東京での二日目もボトヴェは多忙だった。三日付の東京朝日新聞夕刊に拠ると、ボトヴェとオルセンは午前九時に自動車で陸相宇垣一成を訪問し、無事に着京したことを祝福され、「記念品として美しい武者人形を贈呈されて『サムライ、サムライ』と喜んだ」ことを伝えている。ちなみにこの日のボトヴェとの出会いについて、『宇垣一成日記』にはまったく言及がない。

そこから十時半に中村東京市長を訪れて花瓶を贈られ、さらに陸海軍各省、逓信省、航空本部を歴訪、十二時からは帝国ホテルで開かれた陸相の歓迎宴に招かれた。これにはハンセン在横浜デンマーク領事、岡田文相、波多野航空局長、長岡将軍ほか多数が出席した。デザートコースに入ってから陸相が歓迎の辞を述べ、井出〔宣時〕少佐が通訳、これにボトヴェが感謝の意を述べて乾

宇垣陸相を訪問したボトヴェ。右端はヴェールム代理公使

[上]両国国旗に飾られた帝国ホテルにおける宇垣陸相主催の昼食会の模様。階上で海軍軍楽隊が演奏し、その最後の曲目がデンマークの著名な作曲家ロンビューの「シャンペン・ギャロップ」だった
[下]昼食会のレセプション、中央にオルセンとボトヴェ、左に宇垣陸相

杯した。*


*——中村東京市長は、中村是公(よしこと、ぜこう 一八六七—一九二七)、満鉄総裁などを務めた後、一九二四年に就任した第九代東京市長で、関東大震災後の東京の復興に尽力した。

ハンセン在横浜デンマーク領事は、オーエ・ヘルボーン・ハンセン(Aage Hellborn Hansen 一八七七—一九五五)で、一九二四年から在横浜デンマーク領事だった。当時の在日デンマーク人グループでの代表的人物。

岡田文相は、岡田良平(一八六四—一九三四)で、京都帝国大学総長などを務めたあと、当時は第一次若槻礼次郎内閣の文部大臣。

井出宣時(一八八六—一九五八)はイギリス駐在の経験があり、当時は陸軍省副官兼陸軍大臣秘書官の地位にあった。一九二九年に陸軍中将に昇格、旅順要塞司令官を務めた。


陸相の歓迎会は二時五十分に閉会したと伝えられているが、ボトヴェは、二時半から国民新聞主催の「丁抹機歓迎講演会」に出席することになっていた。聴講随意の講演会は「国民講堂」で行なわれ、ボトヴェとオルセンが出席し、徳富蘇峰の歓迎の辞とデンマーク代理公使ヴェールムの挨拶の後、陸軍中佐永田鉄山、陸軍大佐井上繁則、外務書記官二瓶兵治、平林広人各氏が講演をした。

ボトヴェが記録している夜の夕食会は、このメンバーが集まって行なわれたものであろう。*

*――国民講堂は、京橋区加賀町にあった国民新聞社の講堂。陸軍中佐永田鉄山(一八八四―一九三五)は、陸軍内部統制派のトップだった秀才軍人、のち三五年に皇道派の相沢三郎に殺害された。平林広人(一八八六―一九八六)はデンマーク紹介者。一九二四年からデンマークに留学し、二六年に帰国していた。

講演の模様は三日付の国民新聞に紹介されている。定刻前から大衆に埋まっていた講堂には、松井、古谷両少将、井上海軍少佐、岩下少佐を初め多数の陸海軍将校が待っていた。やがてボトヴェとオルセンがデンマーク代理公使ヴェールムに伴われて現われ、満堂われんばかりの歓迎ぶりに、ボトヴェは瞳に感激の光をこめてこれを受けた、と国民新聞は記している。徳富社長は、次のような歓迎の辞を述べた。

幾多の苦闘を続け、大成功を収めた両勇士に対し皆さんと共に深厚なる歓迎の意を表します。昔からデンマークは、海の勇士であったが、更に天空を支配せんとしている。何たるえらい国民であろう。山椒は小さいが辛い。デンマークは国は小さい、人口も少ない。しかし実に世界に於ける山椒である。国の位、国の力、国の信用は面積の大小で定まるものではない。国民の品性と能力、この二つの点でデンマークは世界最上の国である。デンマークからの勇士、代表者に対し、深厚なる敬意を表する次第である。殊に我が社は、国民教育奨励会でフォード博士を介しデンマークを日本全国に紹介した。その国からの両勇士に対し、この機会に於いて皆さんと共に満腔の心を以て歓迎します。*

*——国民教育奨励会は、国民新聞一万号発行記念事業として、一九一九年十二月に国民教育の向上、透徹を希図して発起された。

それに対して主賓のボトヴェはデンマーク語で挨拶をした。

親愛なる紳士諸君！　私は昨日（一日）御当地に到着いたして以来次から次とひっきりなしに各方面の御招待にあずかっていますが、数日間は忙殺されると思います。私の十分の経験を申上げることは容易ではないので、ただ本講堂に於ける、かかる熱誠のあふるる御会合をお開き下さいましたことに対し、感謝の意を述ぶることだけに止めさせていただきます。貴国と私の国はすでに友情に密なるものあり、色々な集りに出る度に深刻さを加えるのです。空を通じ〔それを〕益々厚くするの一助になったことを喜び、また国民新聞社長徳富蘇峰先生を通じ読者各位に心からの敬意を御伝え下さるよう願う次第である。

この後でヴェールム代理公使の挨拶があって式が終わると、国民新聞からボトヴェとオルセンに対し記念品として両国旗を立てた枠付きの当日の歓迎会の写真が贈られた。

六月三日木曜日

代表的な神社である明治神宮と靖国神社（軍事神社）の二カ所を公式訪問。久迩宮殿下から航空協会の金製メダルを贈られる。銀行クラブで航空協会主催の昼食会。午後は朝日新聞のレセプション。夜にはデンマーク公使館が日本の要人を招いて開く晩餐会*

*——銀行クラブは、東京丸の内に一八九九年に創立された銀行倶楽部である。

ボトヴェの公式訪問が続く。明治神宮と靖国神社の訪問の仔細に関しては、いずれの新聞も言及していないが、靖国神社の「社務日誌」には、「六月三日晴」の項に、次のような記述がある。

午前九時ボーランド［デンマーク］飛行士二名正式参拝をなす陸軍省鈴木副官堀空航［航空］兵大佐外二名参列せり*

その日はまず午前に靖国神社を訪れ、その後で明治神宮を訪問したことがこれで知れる。なお、靖国神社には「外国人参拝署名簿」が残されており、「大正十五年六月三日丁抹飛行士」の項にボトヴェとオルセンの署名が記されていた。

*——鈴木副官は鈴木孝雄（一八六九―一九六四）で、当時は陸軍中将で陸軍技術本部長。一九二七年に陸軍大将に昇進。戦後は五四年から五八年まで偕行社会長。
堀航空兵大佐は堀丈夫《ほりたけお》（一八八一―一九五二）で、一九三三年に陸軍中将、所沢飛行学校長を務める。三五年に第一師団長。

ボトヴェの自著には、靖国神社訪問というキャプションのついた写真が掲載されているが、これは誤りで、同日午後に訪れた明治神宮の写真であった。けれども、ボトヴェが靖国神社が軍隊関係の神社である旨をわざわざキャプション中で断っているのが注目される。当時の靖国神社は陸軍の管轄下にあり、軍事施設であった。

ボトヴェの著書には「久迩宮殿下から航空協会の金製メダルを贈られた」とあるが、これは四日付の大阪毎日新聞夕刊によれば、三日午前十時に帝国飛行協会総裁である久迩宮殿下の宮廷を訪れて拝啓した折に、慰労の言葉とともに賜われた有功章であった。

ところがそれとは別に、ボトヴェとオルセンは次のような異例の叙勲を受けていたことが報

明治神宮を参拝したオルセンとボトヴェ

じられている。

陸軍航空兵大尉　エー・ビー・ボトヴェド　叙勲五等授瑞宝章
陸軍二等技師　少尉相当　シー・チー・オレゾン　叙勲六等授瑞宝章

ボトヴェの著書にそのことが記されていないのが謎である。

なお、同紙のその記事のすぐ上で、北京に戒厳令が敷かれたこと、国民軍が連合軍と北京の西北で戦闘中であること、さらに奉天の張作霖が天津に向かう準備をしていることを報道している。

また、ボトヴェとオルセンが叙勲したことは、六月三日の幣原外相より永井公使宛の電報で、

久迩宮殿下から航空協会の金製メダルを贈られるボトヴェとオルセン

「Botved大尉勲五等瑞宝章Olsen機関士勲六等瑞宝章三日叙勲せらる」とスウェーデンを通じ、デンマークに知らされていた。

三日午後の朝日新聞社訪問は、茶話会への招待で、ボトヴェとオルセンのほかに来賓としてヴェールム代理公使以下、航空本部や帝国飛行協会の面々が参加し、朝日新聞社の要人がこれを迎えた。二勇士は七宝焼の花瓶を贈呈され、万歳三唱で祝福された。四日付の同紙にその場の写真が掲載されている。

国民新聞は、前述の国民教育奨励会発起の趣旨にもあったように、国民教育に尽力すべく紙面を構成していたが、四日付の同紙第五面「小学生の新聞」欄で「デンマーク」を取り上げ、同国の簡単な紹介を試みているので、以下に紹介しておく。

デンマークから、去る一日わが国の所沢へ飛行機がやって来たことは、皆さんも新聞でお知りになっているでしょう。デンマークは面積がちょっと九州位、人口は三百三十万、北海とバルチック海との間に位しているだけあって、土地は平地が多く、草も木もない砂原がだら〳〵と続いていますが、たゞ西海岸には砂丘や砂浜や湖、東海岸には海峡や、島などが沢山あり、バルチック海の門戸になっています。気候は温和ですが湿気が多く、夏は名物の濃霧がたび〳〵襲って来ます。この国で感心するのは、国内くまなく教育が普及している上に、人々がことのほか勤倹貯蓄の美風に富んでいることで、牧畜が盛んですから、バターや煉乳（ミルク）が主な産物です。日本近海の海底電線を、デンマーク人がしてくれたことゝ、お伽噺で有名なアンデルセンの生まれた国であると聞いては、遠来の飛行機が懐かしまれるではありませんか。

この記事には写真が付けられ、そのキャプションに「（写真は漁獲した鯨が浮かぶ同国の海岸）」とあるが、記事中の「夏に濃霧が」出るというのが不正確なのと同様に、写真も鯨らしいのが並んでいるのは海岸ではなく、むしろ魚河岸で、場所もデンマークではなくノルウェーのようである。

六月四日金曜日

「航空研究所を訪問、工業クラブでワカジマ［中島］と三井のランチ（ワカジマはロレーヌ―ディートリッヒのモーターを製造し、三井は最近［デンマークのモーター製造会社］ブアマイスター・ワインの代表権を獲得していた）。ボーイスカウトのパレードに参加。皇室［帝国］劇場での公演と同劇場での夕食」*。

＊――――工業クラブは一九一七年に創立された法人日本工業倶楽部で、当時の理事長は三井合名会社理事長の団琢磨(一八五八－一九三二)。

中島は、中島飛行機製作所で、中島知久平(一八八四－一九四九)が一九一七年に創立、航空機・エンジンメーカーとして四五年まで存続した。

公式の訪問等を終えた滞日四日目は、多少安堵のできるプログラムであったようで、日本の新聞各紙もデンマークの勇士についての記事は書いていない。

その日最初に訪れた航空研究所は深川越中島の「東京帝国大学航空研究所」だが、関東大震災で大半が破壊されていたので、見学するべきものがどれほどあったのかどうか、不明である。また、中島製作所と三井合名会社との昼食会についてもその様子を語る記述がないが、その分ボトヴェは、自著において写真を提供することで補ってくれている。

「ボーイスカウトのパレードに参加した」とあるのは、日本ボーイスカウト連盟が開催した歓迎会のことである。その模様を少年団日本連盟の機関誌『少年団研究』第三巻第七号〔一九二六年〕

七月号が「丁抹飛行勇士歓迎会　三島理事邸の青庭で」の見出しのもとに次のように伝えている。

　それによれば、歓迎会は「午後五時より三島子爵邸で」開かれたと報じられているのであるが、当日のほかのスケジュールから言って、時刻は「午後五時」であったはずはなく、「十五時」すなわち午後三時であったろうと思われる。

　東京府下千駄ヶ谷町にあった三島子爵の「緑の草鮮やかな広庭の一隅に、白テントを張り丁抹国旗が所々に飾られ」た歓迎会場に、ボトヴェとオルセンは陸軍の歓迎将校に付き添われて車で到着した。「春日隊長の指揮する健児音楽隊伴奏で、丁抹国歌合唱に［より］開会され」、続いて第二回国際大会派遣団長三島理事と二荒理事長がそれぞれ歓迎の挨拶を行ない、それを平林広人がデンマーク語に通訳してボトヴェ大尉が答辞を述べた。

中島製作所と三井合名会社が日本工業倶楽部で開いた昼食会

三島理事の歓迎の辞は、一九二四年の夏にデンマークで開かれた少年国際大会に列席するために二十余名の団員たちとともにコペンハーゲンに到着し、温かい歓迎を受けたことに言及することから始まり、その当時の記憶を長く伝えるために、「ジンボリーの開かれた美しい草原、エルメルンの名を取って、エルメルン会を組織し」、時々集ってはデンマークの美しい自然と温かい人情をしのんでいる、と語った。三島理事は、挨拶を終えるにあたって松屋寄贈の武者人形を贈った。*


*――三島通陽《みちはる》(一八九七―一九六五)は貴族院議員・参議院議員で文部政務次官も務めた作家ならびに演劇評論家で、二荒芳徳とともにボーイスカウト運動を日本に広めた人物として知られている。

「エルメルン」は、第二回国際ジャンボリーが開催されたエルメロンデン(Ermelunden)のことで、コペンハーゲン北の郊外にある林に囲まれた草地。この大会には世界四十カ国から四千五百人余が参加した。

二荒芳徳《ふたらよしのり》(一八八六―一九六七)は政治家で官僚。ボーイスカウト運動に貢献し、日本体育専門学校(現日本体育大学)校長を務めた。

松屋は同年四月八日から東京銀座で「航空展覧会」を国民新聞主催で開催していた。ボトヴェが日本を訪れた年には、航空に対する興味が広まっていたのである。

二荒理事長は挨拶の中で、第二回国際ジャンボリーが、「古来聖賢たちに描かれていた理想である、四海同胞愛の実現に対して、歴史的貢献をなしたものであることは、列国民の斉しく認むるところであります。これ少年団の使命ではあるが、また一面には世界史上最古の歴史を有して、今日尚新興の気運の漲る貴国にして、よくこの大事業を遂行し得たものと敬服している次第であります」とデンマークの役割を高く評価した。ちなみに、コペンハーゲンのジャンボリーにおけるテーマは「世界市民（World Citizenship）」だった。

二荒理事長はさらに続けて、「貴国が世界同胞主義の実現上多大なる歴史的事業を成功されたと同時に、今両士の力によって、一九二六年の歴史中に、世界航空路の開拓上一歩を進められたことを喜ぶものであります」と謳い揚げた。

ボトヴェ大尉は「日本の健児諸君」に対して短く答辞を行ない、「丁抹はご承知の通り北欧の小さな国でありますが、此後益々仲よくして頂きたいのです。どうか諸君は今後一層御奮闘祖国のために、そして世界のためにお尽くしあらんことをお祈りいたします」と述べた。

そこで両飛行士が胴上げにされ、千駄ヶ谷少年団が歓迎の歌を歌い、茶話会が始まると日本舞踏などが披露されて、すこぶる盛会であったと伝えられている。

帝国劇場での観劇についてボトヴェは、東京滞在中に深く印象に残ったことの一つとして、

[上]日本ボーイスカウト連盟が三島子爵邸で開いた歓迎会。右端にボトヴェ、オルセン、ヴェールム代理公使が立っている。
[下]武者人形を贈られたボトヴェとオルセン

当日の体験を次のように語っている。

入り口の上方に日章旗とダンネボー［デンマーク国旗］が十字に交差して飾ってあった。ロビーで劇場支配人［山本専務］に出迎えられ、席まで案内された。時刻は午後四時四十七分、一時間ほど遅刻してきたことになる。ちゃんとした［洋式の］椅子に腰掛け、劇を鑑賞した。言葉の分からない劇だったとはいえ、それほどまでに困惑されるとは思ってもみなかった。意味がまったくわからなかったのである。意味があるにちがいないと思われた分、よけいに残念で仕方なかった。最初のうちは見て楽しい劇だと思っていた。舞台は中世のようだった。登場人物は全員が男で、女性の役も男が演じていたが、みな中世風の衣装を着けていた*。

このように前置きしてからボトヴェは、「幅広いズボン［袴］」や「長い絹の上着［狩衣か］」「先の尖った靴」「変な被り物」「鉄線で作ってあるらしい前に尖っている黒い帽子［烏帽子か］」を目に映ったとおりに描いて列挙し、さらに五十人ほどの者たちが中央の「玉座」に座っているほかの者よりは高貴そうに見える男を囲んで日本風に床に［あぐらをかいて］座っている場面を紹介している。

そしてさらに、聴覚の反応も正直に次のように書き留めている。

話の筋は、あっても非常に緩慢、と思いきや、何の理由もなさそうなのにいきなり一人が立ち上がって何か言い出した。その声は腹の底からひねり出されたようで、うがいでもしているかのように低く不吉な声で、それが次第に高まって非常に高い声になるのだった。そんな声を出している間、男は腸捻転か癇癪の発作でも起こしたかのようになり、わが国［デンマーク］だったら、落ち着かせるためにただちに独房へ運び込むところだった。けれども、癇癪はそれ以上には発展せず、言葉だけで終わった。日本の劇場では役者同士の間で約束事でもあったかのように、もしくは規則があるのかもしれないが、ともかく一人ずつが交互に大声を出し合っていた。全員がうまくやっていたとは言えないが、そのような努力はしているように見えた。発声器官が許す限りの低音のバスから甲高い声までを使って、一息つく間にできるだけ多くの言葉を吐き出すのだ。

幕間にボトヴェは、サーカスの動物たちでも見るように、役者たちを観察した。役者はみなごくちいさな部屋に一人ずつ座っていて、前［の廊下］を通る人たちの視線にさらされていた。その後で劇場の支配人が立派な夕食をごちそうしてくれた。そしてまた観劇し、夜中まで続いた。休憩の後で何を見たかは繰り返さない、とボトヴィは書いているが、その理由は、書いてもすでに説明したことの繰り返しになるだけだからだ、としている。

言葉も分からず、見ても意味が分からない芝居を延々と見続けていた我慢強さには感心するばかりだが、それにしても、そばに通訳ならずとも芝居の粗筋だけでも説明できる者をなぜおいてあげなかったのだろう。

日本の歌舞伎風の芝居の様子は、デンマークでも日本訪問記の類いでたびたび紹介されてきていたので、日本へ飛行するのが決まった段階で、ボトヴィも基礎知識として多少は文献を読んでおくべきであったろう。軍人ボトヴィにそれまで要求するのが無理だと言うならば、受け入れ側の日本陸軍の気の利かなさも許されるかもしれない。

＊──劇場支配人は、山本久三郎専務。

帝国劇場の大正十五年六月の公演は、世話劇『江島生島』、時代劇『三国無双瓢軍配』、新時代劇『玄朴と長英』、『十六夜清心　柳巷春着薊色縫』が演し物だった。坂本俊一等編『帝国劇場絵本筋書　大正15年6月江島生島　他』を参照。当公演の主な出演者は、専属の六代目尾上梅幸、七代目松本幸四郎ほか、澤村宗十郎、守田勘弥などであった。

その日の訪問の模様を伝えて雑誌『帝劇』七月号は、「デンマーク鳥人の観劇」の見出しで、「何を措きましても思いを夢にまで描いて居りました桜咲く国の国劇を一眼なりとも観たしと希望のありし折柄、〔中略〕開催中の帝劇六月興行を観劇に来場しましたが、両氏は今更のように聞きしにまさる堂々とした大建築と、絵のように美しい我が国特有の歌舞伎劇とに感歎しまして、着京後始〔初め〕てのうちくつろいだ気分になりましたと山本専務に挨拶を述べ心から満足の体で終演まで熱心に観劇して居りました」。

六月五日土曜日

東京の将校会で往路についての講演、引き続いてランチ。岩崎男爵の

歌舞伎座で観劇した日の夕食会に参加した人々。前列左からボトヴェ、ヴェールム代理公使、山本専務、オルセン

私邸で三菱会社のレセプション。ＹＭＣＡの歓迎会。*

*――将校会は、一八七七年に設立された九段偕行社。
岩崎男爵は、三菱財閥四代目の総帥岩崎小弥太(一八七九―一九四五)。その私邸は麻布鳥居坂にあった。ちなみに同地には一九五五年に国際文化会館が竣工された。
ＹＭＣＡとあるが、東京キリスト教青年会主催の歓迎会で、ジャパン・タイムズと国民新聞が後援し、美土代町の同会で行なわれた。余興にデンマーク事情を紹介する映画が公開された、と五日付の読売新聞朝刊が伝えている。

東京到着以来めまぐるしい日々を過ごしつつ日夜こなしてきた数々の日程は、すべてデンマーク公使館が見事に準備してくれていた、とした上でボトヴェは、次のようなコメントを記している。

挨拶を何度もしなければならなかった。けれども、残念ながら同じことばかり言っているわけにはいかなかった。数あったランチやレセプションや晩餐会の出席者の大半が、みな同じメンバーだったからである。関係者はいずれもかなり小さなグループに属する人々であり、公使館の用意してくれたお決まりの挨拶を何度も行なうようなみっともないことはできなかった。もちろん、同じことでも言い方はいろいろとある。とにかく私は、毎回挨拶の初めに「閣下」と［複数で］言っていれば心配なかった。そう呼ぶべき高官が毎回少なくとも二人はいると思ってよかったからである。

ボトヴェは、挨拶ばかりではなく、東京の将校会、すなわち九段の偕行社では講演もしていた。その間の事情についてボトヴェは、次のように、ため息まじりの告白をしている。それが、日本で受けたもうひとつの深い印象だった。

九段偕行社でR1号機の往路について講演をするボトヴェ

決して安楽ではなかったコペンハーゲンからの飛行を終えて東京に到着し、その直後から四日間ぎっしりの日程に追われ、飛行中と変わらないくらいの緊張を余儀なくされていた。そこへ持ってきて、劇場訪問の前日［三日］に、東京の将校会で、その翌日［五日］の午前十時から、往路の飛行について一時間半ほどの講演をするように懇請された。状況からして、それは断ることができなかった。

それで、劇が終わったあと真夜中近くにボトヴェは付添いをしてくれた日本人大尉とともにホテルに戻ってきた。講演の準備がこうして始まった。役割分担がなされ、ボトヴェが英語で書いたものを、日本人大尉が翻訳する。彼は講演の通訳もすることになっていたからである。真夜中から休みなしに仕事をして、朝九時半になってようやくなんとか準備ができ、車で会場まで行ってすぐに講演が始まった。そのあとでランチ。

このように書いた後ボトヴェは、午後にもさらにプログラムが続いていたことを強調し、読者に向かってこんな話をするのも、ただ気楽にのほほんと時間を過ごしていたわけではないことを理解してほしいからだ、と言っている。それに加え、「われわれの［日本］訪問が、わが国にとってすばらしいプロパガンダになったと信じている。日本の有力紙はみなデンマークについて長い記事を書き、デンマークの映画が東京と大阪で上映されて好評を得、それが今主要都市でも順に上映されている」。

このうち大阪での映画上映については、大阪府知事中川望が六月十日付で以下の諸氏に送った「丁抹国情紹介の講演映画会開催に関する件」と題する書簡で次のように報告している。以前の同様の報告には名を連ねていた陸海軍相が割愛されている代わりに、なぜか、在哈内務次官、すなわち哈爾濱［ハルビン］にいる内務次官が挙げられている。ボトヴェは帰路にハルビンを経由しているが、それを見越しての連絡であったのであろうか。なお、内務大臣が浜口雄幸になっているが、これは内閣総理大臣と内務大臣を兼任していた若槻礼次郎が六月三日に浜口雄幸を内務大臣に起用したことによっていた。

内務大臣浜口雄幸殿
外務大臣男爵幣原喜重郎殿
逓信大臣安達謙蔵殿
指定庁府県長官殿
在哈内務次官殿

昨九日午後七時大朝〔大阪朝日新聞〕社主催同社階上に於て首題の講演及映画会を開催したるが参集者約六百名多くは学生にして内駐日ヴェーラム代理公使飛行士ボトヴェド大尉外十数名の在神〔戸〕丁抹人参会せるが、ヴ代理公使は簡単なる挨拶として日丁国交の親善を強調し続いて平林広人の「丁抹の文化に就て」と題し「国土僅かに我が九州大、人口三百余万内三分の一農民にして主たる産物は農産牧畜等なるが大正十三年度に於ける輸出貿易は十億円の多額に上り年々国富を増加しつゝあるは国民一般の品性高く且《かつ》教育の普及せると活動力に富める賜《たまもの》にして多く学ぶ可〔べ〕きものあり」と同国の産業状態を紹介し、ボ大尉は大阪放送局に於て袂別の辞を放送したる後右平林の講演に次て「本夕此の会合に列することは愉快とする処にして飛行機の丁抹に於て飛翔せるは今より二十年前「エルハンマア」と云う同胞が自作の機で自ら操縦飛行をしたのが初めてで之れは欧州最初の飛行であります以来航空界は長足の進歩を遂げ各国競って大飛行を為し今度は我が空の使として日丁両国親善の役目を承って来たのであります」云々と(平林通訳)挨拶し夫《そ》れより訪日丁抹機の客月三十一日翌一日大阪着発の光景及丁抹首都コペンハーゲンを初め農業漁業牧畜教育等の状態其他風景映画を写し之を紹介したるが代理公使以下孰《いず》れも好感を持し満悦せるもの丶如く十時無事散会し一同は帰神せり。

追而《おって》丁抹機来《きたる》　十二日所沢出発大阪に着陸一泊翌日大阪出発帰翔の予定有之趣

右及申（通）報候也

日付は前後するが、東京を訪れて以来のボトヴェの動静を、警視総監太田政弘は六月八日付の書簡で、下記の諸氏に伝えていた。

内務大臣若槻礼次郎殿
外務大臣男爵幣原喜重郎殿
陸軍大臣宇垣一成殿
海軍大臣財部彪殿
指定庁府県長官殿

丁抹飛行将校の動静
帝国ホテル止宿
丁抹飛行大尉　エー・ピー・ボトウェッド

同機関技士　　A. P. Botved
シー・ジェト・シー・オルセン　　C. J. C. Olsen

右入京に関しては本月一日既報の処一行我国朝野の熱誠なる歓迎に満足し居たるが愈々《いよいよ》去る四日を以って陸軍省の公式接待を終れるを以って目下所沢に赴き機体の点検発動機の取替に従事中にして完了後来《きた》る十二日同地出発帰国の予定なるが帰路は大阪平壌経由西比利亜《シベリア》を横断一路「コペンハーゲン」に向い最短時間の飛行記録を作る意気込なりと尚一行の滞京中の日程左の如し

記

六月一日午前十一時過ぎ所沢着午後二時入京丁抹公使館訪問、夜ラジオ放送
同　二日午前中陸軍海軍逓信外務の各省及東京市役所陸軍航空本部へ挨拶、陸軍大臣及東京市長より記念品贈呈、同大臣主催午餐会（帝国ホテル）午後国民新聞主催歓迎講演会
同　三日午前明治神宮靖国神社参拝、久迩総裁宮殿下より帝国飛行協会の有功章授与

（宮廷に於て）同会主催午餐会（銀行倶楽部）午後丁抹公使主催晩餐会（帝国ホテル）

同　四日午前越中島航空研究所見学、午後偕行社に於て講演（本日を以って公式接待を終る）*

同　五日三菱内燃株式会社主催茶話会（岩崎男［爵］邸）東京基督教青年会主催歓迎会

同　六日休養

同　七、八、九、十日所沢に赴き機体点検発動機取替に従事

同十一日御国［練習所］訪問**

同十二日所沢出発帰国の予定

右及申（通）報候

*――ここでは、深川区「越中島」の航空研究所に訪問する予定だった、と明記してあるので、再建中の駒場の航空研究所ではなかったことが判明する。

**――御国《みくに》航空研究所は、「空の宮様」と呼ばれた山階宮により創設され立川陸軍飛行場の一部にあった。

六月十一日に予定されていた御国航空研究所訪問は、ボトヴェの著書にも日本の新聞類にも言及がないが、高橋重治『日本航空史』には、同日に訪問が行なわれたことが記されている。ボトヴェたちは東京からはるばる立川まで往復したわけである。

また、公式訪問の日程を終えた段階で代理公使ヴェールムは、六月九日付で幣原外相宛にフランス語で礼状を送り、謝意を表していた。
一方、神奈川県知事堀切善次郎は六月十一日、下記の関係諸大臣等に送った書簡において、七日に横浜で行われた「丁抹飛行家歓迎会開催件」について報告している。

内務大臣浜口雄幸殿
外務大臣男爵幣原喜重郎殿
逓信大臣安達謙蔵殿
陸軍大臣宇垣一成殿
海軍大臣財部彪殿
総監大阪京都兵庫愛知静岡広島山口関東朝鮮各庁府県長官殿

訪日丁抹飛行家
Captain Botved
Lieutenant Olsen
在［横］浜丁抹人は本月七日午後七時三十分より市内山手町二番地ブラフホテルに於て

目下滞京中の右丁抹飛行家を招待歓迎晩餐会を開催せるが出席者は主賓の外在京丁抹名誉領事夫妻及在浜丁抹人約十名にして席上右飛行将校の旅行談あり午後十一時三十分に無事散会せり
右及申(通)報候也
追而右将校は同夜帰京せり

ボトヴィを東京で迎えた数多くの人々の中には、在日デンマーク人も含まれていた。デンマーク人会が、東京、横浜、神戸で歓迎会を開いたことをボトヴィは記している。中でも神戸で出会ったヨルダン老夫人が、三人の優秀な息子を自慢していたのを特筆している。一人は中国で、あとのふたりは日本で地位ある仕事に就いていた。みな日本で生まれ、デンマークへは休暇で短期間行ったことがあるだけだったが、きれいなデンマーク語を話し、老母の故国を愛していた。そうボトヴィは語っている。

滞在中のある暑い日、ボトヴィはオルセンとともに、横浜でブラフ・ホテルを経営していたデンマーク人のピーターセンの車に乗って横浜の郊外を訪れた。

そこで、日本人女性と結婚して娘がいたデンマーク人の老人を訪問することになっていた。道の両脇に青々とした森が広がる谷間の道を進んでいった。黄色くなって収穫間近な小さな麦畑が、それよりもっと小さい稲田と交互に入れ替わっている。夏の暑さで陽炎が目の前で揺れている見事な風景を、半分夢見るような状態で楽しんでいた。その間にも自動車は狭くて曲がりくねった道をゆっくりと滑っていく。

道の最後の部分は徒歩で坂道を上がっていった。その家は丘の中腹にあり、目の前には谷間が開け、絶妙な風景が望めた。

その白髪の老人は車椅子にかけて仕事の最中だった。疲れているようすがひと目でわかった。人生の清算をし、死を待ち受けていた。「こんにちは、ごきげんいかがですか」と［デンマーク語で］話しかけると、静かな森の池にさざ波が立つようにその顔に笑みが浮かび、目が生き生きとしてきた。われわれの訪問を受けて、彼の喜びは際限を知らなかった。

彼の年老いた日本人の妻がビールを出してくれ、われわれは彼女と娘さんが老人を実に感動的に世話を焼いている様を目の当たりにした。

老人は、四十年前の若かりし頃の話をおもしろくしてくれた。

若かった時の体験を思い出して、大男だった老人は、クックッと笑っていた。そして延々と話を続けた。われわれは、ずっと遠い昔のように思われた日々を老人と共に生きていた。けれども彼はやがて疲れてきた。視線がぼんやりとしてきて、まるで何かを見通しているようだった。その場を去る時になっても、彼の目はわれわれを放すまいとしているかのようだった。そして、流すまいと思っていた涙を皺のよった頬にこぼしながら、『もう二度と見ることのないデンマークによろしくな』と言った。丘をおりて家の下の道に出ると、娘さんが後を追って走ってきて、英語で、『父が、訪ねてきて下さってありがとう、ともう一度お礼を言ってほしいって』

家の窓からは、老人がハンカチを振っていた。われわれは挨をあげて

横浜郊外に日本滞在が長期間にわたったデンマーク老人の一家を訪ねたボトヴェとオルセン

その場を去った。三人とも黙ったままでいた。それぞれ深く思いに沈んでいた。
この老人は、おそらく明治期に若くして日本郵船の船長として雇われ、そのまま日本に永住することになったデンマーク人だったと思われる。残念ながら決め手はないのだが、一八七六年に来日し、横浜で船舶のパイロットとして務め、七七年一月から翌七八年一月まで日本政府の玄龍丸で一等航海士をしていたM・ヨルダン[Jordan]だった可能性が高い。私人として横浜に在住していたという記録があるからである。* なお、彼はボトヴェが神戸で出会った老ヨルダン夫人の家族とは関係がないようである。

*——ベアント・レパック(Bernd Lepach)作成の *Meiji-portraits* を参照。

ボトヴェの「日本」の章はここで終わっている。六月十二日に離日を試みる日までの間の六日間に横浜まで行って歓迎会に臨み、同じく歓迎会の開かれた神戸まで赴いていたらしいことまでは知れるのだが、その他にどこで何をしていたかについては不明である。
在東京デンマーク人たちとの交渉もあったようなのだが、それは三日に公使館が開いた晩餐会の時のことだった可能性もある。北京で出会った駐日ドイツ公使ゾルフ夫人を訪ねてドイツ公使館へ赴いたことは、著書に記してあるので分かっている。東京の町の見物、買い物などもしていたであろうが、そんな記録もない。いずれにしろ、この空白の日々のボトヴェの行動は、謎に包まれている。公式訪問だった間の情報が密だったのとは対照的である。

ボトヴェの飛行してきた経路についての情報の幾分かは、将校会［偕行社］で行なった講演で日本側に伝えられていたようだが、その時だけの会合で終わっていたのだろうか。さらに再会していたようなことはなかったか。陸軍省も、中国や韓国の飛行場やそこに至る飛行状況、気候状況などについて、集めておいて損はない情報があったのではないか。また、R1号機の性能について、特にそのエンジンについて、中島飛行製作所は聞きたいことが山ほどあったのではないか。すべてが謎である。

日本は国を挙げて航空界の発展ぶりに興味を示していた。

アムンゼンが北極探検に使用した飛行船ノルゲ号のイタリア人操縦士ノビーレ大佐は、スピッツベルゲンからアラスカまでの飛行を終えたのちに行なったインタヴューで、ローマから北極を越えて東京に至る新航空路を作る計画があるとの噂をコメントして、実現不可能ではないが、それは日本海軍のために彼が監督してローマで作った新型飛行船N2号組み立てを指図するために彼が九月に日本へ派遣されるというニュースを誤解したものだろう、と語った。これは六月五日付の大阪毎日新聞が伝えていることだが、同紙はまた九日付で、日本政府の注文に基づきドイツの某飛行機製造会社が百人乗りの世界最大の飛行機作製を計画中だというニュースを流している。飛行機は十二個のエンジンが装置され、各エンジンがそれぞれ別個のプロペラを回転するので、一部のエンジンが回転不能になっても不時着の心配がないこと、エンジンと軽油タンクが翼の両端近くに装置されるので、中央部を乗客専用にできることなどをあげ、模型図も掲載していた。

さらに十二日付の紙面では、すでに前年に日本への往復飛行に成功していたイタリアのピネド大佐が、ミラノを出発して大西洋を越え、ブエノスアイレスを経てから太平洋を横断し、ニュージーランド、メルボルン経由で東京に達しインドを経て帰還する世界一周飛行を企てているというニュースを報道している。

ロンドンに滞在中の秩父宮殿下が初めて飛行を体験したことさえ、十四日付の同紙のニュースになるほど、「飛行」という語が注目を浴び、興味の対象になっていた時代なのだった。ちなみに殿下が乗った飛行機を操縦したのは、かつて霞ヶ浦の海軍飛行場で長く教官を務めていたセンピル大佐だった。

こうした波に乗ってボトヴェも大歓迎されたわけであるが、当時東京はヨーロッパの飛行士にとって、到達を競う一つの大目標になっていた感があり、それを裏付けるように、前述のフランス人飛行士ドアジーが日本へ来るかどうかが特に注目されていた。

ドアジーは、ワルシャワで機体を破損したため日本訪問飛行をいったん中止していたが、八日にふたたびシベリア経由で東京飛行に出発するという情報がすでに入っていた(国民新聞九日付)。シベリアは、ボトヴェが帰還する飛行ルートでもあり、ライバル同士が互いに逆方向から同時期にシベリアを横断することになり、飛行機好きの日本で話題になったのだった。ドアジーが十一日にワルシャワを出発した旨のニュースはいち早く日本に伝えられた(東京朝日新聞十二日付)。

一方ボトヴェは、すでに十二日に所沢を出発して大阪、平壌を経てシベリアを横断して故国デンマークへ帰還することを発表し、「最短時間で飛行し、世界記録を作ると意気込んで」いたことを、大阪毎日新聞が八日付の紙面で伝えていた。ちなみに同記事のすぐ隣には、デンマーク代理公使ヴェールムが八日午後、東京発神戸乗船で「賜暇帰国の途に上ることになった」ことを伝え、その機会に同社が「日本の産業、風景の代表映画三巻を氏に託してデンマーク国政府へ贈呈した」と記している。

第五章

シベリア飛行で帰国

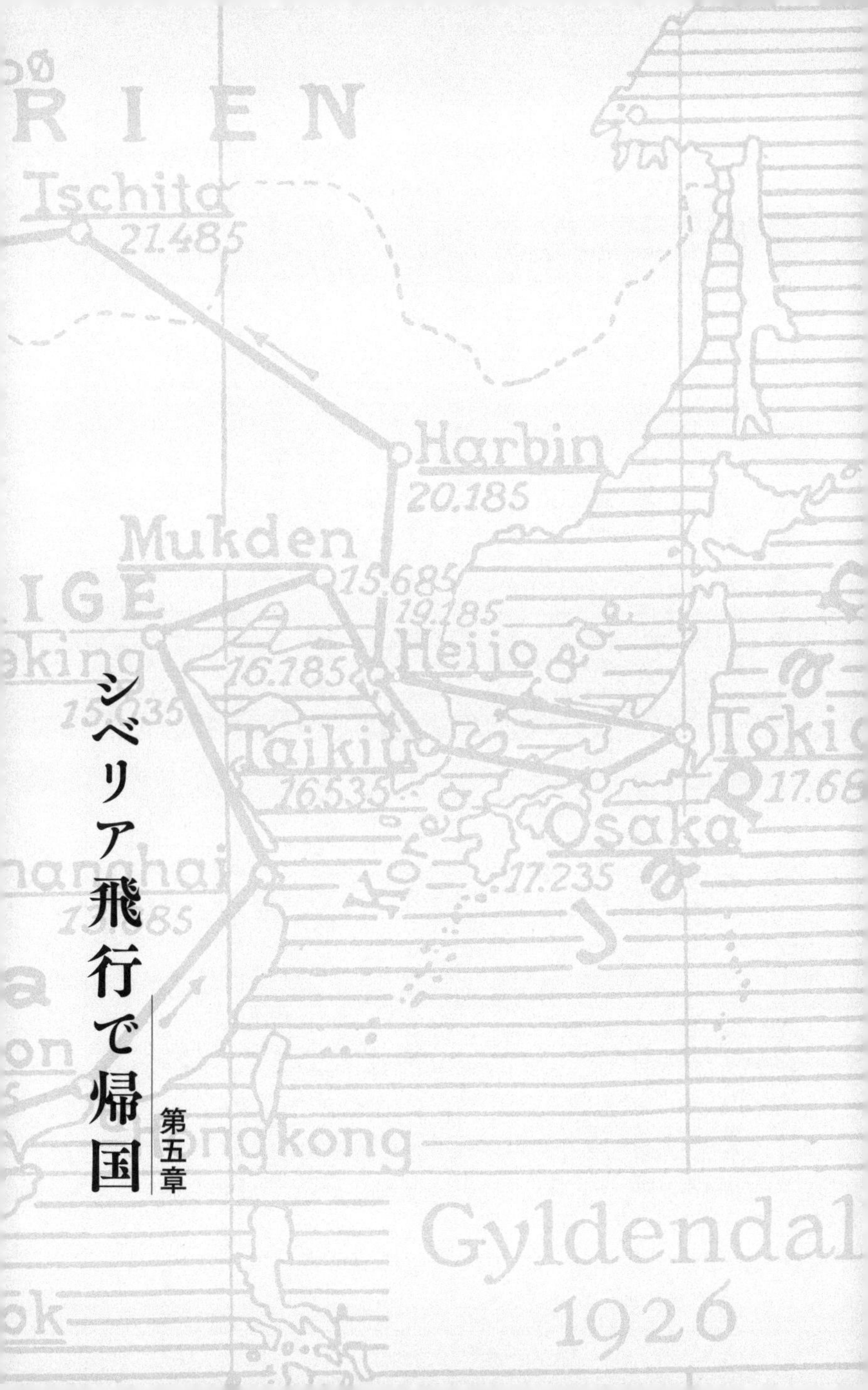

帰国

帰還飛行の出発は六月十二日土曜日に定められた。シベリア横断に関しての外交関係ならびに技術的な準備はすでにみな整え終わっていた。われわれを悩ましていたのはただ一つ、往路でたびたび厄介な目に遭わされていたのと同じガソリンタンクで飛行しなければならないことだった。新しいのと取り替えるには三週間かかるが、そんなに長く待っているわけにはいかなかった。日本の雨期が始まる前に出発しなければならない。それが目前に迫っていたのである。東京滞在の十四日間は、ほとんど毎日が絶好の飛行日和だった。出発の前日の夕方、空に危険を告げる暗雲が現われ、翌朝三時にホテルを出た時には土砂降りになっていた。飛行場には、朝早く、雨で、三十キロメートルもある遠い所だったにもかかわらず、二百人近くの人々が別れの挨拶のために集まってきてくれていた。多くが将校、政府の高官たちだった。送別会は将校集会所の宴会場で行なわれ、立食の軽い昼食だった。両国の幸福なる将来を願って最後の乾杯をしたが、外では雷が次々と落ち、稲妻が走る中、その音が周囲の山々から反響されてきていた。そんな天気の中を平壌まで達しようなどとは、思うだけでも絶望的だった。一日で日本を離れられるというかなり確かな見通しが立たない限り出発はしないと、私は固く心に決めていた。けれどもその一方、わざわざ出向いてきてくれた人々のことを思うと申しわけなく、うんざりするほど気が重くなった。そこで、ともかく出発し、半時間ほど飛行場からずっと離れて人の目に見えない所を飛んできてから戻ってくることにした。その間に、高官諸氏が帰宅してくれていることを願っていた。幸いそのとおりに事は運んでくれた。

ボトヴェは、十二日の朝の様子を、このように記している。

十二日付の東京朝日新聞によれば、ボトヴェは前日十一日に所沢で愛機の試運転を行なっていた。出発は十二日午後二時の予定であった。

翌十三日付夕刊で同紙は「降り出した雨を衝いて　デンマーク機故国へ　隣に行くような気軽さで　万歳万歳の歓呼を浴びつつ　きょう一気大阪へ」の見出しのもと、「所沢電話」として記事を掲載し、安満航空本部長や上原所沢航空学校長らの参列のもと、シャンパンで乾杯し万歳が三唱されたあと、雨の中を出発したボトヴェの飛行機を陸軍の戦闘機が三機箱根まで送り、大毎機(大阪毎日新聞の飛行機)が大阪まで案内、それに先立ち、所沢町では各戸が両国旗を掲揚し、所沢小学校の児童数百名が両国の小旗を振って飛行場に参集して万歳を連呼して見送った、と書いているが、この最後の部分は到着時の歓迎ぶりをそのまま再録して書いたような記事で、まさか、と疑いたくなる。けれども逆に、それほどのことがなされていただけに、ボトヴェはつらくなってなんとかせざるを得なくなり、無謀にも雨空の中へ飛び立ち、すぐに戻ってきたのだろう。しかし、それも単独で行なうことはできず、戦闘機やら大毎機も含めて、多数の人々を動員することになってしまった。ボトヴェの著書には、それについては一切言及がない。さぞ複雑な心境であったにちがいない。

国民新聞は、ボトヴェが公使館員とともに十時に飛行場に現われて出発の準備を行なったこと、別れの午餐も済ましたが、両勇士は天を恨み、雨のために結局出発を延期した、とまず伝え、後発の別の記事で、ボトヴェは午後一時に一度空中試運転をしていたこと、小田原付近まで飛行を継続してから所沢に引き返した、と書いている。そしてその時点で十三日は休養して、十四日に出発する予定であったことが報道されている。

いずれも、ボトヴェの思惑は知らされないまま、ただ単に悪天候のために飛行を途中で断念したと理解していたのであった。

その間、ドアジーの飛行機は十二日にモスクワに着き、翌日カザンに向けて出発していた(大阪毎日新聞六月十五日付)。

ひどい雨が毎日降りしきる中、われわれ二人は檻に入れられたライオンのようにホテルの部屋で行ったり来たりして、外の絶望的な雨の量を見ていた。月曜[十四日]の午後に付添いの大尉がやってきて、気象台が翌日は飛行できる天気だと約束してくれた旨を伝えた。すぐに荷物を持って飛行場に向かい、そこで泊まった。十一時頃にベッドに入ったのだが、その時はまだ、それまでにないほどの勢いで雨が降っていた。朝四時に出発することにしていたので、状況はかなり絶望的だった。けれども、幸いなことに、気象の預言者たちの言ったことは正しかった。三時に窓から顔を突き出して見ると、朝を迎えてかすかに明るくなっている東の空を目にすることができた。雲がないとは言えなかったが、雲には流れがあって、雨はやんでいた。そして出発した。今回は運良くあまり人目につかずに出発できた。なんという朝だったろう。飛行場から十キロメートルほど離れると、地上の風景には霧がかかり、それが所々で切れていて、黒々とした山、もしくは崖の頂上が、乳白色の海に浮かんだ黒い島のように見えていた。そして遠方には、その大きさのためにすぐ近くのように思われたのだが、巨大な円錐形の富士山が夜着をまとって立っていた。日本の神山である。そのとてつもない美しさの象徴を目にすると、何千年にもわたって宗教的な思いがこの山に結びつけられてきていたのが、ごく自然に思われるのだった。

東京と大阪の中途でふたたび雨が降り出した。われわれは上昇して［海抜］三千メートルくらいの雲の上に出て陽光を浴び、快適だったが寒かった。八時三十分に大阪着。たくさんの人々がお偉方たちといっしょにお別れの挨拶に来てくれた。ガソリンを満タンにして直ちに出発。

六月十五日、ボトヴェはようやく所沢を出発した。誤って十四日付けになっていたが、出発と同日にデンマーク代理大使ヴェールムより幣原大臣宛にフランス語の書簡でもってボトヴェが十四日［十五日］午前四時四十分、無事に所沢を離陸した旨が正式に報告された。

それを受けて幣原大臣は、ストックホルムの永井公使宛に電報を送り、「写真一組コペンハーゲン名誉総領事気付貴官宛十五日所沢発帰国の途に就ける丁抹飛行家に托送せり。尚同一写真別途郵送済」と知らせた。

これらの写真は後日ボトヴェの著作を飾り、また彼がデンマーク各地で講演を行なった際に利用された。

大阪城東練兵場には、二週間前の到着時と同様、村岡第四師団長、中川大阪府知事、馬淵第七旅団長以下名士たちが出迎えた。*ボトヴェは、東京朝日新聞夕刊十六日付によると、「三十六貫〔百三十五キログラム〕のガソリンを補給するとすぐに離陸し、旋回もせず風はあるが青空を突いて平壌に向かった」と、伝えている。大阪着が八時三十分、離陸が九時三十分だったので、わずか一時間の滞在であった。ボトヴェは先を急いでいた。出発前に記者に、奥さんのお土産に何を買ったかと訊かれ、「絹の着物を買いました。この飛行機に積んで持って帰ります」と笑って語ったことがエピソードとして加えられている。

＊――馬淵第七旅団長は、馬淵直逸(一八七九―一九二九)少将(当時)。

また、十六日付大阪毎日新聞は、R1号機の機体に、「成功を祝す」とか「一路平安を祈る」などと万年筆や鉛筆でいっぱいサインしてあったのが目立ったこと、腹が減ったからと言ってボトヴェがサンドイッチを求めたこと、空港の一隅に設けた壮行会場で、中川知事の挨拶を受けた後、ビールとサンドイッチを「むさぼり」ながら、日本滞在中の印象をおもしろおかしく述べ立てていたことなどを伝えている。

その日の飛行については、箱根の難関で暗雲が低くたれ込めていたので雲の上に上昇、けれども逆風だったので、大阪まで三時間もかかってしまった。箱根を過ぎてからは薄曇りで、下界が眺められたので、東海道線に沿って飛び、西へ向かうほど天気が良くなり、伊吹の峠を越えた後は淀川に沿って大阪に着陸した、と語っていた。さらに、陽気になっていたボトヴェは、東京の生活には十分満足したこと、桜は見ることができなかったが、芝居も酒も結構だったこと、至れり尽くせりの歓迎を満喫したことを告げ、「日本で一番深く印象されたのは日本人の親切です」と強調していた。それを説明して、「今回の飛行では、天候に関しては各地から前もって親切にも知らせてくれました。現に今も、広島、下関、釜山からも知らせてきているじゃありませんか。天候相手の我々飛行機乗りにはこんな有り難いことはないのです」とボトヴェは語った。

続いてドアジーがクルガンに着いていることを知らされたボトヴェは、「空中で会えれば面白いが、そうドラマチックには行くまい」と余裕を示してコメントしていた。

ここでふたたび大阪府知事中川望が登場するが、彼は六月十五日付の書簡で例のごとく下記の諸氏に「丁抹機着発に関する件」について報告した。

内務大臣浜口雄幸殿
外務大臣男爵幣原喜重郎殿

逓信大臣安達謙蔵殿
陸軍大臣宇垣一成殿
海軍大臣財部彪殿
指定及埼玉各庁府県長官殿

ボトヴェド大尉オルソン軍曹［ママ］少尉同乗し本日午前四時四十分所沢を出発したる丁抹機は同七時五十五分大阪城東練兵場着直ちにガソリンの補給並に機体の手入をしたるが、第四師団長［村岡長太郎］小官等の出迎を受け長飛の労を犒《ねぎら》うと共に成功を祝するため簡単に祝杯を挙げたる後同九時三十五分離陸異常なく出発せり。

右及申(通)報候也

ボトヴェ機はすでに日本を離れていたが、事後処理に当たっていたヴェールムは、六月二十二日付で幣原外相宛に英文の書簡を送り、ボトヴェの個人的な荷物が届くので、横浜税関に速やかに許可する旨通達してほしいと要請した。在北京デンマーク公使館より東京のデンマーク公使館気付ヴェールム宛に送られたもので、天津で淡路丸に搭載された。重量百二十ポンド。金額は千五百円。荷物は東京で包み直され、来月はじめにコペンハーゲンに送られる、という内容であった。

六月三十日付で幣原外相より代理公使へ、書簡受領、手続き済みの報せが届けられた。その間、六月二十六日にはストックホルムの永井公使より幣原外相へ電報が届き、以下の報告が届いていた。ボトヴェは無事コペンハーゲンに帰着、例の写真が役に立ったとの報せであった。

「ボトベド」二十三日帰国翌朝新聞は貴電第二六号写真を満載し帰着歓迎記事と併せ紙面を飾れり陸相より二十九日祝賀晩餐会に出席を請い来る臨時出張御承認を請う

平壌

大阪を十五日午前九時三十分に出発したボトヴェの飛行機は、強い逆風の中、高度三千三百メートルで幅二百三十キロメートルの朝鮮海峡を越えた。途中不時着できそうな場所もなく、緊張が続いていた。海にはサメがいるかもしれない、冷却水の温度がいつもは七十度ぐらいなのに今は三十度でしかない、コペンハーゲンの家族はどうしているだろう、下に日本軍の駆逐艦が見えるが、こちらを見届けただろうか、などと、寒さに歯をガチガチ言わせながらボトヴェは飛行を続け、午後五時十五分、平壌に到着した。日本人飛行士に温かく迎えられたが、東京から一日で飛んできたことに皆が驚いていた。日本の航空史にかつてなかったことだからである。

デンマーク機が同日午後五時二十分に無事に平壌に着いたことを報道した翌十六日付の大阪毎日新聞は、秋風嶺付近で雲が低かったのを別にすれば楽な飛行だったとボトヴェが述べ、出迎えの官民に感謝しつつ、「日本最後の地での厚意を」喜んだ旨を伝えた。それと同じ囲み記事では、ドアジーが十五日にクラスノヤルスクに到着したニュースを報じていた。

以後、おたがいの距離を縮めつつあったライバル機同士の動向について報道されていくのだが、同紙は同日の別の紙面で、中川府知事が神戸駐在デンマーク領事マックスウェル氏を経由して届いた手紙をボトヴェに見せた逸話を、写真入りで紹介している。それによると中川府知事は、一九一〇年にコペンハーゲンで開催された万国商法会議に出席、その折にフレデンスボーの離宮でルイーゼ皇后に拝謁したことがあったが、その皇后陛下が最近薨去なさったのを知り、マックスウェル領事を通じて弔辞を述べておいたところ、デンマーク外相モルトケ伯から謝意の書簡が領事のもとに十一日に届いたのだった。中川知事はそれをボトヴェに見せ、モルトケ伯に名刺の伝達を依頼したのである。同紙は、中川知事の「国民外交ぶり」を天晴れとして感服していた。*

*――ルイーゼ皇后(一八五一―一九二六)は、フレデリック八世(一八四三―一九一二)の王妃で、一九〇六年から十二年まで王妃だった。一九二六年三月二十日に薨去。モルトケ伯は、デンマークの外交官で外務大臣のカール・モルトケ(一八六九―一九三五)で、二十四年から二十六年まで外務大臣を務めた。

ハルビン

翌朝早く、七時五分に平壌を発ち、ハルビンに向かった。途中、奉天の飛行場の上で二、三度旋回し、仲間たちに挨拶をした。中国北部は全く平らで人もあまり住んでいない。ハルビンの飛行場では、東アジア会社の責任者で領事を務めていたヤコブセンがイギリス人

[上]ハルビンに到着したR1号機
[下]ハルビンで代理公使ヴェールムとデンマーク領事夫人に迎えられるボトヴェとオルセン

飛行士の助けを得て着陸すべき場所に白い旗を立てておいてくれたので、問題なく午後一時五分に降りることができた。多数の兵士に迎えられ、オーケストラが演奏し、スピーチがなされた。町には中国人のほかに日本人や白ロシア人など、多彩な外国人がいたのが目に付いた。

翌十七日の大阪毎日新聞は、十六日にボトヴェが無事にハルビンに到着したことを報じ、翌日はチタまで一気に飛ぶ予定であることを伝えた。また同じ紙面で、ドアジーが北京に十八日に到着の予定だとしている。ドアジーは実は十六日にイルクーツクからチタに飛んでおり、翌十七日は奉天に向かうことになっていた。ということは、六月十七日に両機は、片やチタへ向かい、片やチタから出発していたわけで、交差こそしなかったが、おたがい空中でかなり近い距離まで達していたことになる。

ドアジーは予定通り十八日に北京に達し、パリ出発以来、八日間で計一万五百キロメートルほどを飛行し、ヨーロッパ—アジア間連絡飛行の新記録を樹立した。ボトヴェはその記録を、東京発で八日間、飛行距離一万五百キロメートルでもって破ることに挑戦していたのだった。なお、ドアジーの動向については、日本の新聞の伝えるところに奇妙な誤解が生じていたようで、国民新聞は十七日付の紙面で、「北京十六日発電通」のニュースとして、「けさドアジー機北京に着く」という見出しの短い記事を載せ、気流険悪のために東京訪問を見合わせて、一週間後にパリへ向けて帰還飛行を行なうはず、と報道していた。十六日の時点で、ドアジーはまだチタへ到着したばかりであった。なぜこんな誤報が流されたのかは知る由もないが、ニュースの後半の、当初の東京訪問を断念して北京からパリへ舞い戻ったことは、後日事実となったのであった。いかにしてそんな予見ができたのであろうか。

一方、大阪毎日新聞は、六月十九日の夕刊で、「北京十八日発連合」のニュースとして、ドアジー少佐が北京に到着、「天候の回復を待って一両日中に日本への飛行を続けることになった」と書いていた。同じ情報は所沢にも「飛電」が送られて届き、所沢ではただちに歓迎準備に着手した、とも同じ紙面は伝えている。結局その必要はなくなったわけだが、張作霖が進軍するなどして政情不安だった北京からは、正確な情報が得難くなっていたようである。

チタ

次の日十七日は朝五時四十分に出発し、チタに向かった。

朝日を背にし、鉄道の線路を右に見ながらボトヴェはシベリアに向かった。

ボトヴェのシベリア横断は、主としてシベリア鉄道を目印になされたものであるが、その様子を見てみる前に、十八日付大阪毎日新聞夕刊に記載されていた記事を紹介しておきたい。

先に少し触れておいた、日本政府がイタリアに注文してあったという大飛行船のニュースである。ローマのキャンピノ飛行場で建造されていたこの飛行船は、ノビーレ大佐が北極横断に使ったノルゲ号の姉妹船N3号で、作業中に火災を起こして気嚢を焼失したが、損害は軽微だったという。

ちなみにこの飛行船はノルゲ号よりはるかに小型で、気嚢の容量が半分以下だった。日本海軍に納入されて「第六航空船」と呼ばれ、二十七年四月に初飛行したが、同年十月に台風により

ハルビンを出発するR1号機

太平洋上で失われた。

建物でいうと四階ぐらいの高さでボトヴェはシベリア鉄道の線路の上を飛んでいたが、たまに線路がトンネルに入ることがあるので注意していなければならなかった。特に高い岩山の中に線路が消えていき、しばらく見えない時には、反対側の線路がどこにあるのかを、しばらく飛んで確かめる必要があった。やがて、ウラジオストクから来る線路が加わり、それらに沿って飛行を続けて午後一時十五分にチタに着いた。

飛行場には丸太を組んでトリビューンが造られ、赤い布で覆われていた。赤旗も掲揚されていた。その横には吹奏楽団が待機し、背後ではコサック兵が人々を脇へ押しのけていた。やがてチタの人民委員が壇上に登り、一言もわからないにもかかわらずロシア語で演説した。通訳などもちろんいない。それがようやく終わるとオーケストラが短くメロディを演奏し、太鼓の音でピリオドになった。するとオルセンがボトヴェの脇を突き、何か言え、とささやいた。ボトヴェは仕方なく、どうせ誰もわかる者はいないと知りながらデンマーク語で一席ぶった。終わると案の定オーケストラが短くメロディを演奏し、太鼓の音でピリオドになった。

そうして挨拶が済むと、馬車に乗り込んで人民委員とともに町にあった唯一のホテルに向かった。彼は、色白の顔に夢見るような生き生きとした目をしていて、柔和な表情が弱々しい印象さえ与えており、ボトヴェが想像していた人民委員とはまったく異なっていた。けれども優しい外見とは反対に、激しい気性の持ち主で、鋭い眼光を放つことがあった。

ホテルのがらんとした部屋にはなんと電話があり、ホテルの主人は自慢そうに受話器を取ってなにやらまくし立てていたが、どうやら相手には通じていないようだった。用があるのかないのか、部屋の中をやたらと男たちが行き来する中、ボトヴェは、何か食べたいと身振り手振りで示した。やがて使いが来て、レストランに案内される。バラライカのオーケストラが控えていた。客は全部で十人。人民委員のほかに航空関係の者もいたが、あとはよくわからなかった。

ロシア風の食事が始まった。ロシア人はウォッカをぐいぐい飲みついでいたが、ボトヴェとオルセンは食べる方に集中していた。そのうち、鼻のてっぺんにイボがあり、髪はクシャクシャ、爪先が黒くて埃だらけの靴を履いたフランス人の五十女が登場した。フランス語で慇懃に話しかけてきたが、酔って酒臭かった。通訳として呼ばれたらしいが、今頃になってやってきたのは、酔ってうまく歩けなかったからだった。

人民委員は書類を取り出し、読み上げた。それが少しずつ通訳されたわけだが、ロシア領内をいかに飛ぶべきかという通達だった。その通りに飛ぶくらいなら、列車に乗り換えた方が楽だ、とボトヴェは思った。

ボトヴェはフランス女性と言葉を交わした。彼女の話したところでは、その前日、ボトヴェのライバルのドワジー大尉が同じ部屋で同じように食事をしていき、その日の明け方、日の出とともに出発したということだった。どこかですれ違っていたことになる！

ボトヴェはソビエトの体制についてどう思うか意見を聞かれたが、感想を述べるほど国を良く見ていない、と言って返答を避け、かわりにシベリアの自然の美しさを言葉を尽くして褒め称えた。

客人の一人がボトヴェのパイプに惚れ込んでしまい、買い求めたいとしつこく言われて閉口した。それは上海で買ったもので、ボトヴェはパイプはそれしか持っていないし、愛用しているので手放すわけにはいかない、とフランス女性の通訳を通して断った。ところがその夜、不注意にもベッド脇の小テーブルにパイプをおいて寝たところ、次の朝にはなくなっていた。歯ぎしりをしたがもう遅かった。

町の通りを見ると、革命の傷跡が歴然として残されていた。ブルジョア趣味の豪華なホテルは破壊され、いくつもの建物が窓のないまま煙の煤に汚れて放置されていた。そんな通りの歩道を若い女性が闊歩していた。背筋をまっすぐ伸ばし、身なりは質素だったが日に焼けた顔に目を輝かせて誇り高く歩いていく。それは実に美しい光景だった。ボトヴェは自分が画家でも詩人でもなかったことを悔やんだ。

イルクーツク、クラスノヤルスク、ノヴォシビリスク

シベリアは緯度が高いために夏の朝は早く明るくなる。ボトヴェは翌朝五時四十分にチタを出発、バイカル山脈、バイカル湖を越えていくことになっていた。飛行の準備ができ、滑走していく。エンジンも全てが順調だった。ところがいつまでたっても空中に浮かぶことができないのである。エンジンを止めてオルセンと顔を見合わせ、そこでようやく、飛行場が海抜千四百メートルにあり、空気が薄くなっていることに気がついた。滑走距離を延ばしてやっと離陸することができた。

進路は西、しばらく飛んでいくと雲が出てきた。風もあり、機体が揺れた。やがて雨も降ってきた。眼下に見つけた大きな川に沿って飛んでいくのだが、途中、険しい岩山が両側にそそり立ち、その間を、右に左へと曲がりながら、まるでトンネルをくぐるような形で進んでいった。それはごまでに絶望的な天候の中で飛行するのは、ボトヴェにとって初めてのことだった。岩山を吹き抜ける風に弄ばれて、機体の高度が高まると雲の中に入って視界がゼロになり、叩きつけられて川の水面近くまで落ちることもあった。雨脚が強いので、メガネを着けているわけにはいかず、肉眼で目を凝らしているのだが、雨粒が雹のように眼球に当たってくる。操縦

桿を握りしめ、歯を食いしばってこらえた。引き返そうにも狭すぎて機体の方向を変えられない。生きるか死ぬかの大場面だった。そうして百キロメートルほど飛んでようやくバイカル湖に達したが、そこでも天候は悪く、別の河を見つけてそれに沿って相変わらずの雨の中、十時四十五分、とうとうイルクーツクに達することができた。

大北電信会社の面々が、迎えてくれたが、みな、そんな雨の中を飛んできたことに驚いていた。

翌十九日、朝六時十五分、雨はまだ降り続いていたが、シベリアの首都、ノヴォシビリスクに向かって出発した。途中、クラスノヤルスクで中継する。

雨の中、R1号機をイルクーツクで出迎えた大北電信会社ならびに同市滞在のデンマーク人たち

針葉樹の森が延々と広がる上を飛んでいく。鉄道の線路以外、降りようにも降りるところがない。天気がだんだん回復してきて、快晴の中でクラスノヤルスクに十二時十五分に着陸した。ところがそこで、ガソリンタンクと冷却水のタンクに漏れがあり、エンジンのシリンダーに一部不具合があるのを発見した。幸い、ロシア人の修理士とオルセンが奮闘し、午後三時四十五分にはふたたび飛ぶことができるようになり、七時四分、ノヴォシビリスクに暗くなる前に着陸することができた。

オムスク、クルガン、カザン

そしていよいよ今回の進路の最難関に差しかかることになった。

二十日の朝七時、ノヴォシビリスクを出発してシベリアのステップをなんの問題もなく飛んでいくことができ、オムスクに十時に到着した。そこでまた冷却水のタンクに故障があるのが見つかったが、オルセンが修理してことなきを得た。同地に滞在していた大北電信会社の人々に迎えられて野外で昼食をとって楽しい時間を過ごしたが、その日はぜひともウラル山脈東側の最後の町クルガン［コールガン］まで到達しなければならない。

オムスクからも鉄道の線路に沿って飛べばいいはずだったのだが、日本の地図にも古いフランスの地図にも鉄道路は一つしか載っていなかったにもかかわらず、実際には西に向かう線路が二本あり、ボトヴェは間違った線路を選んでしまったのだった。しかも、五百キロメートルほど飛んだ後でようやくそれに気がついた。いや、気がつこうにも、ステップの平原と線路しかないところで、気づかせてくれるきっかけが一つもなかったのだった。

もうそろそろクルガンか、と思って飛行場を探したのだが見つからない。そしてしばらく西に飛んでみたのだが、見つかるわけがなかった。仕方なく、いったん近くの畑に午後六時十五分に着陸した。日曜日で、人が大勢集まってきた。そしてようやく、そこがヤルトロフスクという場所だと知らされた。それは旧名で、日本の新しい地図には載っておらず、フランスの古い地図には記載があった。

よく見ると、ヤルトロフスクはクルガンの北百五十キロメートルほどのところにあり、同じトボル川に沿っていた。着陸した時に、ガソリンタンクのひとつに傷がつき、そこから貴重な液体がシベリアの土にしみ込んでしまっていた。そこで修理をするのは難しいし、少なくとも一日は旅程が遅れてしまうので、そこでガソリンを買い、暗くなる前になんとかクルガンまで達することにした。日はもう沈みかけていて時間がない。

ガソリンを売ってくれた男は正直にも品質はあまり良くない、と言ってくれた。まだ残っているガソリンにそれを混ぜればクルガンまで行けるだろうと期待してエンジンをかけた。エンジンはそれが気に入らなかったらしく、「咳」をしながら午後八時五十分に出発したが、二十分ほど飛んだところで止まってしまった。そして、しばらく滑空してプロペラが止まったままの状態で、トボル川の中に中洲になって草におおわれていた島のひとつに着陸した。九時半になっていた。土が柔らかくて沈んでしまい、前のめりになるかと心配したが大丈夫だった。もう暗くなっていた。ボトヴェもオルセンもエンジンがストップした理由がわかっていた。ガソリンに水が混じっていたからだ。急いでエンジンの集水装置を空にしてキャブレータをきれいにした。そうする間にも蚊の群れに襲われ、顔や両手に重なるようにして群がって悠々と血を吸っていた。払っている余裕などない。次の日まで待ってガソリンを手に入れて、なども考えたが、そのあたりでガソリンが入手できそうなあてもなく、記録に影響してくるので、ボトヴェはクルガンまで飛ぶことにした。ガソリンはまだ多少残っている。そして暗闇の中で離陸した。コンパスに頼って、まっすぐ南に進路をとった。好天は一転して激しい稲光の空になっていた。真っ暗である。森も畑も水も陸も何も見えない。ただエンジンがまた止まらないことを祈っていた。成功する確率は、全行程中最低の一割ほどだった。暗くて計器も読めなかったので、神経がズタズタになりそうだった。こんな暗闇でクルガンが見つかるだろうか。クルガンに着いても、着陸地点がわかるだろうか。全く知らない土地で、真っ暗闇に降りることができるのだろうか。飛行士でなくとも、そんなことは無理だと言うだろう。よっぽど運がよくない限り。

ところがその運がボトヴェにはあったのだった。ガソリンも足り、町が見つかり、そこで一番幅広く黒い帯が延びていたところに十時十五分に着陸した。そこはまさしく飛行場だった。その日は朝三時に起き、全部で八時間近く飛行していた。それも最後の部分は最悪の条件での飛行だった。ボトヴェは飛行機が止まると同時に、転がり落ちるようにして地面に這い出て、そのまま大の字になって寝そべった。緊張がほぐれ、もう立っている力がなかった。ロシアの大地で仰向けになり、黒い夜空を駆ける雲を眺めていた。心身ともに疲労の極限にあり、ただもう感謝の気持ちでいっぱいだった。六月二十日、ボトヴェの誕生日はそうして終わった。決して忘れることのない日になった。

クルガンではデンマーク人の世話になり、翌二十一日の昼前、ガソリンタンクを修理して十一時二十分には離陸し、イェカテリーナブルグを越えた。ウラル山脈を越えてヨーロッパに戻ってきたことになる。その日はカザンに午後六時三十分に到着。そして二十二日の朝七時に離陸して、モスクワに十二時十五分に到着した。

モスクワでは多くのデンマーク人に出迎えられ、ボトヴェは喜びを隠せなかった。中に、ロシア軍の制服を着た将校が、満面に笑みを浮かべて立っていた。モスクワ航空隊長のジェリンキンだった。ボトヴェは、フォッカー社から飛行機を購入する件で一九二二年にアムステルダムを訪れたことがあったが、その時以来の知り合いだった。デンマークは二機、ロシアは二百機を購入する商談だった。懐かしい再会を、二人は言葉ではなく、杯を重ねて酌み交わすことで祝った。

そのあとで、車でデンマーク大使館に向かった。途中の通りは破壊され荒涼としていた。大使館ではデンマーク人たちの歓待を受け、たっぷり昼食を取ってから、航空協会の本部に出向いた。ロシアは国民の間に航空に対する興味を煽ることに熱心で、パンフレットやポスターを作って宣伝事業を展開していたが、航空協会の会員が三百万人もいると聞いて驚かされた。デンマークでは三百人もいなかったからだ。ロシアの航空隊は最新の機種を揃え、パイロットも一流だった。

ボトヴェは翌日の飛行があったので、公的私的を問わず、宴会の類はすべて断った。早朝に行程の最終段階、コペンハーゲンに向かう飛行を行なう、と考えるだけで心が騒いだ。ところが、ロシア政府が夕食への誘いに固執し、それを辞退するとかえって面倒なことになるのが判明したため、ボトヴェは仕方なく受け入れたが、オルセンだけは大事な整備があったので、免れることができた。疲弊していた冷却器をロシア空軍が提供してくれた新しいものと交換する大事な作業に取り掛かっていたからである。ボトヴェは、翌朝三時に起床しなければならないので、午後十一時には帰るというのを夕食に出席する条件としていた。けれども、寝床に就いた時には十二時半になっていた。

晩餐会は実に優美な建物の豪華な部屋で行なわれた。壁には鏡、天井には絵画、部屋中

モスクワで大歓迎を受けたボトヴェたち

が見事な芸術品で飾られていた。テーブルには花々が盛られ、銀の食器にクリスタルのグラス。料理もフランスのシェフ顔負けの出来栄えで、ワインもフランスの年代物が出された。皇帝時代と一つだけ違っていたのは、出席者がみな普段着で着席していて、将校たちは制服で、勲章の代わりにソビエトの星を付けていた。顔も貴族からは程遠かった、とボトヴェは記している。ツァーリ時代の名残をそのまま踏襲しているソビエトの代表者を責めても仕方ない、とも書き留めている。何度か演説が行なわれたがすべてがロシア語だったため、ボトヴェは気楽に聞き流していた。

疲労困憊していたにもかかわらず、その晩ボトヴェは睡眠薬を服用した。翌日のことで頭がいっぱいで、少しも落ち着けなかったからである。

まだ眠気の覚めない身体でボトヴェは大使館から飛行場へ急いだ。朝早かったにもかかわらず、デンマーク人たちが見送りに駆けつけてきてくれた。ケーニヒスベルク［カリーニングラード］とモスクワ間に一日一便を飛ばしていた独露航空の飛行場長が、その日の天気が快晴と知らせてくれた。日本を離れて以来初めての好天だった。

六月二十三日、四時三十分に離陸後、いつもはたいてい飛行場の上を一、二度旋回して挨拶をするのだが、その日ばかりは気持ちがもうコペンハーゲンに傾いていて、一分も無駄にしたくなかった。

風もなく雲もない空を飛行していく。平坦な風景の上を飛んでいくのは、問題がまったくなく快適に思えたが、その単調さにすぐに飽きてしまった。相当な速度で進んでいるのに、少しも前進していないようなのだ。

やがて、暖かい陽の光とエンジンの絶え間なく続く唸り声のためにボトヴェは眠気を催してきた。するといきなり横から吹きつけてくる風に頬を殴られたようになり、目を覚まして操縦桿を握り直した。そんなことを繰り返しているうちに、周囲の空気が太陽に熱せられて不穏な動きを始め、ボトヴェは操縦に集中することができた。

スモレンスクの上空を通過する時に、眼下に独露航空の飛行機が見えた。ボトヴェより三十分早くモスクワを発った便が、そこで一時着陸しているのだった。さらに飛行し、ロシアとリトアニアの国境を越え、ビルニュスに差し掛かる頃に雲が出てきて、青空がたまにしか見られないようになった。千八百メートルまで高度を上げ、雲の上に出たものの、寒さが厳しくすぐにまた雲の下まで降りた。リトアニアから東プロイセンに近づいていた。

やがて畑が少なくなり、道路の数が増え、鉄道が縦横に交差するようになってきた。人口密度が増えているのが一目瞭然だった。けれども、ボトヴェの持っていた小さな地図では位置がよくわからない。そのまま飛んでいればバルト海に出るはずなのに、なかなか海が見えてこない。三十分ほど飛んでも、ケーニヒスベルクの近くを流れているプレーゲル川さえ見つからなかった。

ボトヴェはイライラして、眼下に広がる鉄道の線路に沿って飛んでみた。一本目で結果が得られないなら二本目を選んで、と何回か繰り返したが、相変わらず海は見えてこない。後部のオルセンは、ボトヴェのしていることを不審に思っているようだ。それがますますボトヴェを苛立たせ、いっそのこと、すぐ下に見える広い草地の真ん中に建っている大きな館の近くに着陸して位置を確かめようと本気に思ったほどだった。

その時間帯のことを後で振り返ってボトヴェは、睡眠と休息がうまく取れていなかったのが原因だったろうと、後悔している。

やがて心を静めてボトヴェは、逸る心と勘ではなくコンパスに従って理性的に飛行することにした。褒美はすぐに出て、バルト海の新鮮な波と、ケーニヒスベルクの町に密集する赤い屋根が見えてきた。

着陸の際に五回も飛び跳ねて無様を見せてしまったボトヴェは、九日間の復路の間、毎日平均二、三時間しか寝ていなかった。十二時四十五分に着陸し、休む間もなく飛行機の整備にあたったが、ドイツ国防軍の少佐、デンマーク領事、同地滞在のデンマーク人たちの出迎えを受けた。機体の整備にはルフトハンザの整備員の助力を得ることができ、ホテルで昼食を取り三十分ほど目を閉じる余裕ができた。コペンハーゲンから電話で事前インタヴューを申し出てきた新聞社の相手をすることもできた。

そうしていよいよ三時五十五分、最後の行程に取り組んだ。次の着陸地がコペンハーゲン、と思っただけで心臓が高鳴り、歓喜のあまり、ケーニヒスベルクからコペンハーゲンに向かって飛んでいる間に心臓が止まってしまうのではないかと、ボトヴェは本気で心配した。

ダンツィヒ［ゲダニスク］を通過し、ふたたび海上に出ると、巨大な黒い雲がボトヴェを脅かした。大きすぎて迂回するわけにはいかないので、エンジンを吹かし高度を上げて突っ切ることにした。三千メートルは上がらないといけないだろうと判断して二千五百メートルまで上がったところでようやく厚い雲が切れたものの、靄がかかっていて視界が悪い。けれどもさらに上にはまた雲の層が垂れ込めている。このような二つの雲の層の間を飛ぶのは非常に難しかった。地平線が見えないので機体を水平に保つことが困難で、光の加減で計器がよく見えない。おまけに骨の髄まで染み渡るほど寒かった。機体の金属が凍てついていて、さわると火のように感じられた。ボトヴェは紐をくくりつけて操縦桿を後部座席のオルセンにまかせ、自分は計器にぴったり目をつけるようにして方角と水平を保つことに集中していた。

コペンハーゲン帰着

長方形のデンマークの島ボルムホルムが視界に入るとボトヴェはエンジンの回転を緩め、オルセンと共に大声で万歳を叫んだ。スウェーデン南端のマルモー市に方角を定める。海峡を隔てたそのすぐ向こうがコペンハーゲンだ。

しばらくして町の景色が見えるようになると、ボトヴェは嬉しさのあまり涙を止めることができなくなってしまった。すぐ下に草地の飛行場がある。そこには妻と子供たちが待ち構えている。もうすぐ会えるんだ、と思っただけで胸が一杯になった。

それはボトヴェの一生で最高の瞬間だった。胸が高鳴り、そんな体験ができることを感謝して天に向かって礼を言った。広い飛行場の半分ほどが人で埋まっていた。旗が揺れ、帽子やハンカチを振っている者もいる。ボトヴェは一瞬、着陸する場所が得られるかどうか心配になった。近くのカストロップ飛行場に着陸した方が安全なのではないか、とも思った。けれども、そんなにも多数の出迎えの人々を落胆させるわけにはいかない。どうか今いる場所から動かないでほしい、と祈りつつ、ボトヴェはエンジンを止めて滑空して、午後七時四十五分に草地に降りた。

何千もの人々が歓喜の万歳を叫ぶのが耳に届いてくる。けれども群衆が動き出し、境界線の仕切りとして張り巡らされていたロープが切られてしまった。ボトヴェは戦慄が走る思いをした。人の塊りが滑走する飛行機に向かって走ってきたのである。先頭にいた者たちは足を止めようとしたが、後ろの者たちに押されてしまって止まれない。今さらエンジンをかけて飛び上がることはできない。ボトヴェは即座に、必要ならば舵を思い切って横に切り、機体を傾け翼を草地に食い込ませて前進を止めようと判断した。飛行機は横転して跳び上がり、破壊されてしまうが、災難を避けて人命を救うことができる。

幸い、間一髪のところで飛行機が止まり、怪我人を出さずに済んだ。けれどもたちまちのう

コペンハーゲンの陸軍飛行場を埋め尽くして出迎える市民たち

ちに人垣に囲まれ、多くの手で飛行機から引きずり出されて歓迎の「金の椅子」に載せられた。それに運ばれて式典の行なわれる兵舎に向かうはずだったのだが、二歩前進一歩後退を繰り返し、なかなか進まない。群衆に揉まれていた妻とはようやく再会して腕に抱くことができた。その時、馬上の警官の一人が気を利かせてボトヴェを馬に乗せてくれた。しばらくするとラングーン以来離れ離れになっていた同僚のヘアシェンドが近寄ってきたので、彼も馬に乗せて固い握手を交わした。

やっと兵舎にたどり着くと、そこには夏の花があふれ、電報の山ができていた。アイスランドからニールス・ユール号で航海中の国王からも祝電が届いていた。

ボトヴェの上司、コック大佐は入院中と聞いていたので来られないと思っていたが、蒼白ながらも満面に笑みを浮かべて杖をつきつつ出迎えてくれ、ボトヴェは感激した。国防大臣も内務大臣も迎えてくれた。歓迎の嵐はいつまでも収まらなかった。

その晩遅くなってから、ボトヴェはやっと家族と落ち着いて過ごすことができた。ボトヴェの妻がコペンハーゲンの北の漁師町に借りておいてくれた小さな家まで車で行く。その日はちょうど聖ハンスの晩で、海岸沿いのそこかしこで夏至を祝う人々が大きな焚き火を燃え上がらせ歌を歌って楽しんでいた。黒い海面で月明かりが穏やかに揺れている。ボトヴェは車の座席にぐったり疲れきった身体を沈めて目を閉じた。デンマークの真夏の夜、帰郷し至福の時間を味

[上]ボトヴェを迎えて握手する国防大臣ラスムセン。右から二人目が陸軍航空部隊隊長コック大佐
[下]家族との再会を喜ぶボトヴェ。中央がボトヴェ夫人

わうことができた喜びを隠しきれないでいた。

デンマークの新聞

ポリチケン紙は、六月二十三日付で、「ボトヴェが今夜やってくる。千六百キロメートルをひとっ飛びする、とモスクワから昨日電報あり」との見出しを掲げて大々的に快挙をなしたボトヴェ到着の記事を掲載した。

午後八時頃にコペンハーゲン陸軍飛行場（クローバー畑）に到着の予定で、コック大佐を筆頭に航空隊が歓迎会を準備し、夕闇の中、聖ハンスの晩を祝う大きな焚き火が飛行士たちのために焚かれる、と報じた。また、国営ラジオも歓迎の模様を逐一放送することを告げ、歓迎会には「一般の人々も参加できるが、張り巡らされるロープの中へは入らないように注意すべし」と、警告を出していたにもかかわらず、前述のごとく、飛行場は大騒動となり、危うく惨事を引き起こすところとなったのだった。

さらに同紙は、「ボトヴェが到着するかどうかは、あらかじめ知ることは難しい。遅くなるかもしれないし、早くなるかもしれないので、確実な情報が入り次第、ポリチケン社の窓に看板を出す。ボトヴェの飛行機が着陸するや否や、社屋上の地球儀に明かりが灯され、それをもって、デンマークの東京飛行が完遂されたものとする。今は、計画が遂行されるのを願うのみ。東京からコペンハーゲンまで、一万キロを十日で飛行するのは世界的な記録。万歳を叫んで当然の偉業だ」と、誇らしげに高々と喧伝した。

それを受けて翌二十四日は、大きく紙面を割いてボトヴェ到着の模様を報道した。以下、ボトヴェの記述を、逆の視点から照射してみよう。

午後七時四十五分に着陸。警察の張ったロープが不十分だったため、二万人もの人々が歓迎に詰めかけて飛行場は大混乱。機体は、何時間も立って待っていた群衆に囲まれてしまう。

着陸時に事故が起きかねなかったほど、大勢が押しかけた。

青い空に白い雲、眩いばかりの緑の草に覆われた飛行場、「北欧の国の夕方の」夏の太陽が黄金色の光を街に注ぎ、家々や塔のシルエットが浮かび上がる。

飛行士たちが、緑の枝で飾った栄誉の門をボトヴェたちを迎えるにあたって築き、デンマークの国旗と日本の旭日旗がその上に掲げられた。ボトヴェの飛行機が着陸したら、まずその門の前まで来て最初の歓迎を受けることになっていた。そこでボトヴェとオルセンは、金色の椅子に座らされて隊員たちの食堂まで運ばれていく。そこが飛行場の建物で一番大きい。そうして細かい点まで配慮されていたのだが……、すべてが台無しになってしまった。その一時間ほど後にボトヴェとオルセンが着陸すると、ふたりは歓喜する群衆の間をくぐり抜けなければならなくなってしまったからだ。

街の隅々から何千人という人々が飛行場に集まってきていた。ある者は自転車で、路面電車や車で来た者もあったし、徒歩で来た者もあった。乾燥していたクローバー畑通りはもうもうと埃を上げていた。とても歩けたものではなかったが、歩かねばならなかった。飛行場の建物ひとつが開放され、警察がロープを張って規制しようとしたが、警官の数はあまりに少なすぎた。

特に招待された人たちのための席には、ローリッツ・ラスムセン［Lauriz Rasmusen 国防大臣、一八六二―一九四二］とハウエ［C. N. Hauge 内務大臣 一八七〇―一九四〇］両大臣の姿が見えた。

飛行士たちとコック大佐がおびただしい数の人々にもまれながらボトヴェたちを出迎えた。その中には各界の名士に混じって日本総領事ピーターセン［A. N. Petersen］が花束を手にしている姿もあった。また、飛行士たちの中には、途中の事故で東京行きを断念して引き返していたヘアシェンド中尉とピーターセン機関士の姿も見えた。

七時半ごろ、飛行機の姿が黒い点になって見えると地上で待っていた群衆は歓喜のあまりにロープの中になだれ込み、警官たちの制止も聞かずに万歳を叫び出した。さらに、草地を走って滑走路に向かったのだ。中には青年、少年たちもいた。まるで羊の群が走って移動するかのようだった。

海側から下降してきたボトヴェの飛行機が、群衆目がけて突進してきた。間一髪、あわやのところで飛行機が止まり、人々はプロペラに巻き込まれずにすんだ。危険を知ったボトヴェもすぐにプロペラを停止し、あと数メートルというところで惨事を免れたのだった。大混乱の中、万歳の声だけは高らかに響いていた。未だかつて、このような歓迎をコペンハーゲンで受けた飛行士はいない。

混乱はさらに続き、花束を抱えていたボトヴェの娘さんふたりも、オルセンの小さな子供たちも脇に押しのけられてしまう始末。ほかにも泣き叫ぶ子供の声、助けを求める母親たちの大声が耳をつんざき、大騒ぎになったが、歓呼の叫びだけはおとろえることがなかった。

そんな中でボトヴェとオルセンはどんな気持ちでいただろうか。すると突然、日に焼けた顔に微笑を浮かべたボトヴェの姿が群衆の中からせり上がってきた。警官の馬に跨ったのだった。そうして警官に引かれ、ゆっくり飛行士たちの集合所に近づいてくる。実に名案だった。警官の馬がこんな役に立つとは！　人々の視線はボトヴェに注がれ、手を振る方向が一定になった。人々の歓呼はとどまるところを知らず、「ボッ、ボッ、ボトヴェ！」の声が繰り返された。途中ボトヴェはヘアシェンドの姿を見とめ、彼を馬上に引き上げた。「ボッ、ボッ、ボトヴェ！」が続く。

　建物の中にボトヴェが入ると、警官たちが入り口の前に立ちふさがって、群衆の進入を食い止めた。すると、「屋根に出ろ、屋根に出ろ！」の声が上がり、ますます高まって建物を揺るがすほどになった。ボトヴェは斜めの屋根の上に転びそうになりながらよじ登り、夕陽の中にスクっと立って人々の歓呼に応えた。

　百人ほどの若者たちが屋根に上ってきた。今度は「オルセン、オルセン！」という声。オルセンも屋根に上った。さらに、「四人とも、四人とも！」と叫ばれて、ヘアシェンドとピーターセンが窓から出てきた。また、「コック大佐、コック大佐！」という声に、大佐は窓から顔を出して微笑んだが、屋根には上らなかった。ボトヴェは手を伸ばし、礼を述べた。万歳、万歳の声が続く。

　その間、両大臣ほか陸軍高官たちは旗と花で飾られた部屋で待っていた。テーブルにはワインとクッキーが出されている。群衆の専横の前には、高官たちとは言え待つよりほかになかった。ようやく四人が屋根から降りてきた。コック大佐の司会で国防大臣ローリッツ・ラスムセンが挨拶をした。

「三ヶ月前、貴君らが長い飛行の旅に出発するにあたり、道中の無事を祈ってお別れの挨拶を送るためにわれわれはここに集まっておりました。そして、コック大佐が発進命令を下した時には、いかなる危険な航路が待ち受けているかを、ひしひしと感じたのでした。そして今貴君らは、見知らぬ国で幾多の困難を味わわされた挙句に、こうしてわれわれの前に立っているのです。貴君らを喜んで歓迎する次第であります。同様に、ヘアシェンド中尉も歓迎いたします。帰還を余儀なくされたのは

飛行士集合所の屋根の上で歓呼をあげる若者たちと語らうボトヴェ

彼の落ち度ではありませんでした。彼の忍耐力と意志は挫けておりませんでしたが、万般の事情から呼び戻さなければなりませんでした。

みなさん、無事帰還、おめでとうございます。すばらしい偉業を遂げてデンマークの名を栄誉に輝かせてくださったことに対し、御礼申し上げます。

飛行士諸君、万歳！」

大臣の挨拶は万歳三唱で締めくくられた。

続いてコック大佐が挨拶した。

「優秀な飛行士を派遣したとはわかっていながらも、貴君らの飛行を心配していました。外国の飛行士たちも同じ任務を試み、栄誉をもって貫徹していたので、われわれも同じようにできると、それはわかっていました。けれども、途中で困難に陥ったとの連絡があった時には、やはり胸がどきどきしました。と同時に誇りと喜びを感じたのでした。任務にふさわしい飛行士がことに当たっていたばかりではなく、エンジンも最適でしたし、きちんとした訓練を受けさせてあったからです。われわれには何ができるか、今回それが明らかになりました。この快挙は、貴君らのみの誇りになるだけではなく、われわれ飛行士全員にとっても誇りであります」。

そこで再び万歳が叫ばれ、航空協会を代表してガド［Gad］司令官が挨拶した。ボトヴェがこれら一連の歓迎の挨拶に応えて次のように述べた。

「われわれ飛行士は口数が少ないのですが、飛行させていただいたことに対しては、ありがとうございました、と言わなくては気がすみません。とりわけ、計画にすぐに同意してくださった国防大臣に御礼申し上げます。いちばん感謝しているのはやはりコック大佐です。私は飛行士としては彼の息子にあたります。すべて彼のおかげでした。息子としてあらためてお礼を述べさせていただきます。

最良の機材を提供していただき、それを誰に感謝すべきか、よくわかっています。われわれ四人が出発したわけですが、それはまったく偶然でした。飛行士の同僚諸君の誰であっても、同じように任務を果たせただろうと思っています。

今日こうして歓迎してくださったみなさん全員に御礼申し上げます。出発を喜んでいたと同様に、無事に帰還できたことを喜んでいます」。

ワインを飲み終わり、挨拶も終わった後、士官室でボトヴェ大尉と向き合ったポリチケン紙の記者がインタヴューを行なった。その談話が同じ紙面に、「最後の一万一千キロメートルは、七十二時間、九日で飛んだ」と題して掲載された。

すでにボトヴェ自身の記述によって知らされている内容であるが、彼の記述は後日に構成し直され推敲された記録である。ここでは、コペンハーゲン帰着直後のボトヴェが、その時その場でインタヴューに応えて何を主に語っていたかに注目しながら、耳を傾けてみようと思う。

今朝四時半にモスクワを出発、ケーニヒスベルクに十一時五十分に着陸し、午後三時五十五分にふたたび離陸、ここクローバー畑に七時四十五分に到着しました。東京からの旅は火曜の朝に始まりました。つまり、ほぼ九日間で、一万一千キロメートルを約七十二時間で飛んだわけです。

ヘアシェンドと別れた時までのことは、みなさんもうよくご存じです。彼が不時着したことを知りませんでした。低空飛行をするつもりなんだろうとばかり思っていました。ラングーンで初めて何があったかを知らされましたが、私だけ飛行を続けることに決まりました。

バンコクからハノイまでの飛行は景色がすばらしかったのですが、多くの危険を伴っていました。密林ばかりで、着陸不可能だったからです。けれども危険を逃れることができました。ハノイでは、危うく一大事になりそうでした。フランス人は、湿地帯に白い十字で印をつけておいてくれたのですが、それが大きなT字形になってしまっていて、これは離陸地点の標識です。私はその真ん中に向かっていきました。いちばん危険な地点でした。エンジンはすぐに止まり、尾翼が震えていましたが、幸いなことに転覆はしませんでした。再出発した時には、中国の雨期が始まっていて、とんでもない悪天候に直入しました。いったん引き返し、二、三日待機しなければなりませんでした。広東の近くに湖のようなところがあって、私の地図にはそこに飛行場の印がついていました。そこはまさに飛行場で、その周辺には延々まったくほかの着陸地がありません。仕方なく下降して、水上機が水面に降りるようにやってみました。幸い、水深は五十センチほどでした。でも機体は上がれません。太陽が洪水を乾かすまで、数日待ちました。そして山東に向かいました。が、そんなにいかないうちに、ガソリンタンクが漏れているのに気がつきました。二百リットルも失っていたので、着陸するより仕方がありませんでした。寧海の近くでした。着陸地はなく、残りのガソリンでは十五分ほどの飛行しかできません。私は本能的に近くの湾をめざしました。眼下には四つも可能性のある地点が見つかり、私は最善の場所を選びました。

海賊とともに、睡眠なし、食料もなし

そうして盗賊の手に落ちたのです。海賊行為をしていた連中でした。武器で重装していました。私はオルセンにピストルを手渡すよう言いました。どうせ死ぬのなら、少なくとも闘うつもりでした。けれども盗賊たちは、まあ友好的なほうでした。でも説明ができません。「上海」と言っていろいろな方角を指さしてみたのですが、「上海」と応えただけだったので、なんのことだがわかりませんでした。連中は飛行機のカンバスを杖でつついてみたりしていました。暗くなったので、身を隠した方がよいだろうと判断しました。そこまではうまくいったのですが、眠ることはできませんでした。地面は凍てつくように冷たくて、私たちは震えていました。空腹でもありました。もう九、十時間何も口にしていません。

次の日、とても知性的な中国人が見つかり、彼は私たちが寧海の近くにいると説明してくれました。私は彼に紙幣を見せ、帽子を頭にかぶせてやり、雨傘を手に持たせて、彼を道案内に雇いたいことを伝えました。彼は納得しました。

中国人役人と死刑執行人

私たちは丸一日、カンカンと照りつける太陽の下、食べるものもなく歩いていきました。そして夜になってから、まるで影絵がよろめいているような姿で寧海に着きました。

した。アメリカの伝道協会でお茶を十四杯ずつ飲み干し、次の日まで眠りました。そして上海のランケア総領事に電報を打ちました。すると彼はただちにアメリカの蒸気船でガソリンを届けてくれました。

けれども今度は飛行機まで戻らなければなりません。そこで実に陽気な方法が取られたのでした。町の役人が私たちに同行したのです。駕籠に座り、前後を兵隊に守らせていましたが、その高貴な役人の後ろをついていったのでした。行列の最後尾には死刑執行人がついていました。出かけるときにはいつも連れているということでしたが、途中何があるかわからないからなのでした！

遺憾なことに、我らの友、海岸地帯の盗賊諸君は、エンジンから金属製のボルトほかの部品を掠め取っていました。私たちの訪問の記念品を手に入れておきたかったのです。仕方なくロープと金属線を使って機体を縛りました。それが結構うまくいき、ガソリンも手に入って、役人と死刑執行人に何度も礼を言って上海に向かいました。

エンジンが焼ける

上海から北京に向かいました。けれどもそこで最悪の事故があったのです。エンジンが焼けてしまったのでした。黄河を渡ってすぐのところで、温度計が百度になっているのに突然気がついたのでした。今回の飛行でヘアシェンドが同じような経験をしていたので、私も温度計が狂ったのだと思いました。眼下には危険な砂嵐ですから、降りるわけにはいきません。けれどもその一瞬後に、何やら焦げる臭いがしました。エンジンがだめになりました。

冷却水がなくなっていたのです。下降！　禹城の近くでした。そこから北京行きのひどい汽車に乗りました。戦の真っ最中でした。新しいエンジンを横浜から取り寄せることになり、それが正しく天津に届いたのです。けれどもそれを二十一日も待っていなければなりませんでした。往路はまるで探検隊のようでしたが、［天津からは］貨車一台がエンジンと私たちに与えられました。ところが、勝手に貨車を占領していた中国人たちをまず追い出さなければなりませんでした。おまけに、列車の機関士が、ある将軍の列車を運転していた機関士と競争を始め、お互いの線路が交差していたので、とうとう機関車同士が衝突し、転倒しましたが、私たちはふたたび飛ぶことができました。そして北京からさらに東京に向かったのですが、またもや冷却水が漏れたために不時着しました。これらの故障の理由は、機体に使用した金属が、飛行機の振動に耐えられなかったからなのでした。単に破損してしまったのです。天津の近くの競馬場に着陸しましたが、幸い、レースとレースの間でした。

ボトヴェの記録

私たちは日本で英雄として貴族のように祝福されました。けれども私の目的はただひとつ、ペルティエ＝ドアジー(Pelletier d' Oisy)を牽制することだけでした。それは見事に果たしました！　私はたった九日間で飛行を果たしたのです。ペルティエ＝ドアジーはパリから北京まで飛行するのに七日を要し、それ以上飛びませんでした。そこから東京までは少なくとも二日かかりますから、私たちを凌駕することはできなかったはずです。

復路に関してはあまり言うことはありません。さまざまな理由から、航程中に出会った方々全員に感謝しています。特に東アジア会社と大北電信会社にはお世話になりました。両社の人々こそ、今回の飛行が成功した第一の要因でした。

それでは、さようなら！　もう休まなければなりません。

さらに同紙は第三面にボトヴェの往復の航程を示す図を掲載し続く第四面で、ポリチケン社

偉業を達成しR1号機の前で腕を組むボトヴェとオルセン

の賛辞を「ボトヴェ大尉の成果」と題して言葉を尽くして褒め立てた。

二ヶ月半前、若き無名の将校ボトヴェ中尉が東洋に向けて大胆な飛行に挑戦した。その彼が昨日飛び戻った時には、大尉に昇進していたばかりではなく、際限のないほどの人気を勝ち得ていた。昨夜飛行場で受けた歓喜に満ちた歓迎ぶりがそれを生き生きと証明していた。実に国を挙げて彼を喜びで迎えたのだった。デンマークの少年少女で、いまやボトヴェの名を知らない者はいない。

(中略)デンマーク人なら誰でも誇りに思える偉業が達成された。全く類を見ない成果である。特に最後の記録、モスクワからコペンハーゲンまでたった一日で飛んだことは、それまで何度も故障を起こしていたエンジンで味わった困難の数々を思えば、お伽のような話である。

東京への飛行の意義ならびに実際的な効用についてはすでに多くのすぐれて賢明なことが言われてきた。その正しさが目の前に示されたわけである。地球のあちこちの空でデンマークの旗がはためくのは、デンマークにとってすばらしい。わが小国デンマークの名が賞賛をもって称えられ、さらに、鉄のような意志とエネルギー、固い信念を持って当初の目的を遂行すればどんな結果が得られるか、格好の例になっているのは疑いをいれない。その模範がわれわれに示されたわけである。(中略)課題を周到に計画すること、それを貫徹する堅固な意志、どんな障害にぶつかってもひるむことのない不屈の精神、これらすべてをボトヴェ大尉の行動が示してくれている。(中略)ボトヴェは、明るく輝く星となって大陸の空を滑空してきた。彼が点した光は、デンマーク人の心にも流れていって輝くであろう。

ちなみに、日本での歓迎ぶりを示す写真として、所沢飛行場ならびにボーイスカウトのメンバーの集まった三島邸で撮影された写真が、二十五日の紙面の第一面に掲載された。

一方、デンマークを代表するもう一つの新聞べアリンスケの記者は、歓迎の模様をさらに詳しく二十四日の記事で紹介していた。

病み上がりのコック大佐が歓迎の準備を指揮していたことや、「ワインとクッキー」とポリチケン紙が書いていたのはポートワインとアーモンドを使って焼かれたクランスケーキだったこと、再会を寸前にして喜びを隠せずに目に涙を浮かべていたボトヴェ夫人が、「無事に帰ってくると信じていましたけど、やはり心配で心配で仕方ない時が何度もあって……」と語ったことなどを伝えているほか、飛行場には騎馬警官五名と警察官二十人余りが警備、数百人の出迎え人を予想していたが、集まってくる人の数は増えるばかりで、まさか万を超え、三万近くになるとは想定外だった、と記している。

花束を抱えて出迎えた著名人たちの名前も細かに書き留めている。

飛行場に流れ込んだ群衆が万歳を叫びながらいっせいに滑走路に向かって走り出て、まるで着陸態勢に入った飛行機を迎えに出るかのような形になったものの、次の瞬間、目前に控えた危険を悟ってパニック状態になってしまったが、幸いなことに、状況をとっさに判断したボトヴェがエンジンを切ってプロペラを止め、危ういところで群衆との衝突を回避した劇的な展開も、詳しく描写している。

警官の馬に乗せられて少しは早く移動できるようになったボトヴェが、群衆の人混みの中に同僚へアシェンドの姿を見つけ、小柄な彼を軽々と持ち上げて馬の背中に乗せた場面も生き生きと描いている。

また、国防大臣ならびにコック大佐の挨拶のあと、デンマーク飛行士協会の会長ピーター・ニールセンがボトヴェとオルセンのふたりに記念の銀杯を授与したことも記している。

歓迎会の模様はラジオの実況ですべて放送されていた。また、歓迎会の後の記者会見で語った飛行についてのエピソードはすでにポリチケン紙が伝えていたが、そこで漏れていた情報として、中国の盗賊たちの人数は百名ほどだったこと、寧海までの道を九時間かかって歩いたこと、不時着した禹城から天津までの距離百七十キロメートルを汽車でいくのに二十一時間かかったこと、バイカル山脈では五十キロメートルにわたって崖と崖の間を飛び、嵐と豪雨の中で機体をコントロールできなくなり、岩壁に叩きつけられそうになったことなどを挙げている。

日本からの贈り物

ボトヴェ帰還翌日の六月二十四日、ストックホルムの日本公使館から三枝領事が歓迎のためにコペンハーゲンに到着した旨、二十五日付のポリチケン紙が報道している。数多くの著名人がボトヴェに歓迎の辞を伝えるためにコペンハーゲンにやってきていた中で、特に三枝領事の訪問が話題になったのは、訪問にはもう一つ目的があったからである。すなわち、デンマーク王立図書館に「六十八巻からなる漢字の発展を扱った貴重な図書」を贈呈することだった。同紙は、これらの図書が「中国で使われていた漢字すべてを網羅、中には、今までどの辞書にも取り上げられていなかった漢字七百字も含む」と紹介していた。図書を受け取ったウルフ [K. Wulff] 博士とブリョンダル [Sigfus Bløndal] 博士に囲まれて撮った写真も掲載されていた。K・ウルフ教授は王立図書館の東洋語の専門家で、ブリョンダル博士は司書を務めていた。

さて、その図書であるが、さらに詳しく報道しているベアリンスケ紙の記事から知れることであるが、漢字語源研究の権威高田《たかだ》忠周《ただちか》（一八六一－一九四六）が一八八五年から一九一八年まで三十年以上研究した成果を六十八巻にまとめたものであった。「一万字の変遷を説明している」と記事の見出しで謳っているこの著作の研究者の名を、三枝領事は「Takata Tadasuke たかた た

BERLINGSKE TIDENDE

10,000 SKRIFTTEGN I 68 BIND

En kinesisk Gave fra Japan til det store kgl. Bibliotek.

Hr. Sayégusa viser Gaven til Dr. K. Wulff.

I Gaar opholdt Legationssekretær ved det japanske Gesandtskab i Skandinavien, S. Sayégusa, sig i København — et Ophold, som ikke var uden Sammenhæng med Kaptajn Botveds Hjemkomst fra Tokio. Men samtidig havde Hr. Sayégusa ogsaa andre Opgaver at røgte her — og blandt dem var at overgive et meget stort og kostbart Værk til Det kgl. Bibliotek.

Hr. Sayégusa fortæller os om dette Værk følgende:

— De kinesiske Skrifttegn er, som De ved, et Omraade, der er dyrket af mange Videnskabsmænd. Ingen er anerkendt som en større Ekspert paa den kinesiske Etymologis Omraade end Japaneren Tadasuke Takata, der har anvendt 40 Aar af sit Liv, fra 1885 til 1918, til Studier paa dette Omraade. Og det er Resultatet af disse Studier, han har nedlagt i dette i Japan udgivne Værk, der er paa 68 Bind, og som giver en fuldstændig Oplysning om Udviklingen af de 10,000 Tegn, som det kinesiske Skriftsprog bestaar af. Man anvender jo stadig i Kina et Alfabet, som kræver sit Tegn for hver Ting i Stedet for, som i europæiske Sprog, for hver Lyd. Disse Tegn har i Tidens Løb udviklet sig en Del. Oprindelig lignede de Tingen. Nu er de blot Tegn, men der er en stadig Forbindelse mellem før og nu — og Hr. Sayégusa tegner for os en Række Tegn i deres tidligere Form og i den Form, hvori de nu anvendes. Vi gengiver dem hosstaaende.

Nu har Tadasuke Takata her i dette Værk medtaget alle de 1500 Tegn, som var i Brug ved Chou-Dynastiets Ophør, og der findes desuden i Værket alle de senere tilkomne Tegn, deriblandt 700 Tegn, som aldrig før har været optegnede i nogen Ordbog. Værkets Titel, som er uoversættelig paa noget andet Sprog, er „Ku Chou Pien", hvortil slutter sig som Supplement to andre Værker „Hsiao Ku Fu Fan" og „Ku Chou Pien Pu".

Hr. Sayégusa mødte i Gaar Eftermiddags paa Det kgl. Bibliotek, omgivet af nogle mægtige Pakker — de indeholdt dette Værk, hvor Bindene 4—5 ad Gangen ligger indesluttede i Omslag, som det altid anvendes paa japanske og kinesiske Bøger.

Han modtoges af Bibliotekar, Dr. phil. Sigfus Bløndal og Dr. phil K. Wulff, som er Bibliotekets Ekspert paa østerlandske Sprogs Omraade, og som udtrykte sin Glæde over den store og sjældne Gave. Det er Selskabet, som udgiver det store Værk, der sender Gaven til Det kgl. Bibliotek — som ogsaa andre Biblioteker og Universiteter i Verden har modtaget. De mange Bind bliver nu anbragt paa Bibliotekets Hylder. Det er den største ABC., Biblioteket ejer.

Nogle gamle og nye kinesiske Skrifttegn. Øverst et Hjerte, derefter en Hest, saa en Maane og nederst et Bjerg — som Hr. Sayégusa tegnede dem for os i Gaar.

ウルフ教授に図書を贈呈し説明をする三枝領事

だすけ」と誤って読んで紹介してしまったため、検索の際に困難が生じるはめになってしまった。「心」「馬」「月」「山」の絵を描き、漢字との類似を示す挿絵イラストも記事中に掲載されているが、それは三枝領事が説明のために描いたものであったろう。

ベアリンスケ紙はさらに、「周朝消滅期に使用されていた千五百字、ならびに今までどの辞書にも取り上げられなかった七百字を収録。辞書の名称は、何語にも翻訳不可能な「Ku Chou Pien」(『古籀篇』こちゅうへん)で、補巻が二巻あり——「Hsiao Ku Fu Fan」(『学古発凡』)と「Ku Chou Pien Pu [Yi]」(『古籀篇補遺』)である。この大規模な出版を手がけている協会は、全世界の図書館や大学に同書を寄贈している」と記していた。

高田忠周の大著『古籀篇』は、首巻一巻、本文百巻、補遺二巻、転注仮借説一巻、篆文索引六巻、隷文索引二巻、学古発凡六巻、計百十八巻より成り、明治十八年(一八八五年)に起稿し、大正七年(一九一八年)に完成、大正十一年(一九二二年)に刊行された。本文百巻は二巻ずつで一冊になっているため、全部で五十巻、合計六十八冊となった。

三枝領事は、下の名前が不明だが、外務省通商局 編「日刊海外商報(七〇五)」(一九二七―二)の一二九八ページに「日本版書輸入商——(ストックホルム)/三枝領事」と出てくるので、外交官ではなく、ストックホルムで貿易に携わっていたことが判明する。

ボトヴィェ帰着の好機にデンマーク王立図書館に寄贈された図書は、在ストックホルム日本公使館から贈られたものではなく、高田忠周の大著刊行会からの恵贈であった。

ストックホルムには永井公使が滞在していて、すでに見てきたとおり、ボトヴェの東京行きの飛行には多大な関心を示し、幣原外相とも電報を取り交わし助言も与えていた。

ボトヴェ帰還時の歓迎会には間に合わなかったものの、帰着一週間後の三十日のポリチケン紙には、その前日に国防大臣主催の宴会が開かれた折に永井公使が出席したことが報じられている。

記事には次のように書かれていた。

六月二十九日、チボリ公園脇の宴会場ニンプで飛行士たちを招いて感謝会を国防大臣が催した。日本公使永井松三（一八七七—一九五七）、タイ公使スヴァスチウォングスほか、航空隊長コック、ニューホルム将軍ほか陸海軍の将兵、航空協会会長ガド、国政参議H・N・アナセンらが列席した。

メニューには日本とデンマークの旗や写真があしらわれ、テーブルも花で綺麗に飾られていた。

そのあとで国防大臣が行なった挨拶を紹介している。大臣はまず、コペンハーゲン・東京間の飛行を可能にした国政参議アナセンの尽力に対して感謝、詳しい情報を提供してくれた新聞各社、ならびに途中飛行士たちに便宜をはかってくれた諸国、特に中国と日本に謝意を示し、さらに大北電信会社の助力にも例を述べた。そして、デンマークのために貢献した飛行士たちが、同日に国王より勲章を授けられたことに言及、続いて、「当初飛行計画に否定的だった連中は顔を見せていない。同じようなことは自分たちにもできると主張する者も一人としていない」と暗に非難の言葉を口にしたあと、「われわれは、飛行士たちとその成就したところを誇りに思う。彼らがデンマーク人であり、われわれも同じデンマーク人であることを誇りに思う」と結んで、轟くような万歳の声で応えられた。

永井日本公使は、日本政府を代表してそれに応え、ボトヴェ大尉の見事な成果を褒め称えた。「それより六十［五十］年ほど前、岩倉公がロンドンに派遣された。一年ほどのちに帰国したが、同じ旅を今では二十五日でできる。けれども今回デンマークの飛行士は、九日で成し遂げた。将来この交通手段が西洋と東洋を結びつけるようになるだろう」と述べた。岩倉使節団がロンドンを訪れたあとデンマークやスウェーデンを訪問したのは一八七三年のことであった。一九二六年の段階で、少なくとも永井公使は、ボトヴェが抱いていたのと同様、航空業の将来を「民間の交通手段」として捉えていたのは注目に値する。飛行機の平和利用であり、軍事目的はかならずしも優先していなかったのである。それが三十年代になって、ボトヴェが指摘していた戦闘機の優秀な機能力の開発がさらに進み、武器としての飛行機が主役になり、第二次世界大戦に突入するようになってしまったのは周知のとおりである。

永井公使は挨拶の中でアンデルセンの作品が日本で貢献していることも指摘し、その生誕百年祭を［前年一九二五年に］日本で執り行なったことに触れたが、これは没後五十周年記念祭であった。また、もう一人のアンデルセン［デンマーク東アジア会社社長H・N・アナセン］が、今日ヨーロッパと東洋の関係を緊密にする事業に関わっていること、さらに、大北電信会社が、見事な電信網を駆使して情報提供に尽力していることも述べ、最後に、心からデンマークを称えた。

その後もいくつもスピーチがなされ、華麗な宴会は夜半まで続いた、とベアリンスケ紙は結んでいた。

こうして地球の両側で日本とデンマークの絆が深められる意義深い役割を、空から果たしたのがボトヴェだったのである。

付記1――当時日本に滞在していたデンマーク人

デンマークと日本の間に条約が締結された一八六七年、函館にデンマーク人の領事J・H・デュース(一八三四―一八九)が、横浜にはスイス人のエドゥアルド・ド・バヴィエーがデンマーク領事として置かれた。翌一八六八年には長崎、大阪、神戸にもデンマーク領事が置かれたが、いずれも外国人領事がデンマーク領事を兼任していた。ちなみに、大阪のデンマーク領事職は一八八〇年に一度閉鎖され、一九二八年に再開された。また函館は、デュースが死去した一八八九年に廃止されている。

一九〇二年、横浜に最初のデンマーク人領事ソーフス・ヴァーミン (Sophus Warming) が就任、また神戸にも、一九一〇年にこれも初めてのデンマーク人領事オーエ・ヘルボーン・ハンセン (Aage Helborn Hansen, 1877-1955) が配された。

その頃までの日本におけるデンマーク国の外交事項はすべて東京のオランダ公使館が担当していた。最初のデンマーク人全権公使は一九一二年に任命されたプレベン・フェルディナント・アーレフェルト＝ラウアヴィ伯爵 (Preben Ferdinand Ahlefeldt-Laurvig, 1872-1946) だったが、北京に在任していた。

一九二一年、その後任になったニールス・ヨハン・ウルフスベア・ヒョスト（Niels Johan Wulfsberg Høst, 1869-1953）は、最初の在日本全権公使で、東京赤坂表町（現在の赤坂四、七、八丁目にあたる）にデンマーク公使館を開いた。一九二四年からはヘンリック・カウフマン（Henrik L. H. Kauffmann, 1888-1963）がデンマーク全権公使として赴任したが、中国と日本両国の公使を兼任、北京に駐在した。その間、アイナー・ヴェールム（Einer Wærum, 1890-1971）が代理公使として東京に滞在、一九二四年から二八年までその職にあった。

ちなみにカウフマンはのちにノルウェー公使を務めた後、一九三九年にワシントンに派遣され、戦時下にあって重要な役割を果たした。またヴェールムは、後日、一九五一年から六〇年まで、フランス公使を務めた。

一九二三年の関東大震災後、デンマーク公使館は赤坂榎坂町（現在の赤坂一丁目）に移転、さらに一九二五年になって丸の内仲通りに移った。

オーエ・ヘルボーン・ハンセンは神戸でデンマーク領事を一九一九年まで務め退任した後、一九二四年にふたたび領事に任命されたが、今回は東京滞在となった。ハンセンはすでに一九一九年に東京に移り、会社を設立していたのだが、二三年の大震災ですべてを失なっていた。ちなみにハンセン領事は第二次世界大戦中にも再度すべてを失ない、四七年に故国デンマークに帰国した。ハンセンは戦前二〇年代の日本におけるデンマーク人社会の中心的な人物であった。ヴェールム代理公使が東京に、横浜にはヴァーミン領事が滞在していたが、ハンセン領事ほど長期間日本で活躍し、滞日デンマーク人のまとめ役になっていた者はいなかった。公的な機関の他に、デンマークを代表する企業であったF・L・シュミット社が、丸の内仲通りに事務所を構えていた。デンマーク公使館とは同じ建物の中であった。同社はセメントを中心に日本でビジネスを展開していたが、事務所が置かれたのが二三年で、カイ・シュヴァルツ・ニアゴー (Cai Schwarts Neergaard) とトーキル・スティ・ニールセン (Thokild Stig Nielsen) の尽力によるものだった。ニアゴーは大震災で亡くなってしまったが、ニールセンは十年ほど日本に滞在し、日本各地にセメント工場を設立し、日本産業の発展に貢献した。一九二四年にはもう一人の技師オーエ・ブルーン (Aage Bruun) が来日してニールセンの右腕となり、二年間滞在した。

もう一つ、日本の近代化にひとかたならぬ貢献をしたのが大北電信会社である。一八七〇年から七一年にかけて上海―長崎―ウラジオストク間に海底電信ケーブルを敷設して、七二年初頭から電信で日本を世界と繋いだ。日本は、日清、日露の両戦争を、長崎にあった大北電信会社の電信局を通して戦ったのだった。一九〇八年には長崎と台湾の間に電信が開通、同時に、一八八三年以来大北電信会社によって運営されていた長崎―朝鮮間の電信線が、日本の日露戦争勝利の後を受けて日本側の電信局に移譲された。

長崎に電信局が開かれて以来、同局には絶えずデンマーク人が就業していたが、二〇年代半ばには五名のデンマーク人が滞在していた。すなわち、局長のJ・A・エリックセン（Erichsen）、電気技師のP・H・L・クリステンセン（Christensen）、H・ヨアンセン（Jørgensen）とO・A・ハンセン（Hansen）、それに電信士のS・E・リュスター（Lyster）である。リュスターは後に東京に移って領事を務め、一九八三年に亡くなるまで東京に住んでいた。

北海道の琴似では日本政府に招聘されたデンマークの農業技師カール・フェンガー（Karl Emil Hauch Fenger, 1894-1983）が、デンマーク式のモデル農業を紹介すべく、一九二三年から二八年まで滞在していた。モデル自体は二七年に完成したものの、日本側の農民の関心が今一つで実験は不成功に終わってしまった。ちなみにフェンガーは、戦後、一九五〇年から五四年まで、今度は日本農林省の顧問として再来日している［佐保吉一、「デンマーク人農業指導者エミール・フェンガーの山形時代（一九五一－五四年）」『東海大学国際文化部紀要』第六号、二〇一三年、二十七－五十六ページ参照］。

横浜は外国人が訪れる街で、西洋式のホテルの需要が多かった。山手にあったブラフ・ホテル（Bluff Hotel）はそのひとつで、デンマーク人のクリスチャン・ピーターセン（Christian Petersen, 1878-1957）が経営していた。ホテルは以前クラウセン・ホテルとして知られており、一九〇〇年以前に同じデンマーク人のC・B・クラウセン（Clausen）によって建てられたものだった。クラウセンは船大工として明治時代に来日した。ピーターセンは一九一九年にホテルを買い受け、ブラフ・ホテルと改名したが、二三年の大震災で全壊、その後に建て直した。ピーターセンは日本に滞在していたデンマーク人たちの間で非常に人気のあった人物で、その陽気さと楽天性のおかげでパーティーや催し物があるときには欠かせない存在だった。

さらにもう一人、デンマーク人たちの間でよりも日本のキリスト者の間で名を知られていたデンマーク人がいた。一八九八年に来日して以来、常時ではなかったにしろ、都合七十年にわたって日本で宣教師を務めたイェンス・ウィンテルである。アメリカで二年学んで学位を取り来日、一九二二年から二七年までの間アメリカとデンマークで過ごした期間を除いて、久留米や神戸の神学校などで長年教鞭をとっていた。その功績に対して四八年に東京のルーテル神学校から名誉学位を受賞、また五八年には、六十年間に及んだ奉仕に対してデンマーク王国がダンネボー勲章を、日本政府は旭日章を授章した。

一九一八年のロシア革命は、ロシアに滞在していたデンマーク人にも影響を及ぼし、ペトログラードのデンマーク公使館で執事長を務めていたマウダ・ラウエセン嬢(Miss Magda Laugesen)は東方に逃れ、遂に東京に達して寄宿舎を設立、北欧人たちに喜ばれた。彼女はのちにデンマーク公使館員だったオーエ・クレマン(Aage Clément)と結婚して横浜に移り、クレマンはフォード会社に就職した。

ロシアから亡命してきたデンマーク人たちの中には、著名なピアニストだったジョージ・ロランジ(Georges l'Orange, 1885-1961)教授もいた。一九〇五年から〇七年までコペンハーゲンのロイヤル音楽アカデミーで学んだ後、〇八年からコンサート活動をロシア、フランス、ドイツ、インド、中国で展開し、一五年からペトログラードのロイヤル音楽アカデミーで教授に就任、革命後は日本に逃れ、そこで日本の音楽アカデミーであった上野の東京音楽学校に関わった。後日有名になった日本のピアニストの多くが最初のレッスンをロランジ教授から受けており、指揮者として名を馳せた近衛秀麿(一八九八－一九七三)もその一人だった。代々木に住んでいたロランジ教授は個人レッスンも授け、数多くの生徒がいた。文芸・音楽評論家の河上徹太郎(一九〇二－八〇)のほかにも熱心な生徒がいたが、中でも津田あやめは、ロランジ教授が三一年に帰国するときにデンマークに同行したほどだった。教授はデンマークでも音楽教育を亡くなるまで続けていた。

チャールズ・ラウトロップ(Charles Lautrup, 1893-?)は東京音楽学校で一九二五年に若き指揮者兼教授に就任した。デンマークで音楽教育を受けた後、一九年にドイツにわたってカール・シュローダー(Carl Schroeder, 1848-1935)教授に師事、ベルリンフィルで二一年から二三年まで指揮者を務め、イギリス、オランダで演奏会を開いた後でコペンハーゲンに戻り、カール・ニールセンの第三番交響曲エスパンシヴァを指揮したりして活躍した。なぜ東京に来たかはつまびらかにしないが、六年の滞在の間に非常に人気があった指揮者で、デンマークが誇る国民的作曲家カール・ニールセンの曲をしばしば演目に取り入れていた。ロランジ教授が帰国した一九三一年、戦局が迫りつつあった日本をラウトロップも離れてアメリカに移り、ポートランド・フィルで指揮者を務めていた。東京での最後のコンサートは日比谷公会堂で開かれ、ベートーベンの第九がプログラムに載っていた。

音楽の分野でデンマーク人が活躍していた当時、ハンセン領事のスウェーデン人の夫人ヘドヴィ・ハンセン(Hedvig Hansen)も、優れたピアニストとして自宅で音楽サロンを開いていた。

こうして、外交、実業、農業、キリスト教、音楽など、各分野で活躍するデンマーク人たちが、二〇年代の日本には滞在していたのだった。

ここに一九二八年に撮られた一枚の写真がある。正確に言えば九月二十六日、デンマーク国王クリスチャン十世の誕生日に、横浜のスポー

1928年9月、「日本・デンマーク人友好会」結成時の記念写真

ックラブに滞日デンマーク人が集合し、「日本・デンマーク人友好会」が結成された。その時の記念写真である。ボトヴェが日本を訪れてから二年以上が経過していたが、本書で取り上げられたデンマーク人たちの幾人かがまだ健在で、写真に撮られているので紹介しておく。

最後列すなわち最上段の左端に音楽教授ロランジ、左から四人目で柱の脇に立っているのが横浜にあったフォード・モーター日本の工場長ポウル・ブレトウ（Poul Bretow）、右端にF・L・シュミット社日本支社長のニールセン、その前の列の左端で口ひげを生やし葉巻を手にしているのがハンセン領事、同じ列の右端が音楽教授ラウトロップ、前から二列目の左から三人目が長崎でスタンダードオイル支店長を務め、日本・デンマーク友好会の初代会長に選ばれたランベア（C. Langberg）、右端がハンセン夫人でその左となりがヨルダン（Jordan）夫人、床に座っている真ん中の女性がニールセン夫人である。

付記2――一九二五年アンデルセン没後五十周年記念祭

日本のボーイスカウトが一九二四年コペンハーゲンで開催された世界大会ジャンボリーに参加した折、これに同行した平林広人（一八八六－一九八六）は、そのままデンマークに残ってデンマーク語を学んだ。アンデルセンの童話に魅せられ、一九二五年のアンデルセン没後五十周年の記念の年に向けて日本で記念祭を催すべく、留学中にデンマーク外務省ならびに友人であった久留島武彦（一八七四－一九六〇）と連絡を取った。久留島もジャンボリーに参加しており、児童文学者として活躍し、のちに「日本のアンデルセン」と呼ばれるまでアンデルセンに傾倒していた。ちなみに、童謡「夕やけ小やけ」は久留島が作詞したものであった。平林もアンデルセンの翻訳を通して、後年デンマーク文学者として知られるようになった。

平林から連絡を受けた久留島は、当時、日本の児童文学界の重鎮であった巌谷小波（一八七〇－一九三三）と相談をし、会合を東京で七月三十日に開くことを決めた。児童文学研究家であった蘆谷蘆村（一八八六－一九四六）も発起人に加えられ、衆議院議長徳川家達（一八六三－一九四〇）を名誉総裁に迎えて準備委員会が発足して記念祭へ向けての活動が始まった。

早速八月四日には、東京の主要紙がアンデルセンに関する記事を掲載し、大阪のラジオ局では巌谷がアンデルセンについての講義を放送した。

九月五日、かつて十五歳のアンデルセンが故郷のオーデンセを出発してコペンハーゲンに向かったのと同じ日に、東京丸の内精養軒においてアンデルセン没後五十周年記念式典が、文学界、教育界の名士百名ほどを迎えて行なわれた。

その日、宴会場には神道風の祭壇が設けられ、久留島がデンマークから持ち帰っていたアンデルセンの肖像写真が飾られた。デンマークの国旗が背景に掲げられ、その前に「山海の珍味」が供えられるという、奇妙な取り合わせであった。

式典は東京市長後藤新平(一八五七―一九二九)が音頭をとって進められ、著名各士が演説を行なった。まず久留島がデンマークの印象とアンデルセンの故郷の町オーデンセを訪問した時の話をし、続いて前文部大臣澤柳政太郎(一八六五―一九二七)が彼の学校であった成城学園でいかにアンデルセンの童話を授業で使ったかを披露、ボーイスカウト運動を推進していた前述の二荒芳徳伯爵(一八八六―一九六七)、巌谷らも演説した。

巌谷は演説の後で、自ら翻訳したアンデルセンの作品を読み上げた。そこで乾杯がなされ、続いてデンマーク代理公使ヴェールムが、アンデルセンに向けて払われた日本側の敬意に対して、デンマーク国を代表して謝意を示した。

九月二十七日には、日本童話協会がアンデルセンの童話の朗読会を開催し、その一週間後の十月四日、青山においてアンデルセンについての講演と展覧会が催された。神話学者の松村武雄(一八八三―一九六九)と詩人で童話作家の秋田雨雀(一八八三―一九六二)が講師を務めた。松村は童話と民話の違いについて話し、秋田はアンデルセンの童話からいかに影響を受けたかについて語った。その後で、ヴェールム代理公使がデンマークの宝であるアンデルセンについて触れ、日本・デンマーク両国間に相互理解の固い基盤があることの重要性を強調した。また同じ機会に、当時人気のあった詩人北原白秋(一八八五―一九四二)が寄せた頌歌二篇、「アンデルセンの肖像へ」と「ある晩アンデルセンとともに」が朗読された。前者は巌谷の門下の作家生田葵山(一八七六―一九四五)が、後者は童謡詩人葛原しげる(一八八六―一九六一)が読み上げた。

また蘆谷蘆村は自著『永遠の子どもアンダアセン』をヴェールム代理公使に献呈した。同書には、ヴェールムが序文を書いていた。

さらに同じ催しの晩には、当時の日本を代表する作曲家山田耕筰(一八八六―一九六五)がその日のために書いた三重奏曲が演奏された。

以上の記念会はすべて東京で行なわれたが、地方でも、例えば高知市では同じ十月四日にアンデルセンの作品の朗読会が開かれ、浜松市の高校でも蘆谷蘆村を迎えて講演会が開かれた。

一九二五年秋の日本ではこうしてさまざまなアンデルセンを讃える催しが各地で開催されていたが、そのハイライトは東京日比谷図書館で十月十七、十八両日に開かれた展示会であった。

東京のデンマーク大使館を通して何百冊にも及ぶ各国語に翻訳されたアンデルセンの作品が展示された。これらはもともとデンマーク外務省の計らいでベルリンのアンデルセン・フェスティバルに展示されていたものだったが、アンデルセン研究の権威の一人でベルリンに滞在していたデンマークの教授カール・ラールセン（Karl Larsen, 1860-1931）の好意で東京まで移送されたのだった。ちなみにカール・ラールセンは、日露戦争における日本の勝利の謎に迫った著作『日本の魂』を一九〇九年に上梓している。

展示された図書のうち注目すべきは、アンデルセン生存中に刊行された六巻本のデンマーク語原作の『童話』、十五カ国語に訳された「ある母親の話」を一巻に集めた本などで、豪華なイラストのついた大型本『人魚姫』も評判になっていた。本以外にも、アンデルセンの写真や肖像が多く展示され、青年時代から晩年にいたるまで、さまざまな状況におかれたアンデルセンが初めて日本で紹介された。また、アンデルセンの切り絵や童話から題材をとったクリスマスカードも展示されてよろこばれた。

日本語訳のアンデルセンの作品もほぼすべてを網羅して展示された。紅葉山人（尾崎紅葉）の『二人椋助』や森鷗外の『即興詩人』なごもあり、その数のみならず、翻案などのヴァリエーションも多彩で、日本でいかにアンデルセンが好まれているかを誇示していた。

アンデルセン記念祭のクライマックスは、展示会と同じく十七日と十八日に帝国劇場で公演されたアンデルセン童話抜粋の舞台であった。帝国劇場は大震災の後で新築されたばかりであり、日比谷図書館のすぐ近くにあった。雨天だったにもかかわらず、三千人ほどの観客が訪れ、そのうちの半分は子どもだった。劇場は記念祭実行委員会に無料で貸し出され、劇場所属の俳優たちも、これも無料で公演に加わった。*

＊――この項の記述は、以下の拙稿によっている。Yoichi Nagashima. The 1925 Hans Christian Andersen Festival. Mette Laderrière (ed): *Danes in Japan 1868 to 1940*. Akademisk Forlag: Copenhagen 1984, p. 143-169

舞台にはまず久留島が登場し、その前年にアンデルセンの故郷オーデンセを訪れた時の話をした。アンデルセンの生家を訪ね、それがいかに小さく、天井までの高さがどれほど低く、外の路地がどんなに狭かったかを、両手で示して説明した。

次に、前述の北原白秋が作詞した「アンデルセンの肖像へ」に、記念祭のために山田耕筰が作曲した歌曲がピアノの伴奏をつけて披露された。それから、「ある母親の話」が帝劇の役者によって短いオペラの形で演じられ、観客を感動させた。

続いて子供たちがダンスを披露し、そのあとで多くの唱歌で有名な作曲家弘田龍太郎（一八九二―一九五二）が、自作を二曲、自らピアノを伴奏して紹介した。

幕間のあと、舞台用にアレンジされた「裸の王様」が演じられ、このコミカルな話に、会場の子供たちは大喜びをした。

プログラムの次の出し物はダンスが二作、北原白秋の作曲した「お祭り」と「ある晩アンデルセンとともに」のメロディに合わせ、子供たちが踊った。

そしてフィナーレになり、アンデルセンの時代のデンマークの衣装をつけた日本の子供たちが三人、舞台に現われてお互いにアンデルセンの童話を話して聞かせている。そこに青年時代のアンデルセンの扮装をしたデンマーク人が登場し、子供たちの話に耳を傾ける。やがてその姿に子供たちが気づき、もっとお話をして欲しいとアンデルセンにせがんだ。アンデルセンが、それでは、と言ったところで舞台は暗転、しばらくすると、アンデルセンの童話に登場する人物、動物たちが次々と列になって登場してきた。詩人も王様も親指姫もいれば、鉛の兵隊、人魚姫、カエルもチョウチョウもカタツムリ、クマ、白鳥もいた。そして最後にピエロが。

アンデルセンとして舞台に登場したのは、デンマーク公使館の一等書記オーエ・ヘンリックセン（一八九七―一九八四）だった。冒険家として知られ、画家でもあったヘンリックセンは、日本滞在時を回顧して『私は東京に住んでます』（Jeg bor i Tokyo）を一九四一年に刊行している。

アンデルセン童話のページェントが終わると、詩人に扮した巌谷小波がスピーチを行ない、「子供の世界には西洋も東洋もない、現在と過去、生と死の境界も意味を持たない。アンデルセンの童話の世界は、五十年前も今も変わらない、百年後も千年後も変わらないだろう。不朽の童話作品で私たちを喜ばせ、幸せにしてくれたアンデルセンに感謝する」と熱く述べた。

そのあとで観客は、弘田龍太郎が作曲、葛原しげるが作詞したアンデルセンに捧げる歌を合唱した。最後にヴェールム代理公使が挨拶をし、カエルの姿をしていた久留島が通訳をした。

なお、二日間にわたって公演された帝劇での催しの模様は、各氏の演説や北原白秋の詩などとともに雑誌『童話研究』の十一月号に掲載された。

この華やかで友好的なアンデルセン没後五十周年記念祭が大成功に終わった報せを聞いて、デンマーク国王クリスチャン十世は、巌谷小波と久留島武彦へのダンネボルク勲章叙勲を決めた。一九二六年二月一日のことである。

それは、ボトヴェ出発の一月前であった。

こうしてデンマークと日本は、両国間の友好を一気に緊密にすべく、あたかも地球の両側からエールを交換するかのように、コペンハーゲンから東京に向けてボトヴェを飛ばしたのだった。

主要参考文献

❖ *Berlingske Tidende*. Juni 1926

❖ *Berliner Volks-Zeitung*. 17 Märts 1926. Berlin Staatsbibliotek

❖ Botved, A. P.. *København – Tokio – København Gennem Luften*. Gyldendal, København 1926, 1930

❖ *Den Danske Biografiske Leksikon*, Bind 2, 1979, p. 398

❖ Henningsen, Sven. *Det Fjerne Østen og Magternes Kamp*. Gyldendal 1941

❖ Huld, Palle. *Jorden rundt i 44 dage*. People'sPress Jr. 2012（Hasselbachs Forlag 1928）

❖ Knudsen, Sven V. . *Alverdens Glade Drenge*, II. Østen. Hasselbachs Forlag 1924

❖ Knudsen, Sven（ed）. *Jamboree Danmark*. B. T. Central, 1924

❖ Lepach, Berndt. http://www.meiji-portraits.de/meiji_portraits_j.html

❖ Nagashima, Yoichi. The 1925 Hans Christian Andersen Festival. Mette Laderrière（ed）: *Danes in Japan 1868 to 1940*. Akademisk Forlag: Copenhagen 1984, p. 143-169

❖ Nagashima, Yoichi. *De dansk-japanske kulturelle forbindelser 1600-1873*. Museum Tusculanum. Copenhagen 2003

❖ Nagashima, Yoichi. *De dansk-japanske kulturelle forbindelser 1873-1903*. Museum Tusculanum. Copenhagen 2012

❖ *Politiken*. Marts 1926, Juni 1926

❖ *The Directory of Japan*, 1926. 横浜開港資料館蔵

❖ 秋山紋次郎、三田村啓『陸軍航空史』原書房、一九八一年

❖『宇垣一成日記』第一巻、みすず書房、二〇一〇年
❖『大阪毎日新聞』大正十五年六月
❖小沢敬司『所沢陸軍飛行場史』一九七八年
❖外務省通商局編「日刊海外商報（七〇五）」（一九二七－一）
❖賀川豊彦「雲水遍路」、『賀川豊彦全集』第二十三巻、同刊行会編、キリスト新聞社、一九六三年所収
❖『各国航空業報告雑件　第一巻』外務省外交史料館（アジア歴史資料センター）
❖『航空70年史――1　ライト兄弟から零戦まで　1900-1940』朝日新聞社、一九七〇年
❖『国民新聞』大正十五年六月
❖坂本俊一等編『帝国劇場絵本筋書　大正15年6月　江島生島他』
❖佐々木恭一『精密世界地図帖　アジア要部篇』統正社、一九五二年
❖佐保吉一「デンマーク人農業指導者エミール・フェンガーの山形時代（一九五一－五四年）」『東海大学国際文化部紀要』第六号、二〇一三年
❖『時事新報』昭和三年三月
❖『写真で見る航空史』（上）、朝日新聞社、一九七五年
❖『少年団研究』第三巻第七号、一九二六年七月号
❖高橋重治『日本航空史』航空協会、一九三六年
❖高橋泰隆『中島知久平　軍人・飛行機王・大臣の三つの人生を生きた男』日本経済評論社、二〇〇三年
❖『帝劇』一九二六年七月号
❖『帝国劇場１００年のあゆみ　1911-2011』同編纂委員会編、二〇一二年

❖『東京朝日新聞』大正十五年六月
❖『童話研究』一九二五年十一月号
❖所沢航空資料調査収集する会編『雄飛――空の幕あけ所沢』須澤一男、二〇〇五年
❖豊田穣『中島知久平伝』光人社NF文庫、二〇一四年
❖長島要一『明治の外国武器商人　帝国海軍を増強したミュンター』中公新書　一九九五年、e版、二〇〇七年
❖長島要一『日本・デンマーク文化交流史　1600-1873』東海大学出版会、二〇〇七年
❖長島要一『大北電信の若き通信士』長崎新聞新書、二〇一三年
❖長島要一『明治の国際人・石井筆子――デンマーク女性ヨハンネ・ミュンターとの交流』新評論、二〇一四年
❖『日本の航空史』(上)、朝日新聞社、一九八三年
❖降旗高司郎、園田公博、上原亜季編集『国際文化会館――東西文化の架け橋を目指して　*Cultural Bridge between East and West*』二〇〇九年
❖堀真清編『宇垣一成とその時代』新評論、一九九九年
❖『靖国神社百年史　事歴年表』靖国神社、一九八七年
❖ユネスコ東アジア文化研究センター編『資料　御雇外国人』小学館、一九七五年
❖『読売新聞』大正十五年六月

あとがき

ボトヴェの「あとがき」

ボトヴェの著書『コペンハーゲン―東京―コペンハーゲン』は初版の出た一九二六年のうちに重版が出て、都合八千部が刷られていた。その最後の部分には、デンマーク航空部隊のフォースレウ（C. Førslev）大尉がR1号機製作の過程を準備段階から記述して、詳しい情報を提供していた。機体の骨組みの写真まで掲載されていて、興味深いのだが、技術的に過ぎ、あまりに専門的だと判断されたようで、ボトヴェは自著の改訂版（一九三〇）ではそれを削除し、代わりに「あとがき」を加えていた。

その中でボトヴェは、航空の分野でいちばん興味があるのは交通手段としての飛行であると明言しているが、その反面、軍事的目的の飛行が、当分の間は主流を占めるであろうことは否めないとしていた。

二十世紀の初めにエンジンが開発されて飛行を可能にし、人類文明に新しい時代を到来させた。鳥より速く、高く、遠くまで飛べるようになったが、未だに鳥ほど安全には飛べていない、とも書いている。また、古代人が水を交通の手段にしたように、これからは空中を飛んで交通するようになるだろう、とも予言していた。平面的二次元的な移動手段から、三次元世界の交通手段へと進化した飛行をボトヴェは語っているのである。

哺乳動物が肺を使って呼吸できる海抜約六千メートルの限界を超えて、その二倍以上の高みにまで到達できるようになっても、まだまだ他の「地球」〔惑星〕に達するまでには程遠い。そんな夢想までしていた。

当時の飛行機とは別のタイプの機体に別種の前進装置を装備すれば、地球の引力から逃れることができるであろう。そうすれば別の天体にたどり着くことができる。この広大な宇宙に、地球だけに人間が住んでいると考えるのは理不尽なので、その天体にもきっと人間らしきものがいるはずであるから、今から準備をしておく必要があろう。そう書いたボトヴェは、たいていの人たちは、そんなのは戯言だと言うだろうし、そうかもしれない、とした上で、イカロスが蠟の翼を燃やして溶かされ落ちてしまった逸話を取り上げている。蠟を固めて作った翼で自在に飛べるようになったものの、太陽に近づきすぎて翼が溶けてなくなり落下して死んでしまうイカロスの話は、技術への過信と傲慢を戒める神話として知られているのであるが、ボトヴェに言わせれば、〔未来の〕「イカロス」はいずれ落下しても着地できるようになるだろうと言うのである。

そして、近未来の航空業が直面するはずの諸問題を列挙し検討してみている。それから八十五年後の現在、ボトヴェの夢の一部がすでに現実化されている段階で、揺籃期にあった航空業界の展望に耳を傾けることには意味がなさそうであるが、それを無視するのはまさにイカロスの傲慢に匹敵するものであろうと思われるので、ボトヴェの見取り図をおおらかに眺めておくことにする。

ボトヴェはまず、航空業が陸上、海上の交通と競争が可能になる前提として、速度の増加と夜間の飛行を挙げて、それが最大の課題であると断言している。

次に、定期的に飛ぶことができるかどうか、安全であるかどうかの問題を、統計をもとに論じているのだが、ボトヴェの目にはまだまだ満足のいくものではなかった。

その最大要因は、不十分な天気予報だった。そして、最新の天気予報を飛行中の飛行機にいかに伝えるかという、無線通信の問題だった。将来は、飛行場に霧が出ていても無事に着陸できるようにならなければいけない、と希望を述べている。ボトヴェは、飛行場の近くから霧を吹き飛ばす技術を開発すれば、航空業は一大躍進するであろう、とも記していた。

夜間飛行に関しては、アメリカなどではすでに一部で行なわれており、不時着用に地上に標識灯を点じているが、それは無線通信のさらなる発達により無用になるであろう、としている。

また、エンジンの故障による不時着も稀になっており、エンジンを単発ではなく複数にすることによって、一つが止まっても無事に着陸できるようになっていると指摘している。燃料の開発も重要で、ガソリンほど可燃率が高くなく、価格も安いものを開発する必要がある。原油を使うエンジンもあるが、重すぎて、飛行船との競争には勝てないだろう、とボトヴェは言う。

飛行船に触れた機会にボトヴェは、飛行機と飛行船のどちらが航空業の主役になるだろうかと設問し、海を越えていく長距離飛行ではおそらく飛行船が優位で、その例として「ツェッペリン伯」号を挙げている。ちなみにこの飛行船は、一九二九年の八月十九日、霞ヶ浦に飛来していた。けれども飛行機能ということになったら、フォッカー、ユンカース、ドルニエ社が製作した最新の戦闘機とは比較にならない、と強調している。

次にボトヴェが注目するのは、航空路である。すでに交通量が多いところに重なるようにして航空ルートが発達しているのが解せないとして、ボトヴェは、交通の便が悪いところ、もしくは人口の少ないところこそ航空路で結ぶべきではないかと提言している。

そうならない理由のひとつとして国境を挙げ、解決策に、世界的規模で航空網を制御する機関の設置を求めていた。

それと関連して、アメリカ合衆国が高度制限なしの領空権を主張しているのに対して苦言を呈している。そうして領空の縦断飛行を遮ることで、世界の航空業の進展を妨げているとボトヴェは見ていた。国境封鎖同様の措置であると捉えていたわけであるが、その対処法としてボトヴェは、一九二〇年に設置されていた国際連盟の精神に則った国際的な組織を立ち上げて、どの航空路が国際的な意義を持ち、実際問題としていかに就航を行ない、いかに国際的な交通問題を解決するか、そしてそれをいかに経済的に運営していくか、世界銀行なども交えて検討していくべきであろうと提言していた。国際的な機関で取り扱えないのなら、関係諸国ならびに個人の立場であっても取り組むべき課題だとして、デンマークが主導権を握って国際連盟に提案してもいいのではないか、と具体的に問題提起をした。

同時に、法律的な側面も吟味する国際的な機関が必要だとして、その課題のひとつとして、前述のアメリカ合衆国の領空権の問題を掲げていた。領海権と同様の国際的な取り決めなしには、世界の航空業の発展はないと見ていたのである。

以上のような見解を述べたあと、ボトヴェのあとがきは次のようなコメントで締めくくられている。

飛行できることにより地球は小さくなった。以前は到達不可能と思われていた遠距離が、到達可能な距離になった。デンマークの田舎から首府のコペンハーゲンまで旅するのは、かつては一大事業だった。ボトヴェの時代にはもう、コペンハーゲンからローマまで行くと言って遺言を書く者はもはやいない。次の世代の人々は、当時のコペンハーゲンからローマまで行くのと同じような気持ちで、ごく簡単に東京まで飛行するだろう、と予言もしていた。最初は時間を節約する必要があってしていた飛行による移動手段が、やがて金持ちの旅行者の道楽となり、さらには週末しか休みの取れない人たちの交通手段、給料の残りを使ってする旅行、ついには路面電車に乗るような軽い気持ちで飛ぶようになる、と。

こうして「あとがき」を締めくくったボトヴェは、そんな日がいずれ訪れることを、一九三〇年の段階で確信していたのである。

なお、ボトヴェは「あとがき」中に六枚の写真を掲載し、民間航空機の華々しい進歩ぶりを紹介している。参考のために、キャプションもボトヴェの記したものをそのまま訳出しておいた。

ちなみに常識的な市民だったボトヴェは、一九二六年偉業達成後に常軌を逸して英雄扱いをされたことになじむことができず、さらにその後、軍事費削減などがあったためにデンマーク陸軍航空部の将来に期待が持てなくなり、一九三一年に除隊、翌三二年に自分の会社を設立し

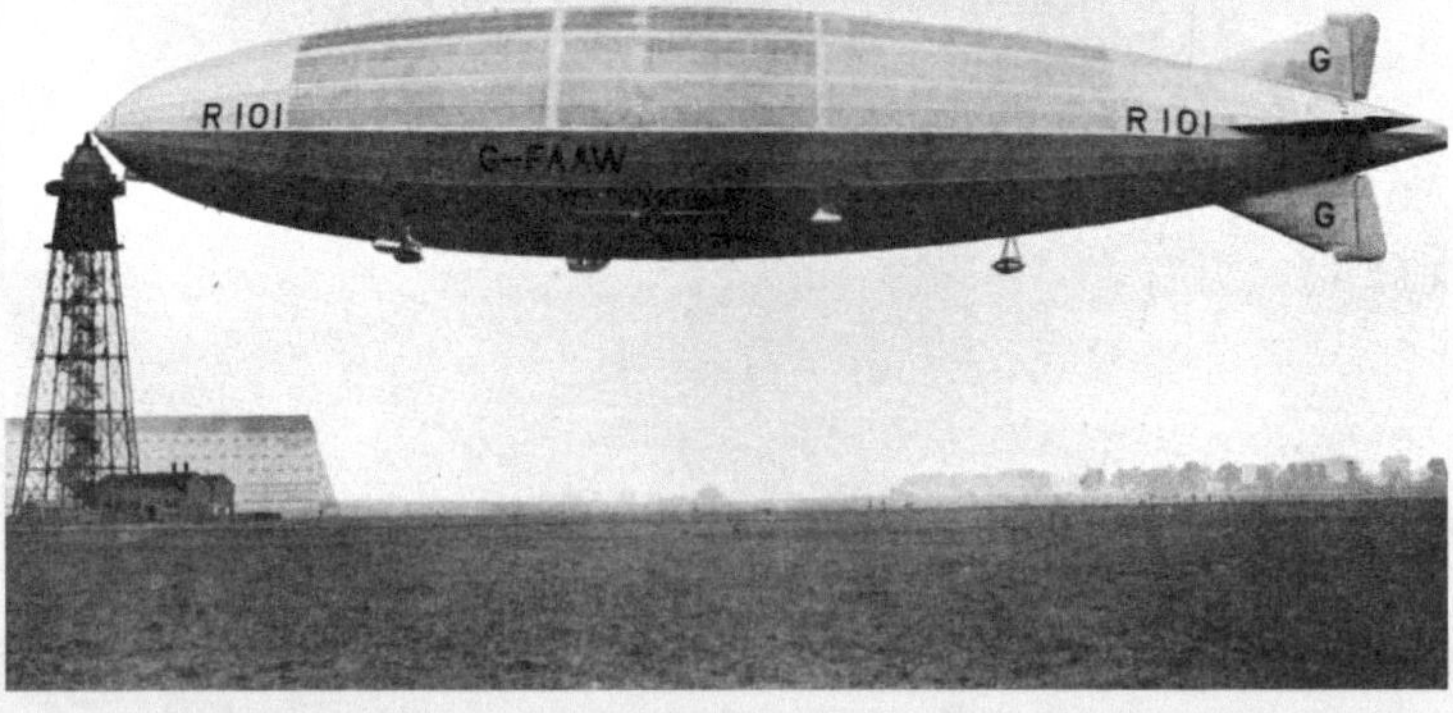

［上］コペンハーゲンのカストロップ飛行場
［下］係留塔に繋がれているイギリスの最新最大の飛行船R101号。積載許容量は73トンで約52時間分の燃料を積む。モーターはビアドモア社製の「トルネード」600馬力を5基搭載、重油を利用したディーゼルエンジンである。飛行船にこの種のモーターが取り付けられたのはこれが初めてである

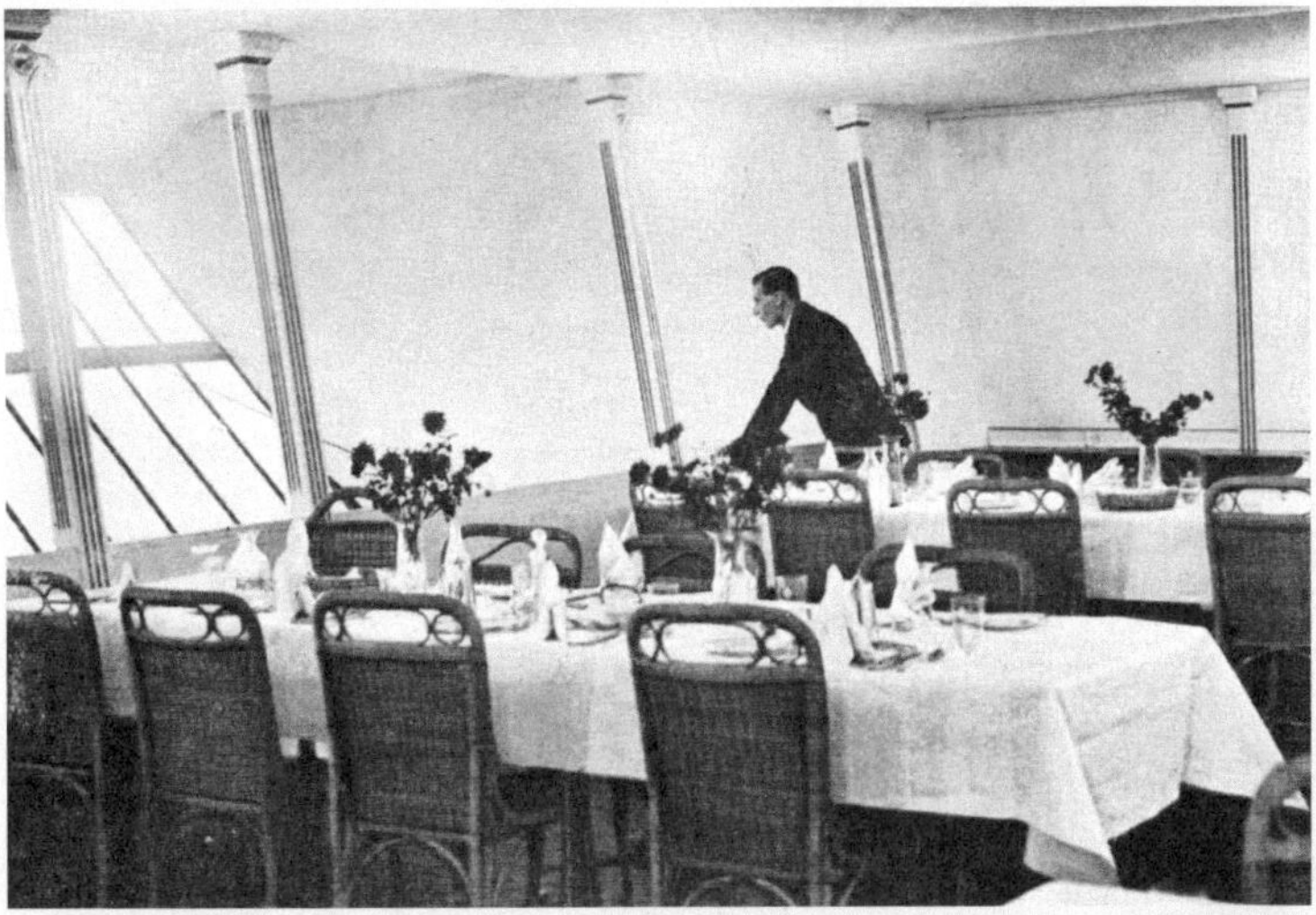

[上]R101号機内の食堂で、およそ100席ある
[下]現時点で最大の航空機、ドルニエ社製の飛行艇DO-X号。総積載量52トンで、空冷式のモーターが縦並びに2基ずつ、計12基取り付けてある

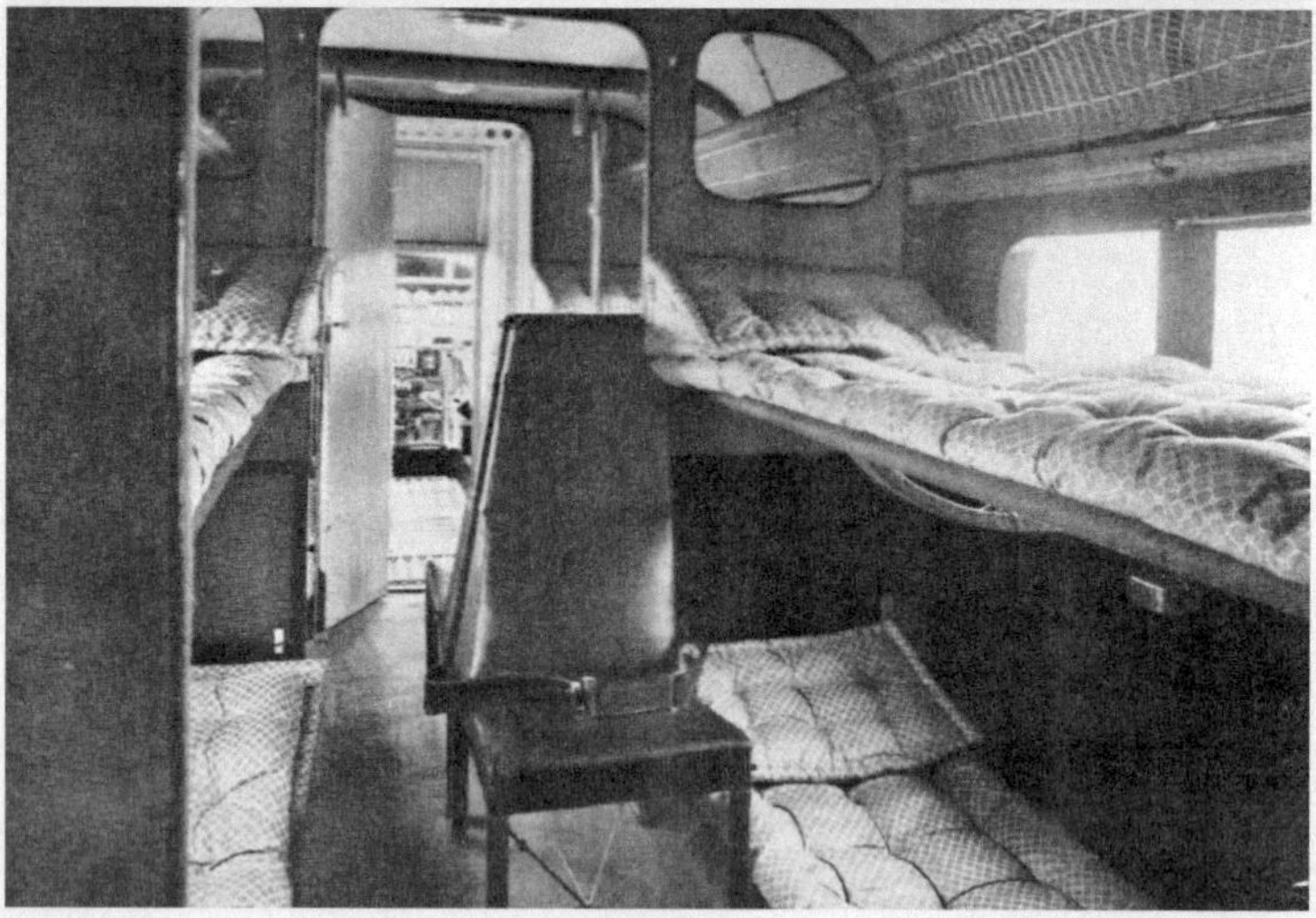

[上]飛行中のDO-X号
[下]ユンカース社製の18人乗り旅客機G31号の広々とした寝室。ロンドン―ベルリン―ケーニヒスベルク間で運航されている

た。戦後、合資会社1956と改名したこの会社は、一九五七年以来スピードボートを建造、中でもコロネット(Coronet)と呼ばれた機種は好評で、数多く輸出された。生涯スピードの出る乗り物に興味を抱いていた感のあるボトヴェであったが、航空機への夢はおそらく一度も萎えることがなかったように思われる[この項については、*Den Danske Biografiske Leksikon*, Bind 2, 1979, p. 398を参照]。

後代の小賢しい見解になってしまうが、デンマークの航空界に多大な功績を残したボトヴェが陸軍に留まっていたのなら、やがて責任のある地位について航空部隊の発展に寄与していたに違いないと思われる。それとともに彼の名も、現今のように忘れられることはなかったであろう。けれども、第二次世界大戦時の惨状、ナチズムとの葛藤などの諸件を考慮に入れると、軍人飛行士の運命がどんなものになっていたかは、結局単なる憶測に過ぎなくなってしまいそうである。

ボーイスカウトをめぐるエピソード

一九二四年の第二回ボーイスカウト世界ジャンボリーがコペンハーゲンで開かれ、それに日本から参加したのがきっかけで急速に日本とデンマークの友好関係が深まったことにはすでに言及しておいた。その年に、デンマークのボーイスカウト連盟と関係のあったデンマーク人、スヴェン・V・クヌッセン（Sven V. Knudsen, 1896-1989）が、『全世界の明るい少年たち』を発行し、その第二部「東洋」（Alverdens Glade Drenge, II. Østen）で日本の青少年についても紹介していた。クヌッセンは一九二二年に日本を訪れ、長崎では長崎師範学校などを取材、東に移動して東京では東京市林町尋常小学校（現・文京区千石二丁目三十六番）と緑尋常小学校（墨田区緑二丁目十二番）を訪問して視察を行ない、翌年の関東震災前の学校の様子を伝える貴重な写真を残している。全て自ら体験したことをもとに書かれた八十四ページに及ぶルポルタージュは、当時の日本の溌剌とした日本男児を活写していて圧巻、貴重な資料となっている。学童の集合写真、教員室の内部や身体検査の様子、工作の時間の教室を撮した写真もあり、顔が識別できるほど鮮明である。写真のほかにも、小学校児童の書いた習字や、戯画も名前付きで掲載されている。

事前に世界各国を訪問して、全世界の青少年の集まる一九二四年のジャンボリーに向けて出版された図書であるが、特に日本の部分は詳しく執筆され、関東大震災直前の東京の息吹を伝えていて新鮮である。ボーイスカウトの日本代表団がコペンハーゲンで温かく迎えられた裏でこうした準備もなされていたことは、記憶にとどめておくべきであろう。そうした布石の一つ一つが重なった上で、二六年のボトヴェの飛行は完遂されたのだった。

ちなみに、ボトヴェの東京往復飛行のスポンサーであったポリチケン紙は、二年後の二八年、ジュール・ヴェルヌ生誕百年記念事業の一環として十五歳の少年パーレ・フル（Palle Huld, 1912-

2010)を抜擢し、『八十日間世界一周』(一八七二)にちなんでパーレに世界一周をさせた。イギリス、カナダ、太平洋を越えて日本、韓国、中国、シベリア経由でモスクワ、ベルリンと回り四十四日間で北半球を巡ってコペンハーゲンに帰着した。赤毛のパーレ少年は各地で大歓迎を受け、その記録は十一カ国語に翻訳された。本人がボーイスカウトであったことから、各国での受け入れはボーイスカウト連盟が担当することになり、日本でも、カナディアン・パシフィックの豪華船エンプレス・オブ・カナダ号で三月二十八日に横浜に到着したパーレ少年を埠頭で出迎えたのは佐野常羽(一八七一－一九五六)以下のボーイスカウトだった。佐野を含めスカウトたちは二四年にコペンハーゲンを訪れており、デンマーク語の言葉をいくつか覚えていて、パーレ少年をよろこばせた。

パーレ少年は時事新報のインタヴューを受けた後、佐野の自宅に泊まり、翌日は日露開戦の英雄東郷平八郎元帥(一八四八－一九三四)を訪れ、さらに日本ボーイスカウト連盟総裁の後藤新平(一八五七－一九二九)とも面会するなどして慌ただしく短期間の日本滞在を満喫、温かくもてなされ、名残を惜しみつつ列車で下関まで移動し、韓国に向かった。東京滞在中には、すでに概観しておいた在日デンマーク人たちにも歓迎され、世界一周を終えた後に書かれた記録では、日本が一番すばらしかった、と特筆していた[Palle Huld. *Jorden rundt i 44 dage*. People'sPress Jr. 2012 (Hasselbachs Forlag 1928)参照]。

当時の日本・デンマーク間交流の場面では、ボーイスカウトが並々ならぬ役割を果たしていたので、パーレ少年訪日のエピソードに絡めて記しておくことにした。

一九二〇年代半ば、日本とデンマーク両国間の親交は、市民レベルの交流を通じて一つの高みに達していた。そのシンボリックな出来事がボトヴェ大尉の日本飛来であった。本書を通じて、当時の緊張に満ちていながらもまだ希望に溢れていた時代の息吹を少しでも感じていただけたならば幸いである。

本書の刊行には、出版をいち早く快諾してくださった原書房の成瀬雅人社長、迅速俊敏な編集作業をしてくださった百町研一さんのご助力があった。記して御礼申し上げる。

初夏の六本木国際文化会館にて　長島要一

ボトヴェ飛行士の航路

往路——コペンハーゲン▼東京

日付	出発地	時刻	到着地	時刻	飛行距離［キロメートル］	飛行時間［時間・分］
3月16日	コペンハーゲン	11:00	ベルリン	13:20	380	2・20
17日	ベルリン	8:00	レンベルク	12:50	825	4・50
19日	レンベルク	8:40	コンスタンチノープル	15:20	1075	6・40
21日	コンスタンチノープル	8:50	エスキチェヒル	11:20	160	2・30
22日	エスキチェヒル	13:20	アレッポ	17:50	940	4・30
25日	アレッポ	8:05	バグダッド	12:00	730	3・55
26日	バグダッド	7:35	ブーシル	12:40	790	5・05
27日	ブーシル	8:30	バンダル・アッバース	12:25	580	3・55
28日	バンダル・アッバース	7:10	カラチ	14:35	1130	7・25
30日	カラチ	7:05	アーグラ	13:45	1130	6・40
31日	アーグラ	7:05	カルカッタ	13:40	1160	6・35
4月3日	カルカッタ	7:25	ラングーン	14:35	1030	7・10
4日	ラングーン	7:35	バンコク	11:45	560	4・10

＊復路所沢－大阪間の飛行時間が三時間十五分となっているが、原書の記載に基づき訂正せずにおいた。大阪着が八時だった可能性もある。

日付		出発地	時刻	到着地	時刻	飛行距離［キロメートル］	飛行時間［時間・分］
	10日	バンコク	7:40	ハノイ	13:35	1015	5・55
	11日	ハノイ	8:10	ハノイに戻る	13:10		5・00
	12日	ハノイ	7:45	広州	13:15	840	5・30
	18日	広州	8:05	寧海に近いChangkai	16:55	1015	8・50
	23日	Changkai	11:55	上海	13:40	225	1・45
	29日	上海	7:45	禹城に近いChichuang	12:40	815	4・55
5月	20日	Chichuang	9:45	馬苑	11:05	120	1・20
	同日	馬苑	13:45	天津	14:15	60	0・30
	22日	天津	10:30	北京	11:15	80	0・45
	25日	北京	7:25	撫寧	9:30	240	2・05
	同日	撫寧	11:00	錦州	14:00	200	3・00
	同日	錦州	15:25	奉天	16:40	190	1・15
	27日	奉天	8:40	奉天に戻る	9:25		0・45
	同日	奉天	14:20	奉天に戻る	16:20		2・00
	28日	奉天	9:00	平壌	11:30	480	2・30
5月	29日	平壌	15:55	大邱	18:40	350	2・45
	31日	大邱	8:30	大阪	12:15	690	3・45
6月	1日	大阪	8:40	所沢(東京)	11:05	450	2・25
総計						17260	120・45

復路——東京▼コペンハーゲン

日付		出発地	時刻	到着地	時刻	飛行距離［キロメートル］	飛行時間［時間・分］
6月	12日	所沢(東京)	14:05	所沢に戻る	14:40		0・35
	15日	所沢(東京)	4:45	大阪	8:30	450	3・15
	同日	大阪	9:30	平壌	17:15	1050	7・45
	16日	平壌	7:05	ハルビン	13:05	1000	6・00
	17日	ハルビン	5:10	チタ	13:15	1300	8・05
	18日	チタ	5:40	イルクーツク	10:45	620	5・05
	19日	イルクーツク	6:15	クラスノヤルスク	12:15	880	6・00
	同日	クラスノヤルスク	15:45	ノヴォシビリスク	19:05	650	3・20
	20日	ノヴォシビリスク	7:00	オムスク	10:00	600	3・00
	同日	オムスク	14:25	ヤルトロフスク	18:15	475	3・50
	同日	ヤルトロフスク	20:50	(トボル川の中洲)	21:30	120	0・40
	同日	(トボル川の中洲)	21:55	クルガン	22:15	60	0・20
	21日	クルガン	11:20	カザン	18:30	1000	7・10
	22日	カザン	7:00	モスクワ	12:15	730	5・15
	23日	モスクワ	4:30	ケーニヒスベルク	12:45	1080	8・15
	同日	ケーニヒスベルク	15:55	コペンハーゲン	19:45	530	3・50
総計						10545	72・25

長島要一◉ながしま・よういち

一九四六年東京に生まれる。一九八二年コペンハーゲン大学大学院博士課程修了、Ph.D.取得。二〇一二年同大学よりDr.phil.D.取得。コペンハーゲン大学DNP特任教授。著書に『森鷗外――文化の翻訳者』(岩波新書)、『明治の外国武器商人』(中公新書)、『日本・デンマーク文化交流史――1600-1873』(東海大学出版会)、『大北電信の若き通信士』(長崎新聞新書)、『ニールス・ボーアは日本で何を見たか』(平凡社)、『明治の国際人・石井筆子』(新評論)ほか、訳書にエドゥアルド・スエンソン『江戸幕末滞在記』(講談社学術文庫)、ヴィシェスラフツォフ『ロシア艦隊幕末来訪記』(新人物往来社)、『あなたの知らないアンデルセン』(全四巻、「影」、「人魚姫」、「母親」、「雪だるま」、評論社)、ヤンネ・テラー『人生なんて無意味だ』(幻冬舎)、『カール・ニールセン自伝――フューン島の少年時代』(彩流社)ほかがある。

大《たい》正《しょう》十《じゅう》五《ご》年《ねん》のヒコーキ野《や》郎《ろう》
デンマーク人《じん》による飛《ひ》行《こう》新《しん》記《き》録《ろく》とアジア見《けん》聞《ぶん》録《ろく》

二〇一六年八月三一日　初版第一刷発行

著者――長島要一《ながしまよういち》
発行者――成瀬雅人
発行所――株式会社原書房
〒一六〇-〇〇二二 東京都新宿区新宿一-二五-一三
電話・代表〇三-三三五四-〇六八五
http://www.harashobo.co.jp
振替・〇〇一五〇-六-一五一五九四
ブックデザイン――小沼宏之
印刷――新灯印刷株式会社
製本――東京美術紙工協業組合

ISBN978-4-562-05338-4
Printed in Japan